· CSSCI 来源集刊 ·

U0826779

金融法苑

Financial Law Forum

2022 总第一百零八辑

◎ 北京大学金融法研究中心　主办

主编：彭　冰　本辑执行主编：范正阳

中国金融出版社

责任编辑：黄海清
责任校对：李俊英
责任印制：丁淮宾

图书在版编目（CIP）数据

金融法苑．2022：总第一百零八辑/彭冰主编．—北京：中国金融出版社，2022.9
ISBN 978－7－5220－1707－5

Ⅰ.①金…　Ⅱ.①彭…　Ⅲ.①金融法—研究—丛刊　Ⅳ.①D912.280.4－55

中国版本图书馆 CIP 数据核字（2022）第 139785 号

金融法苑．2022：总第一百零八辑
JINRONG FAYUAN. 2022：ZONG DI-YIBAI LING BA JI
出版发行 中国金融出版社
社址　北京市丰台区益泽路 2 号
市场开发部　(010)66024766，63805472，63439533（传真）
网 上 书 店　www.cfph.cn
(010)66024766，63372837（传真）
读者服务部　(010)66070833，62568380
邮编　100071
经销　新华书店
印刷　河北松源印刷有限公司
尺寸　185 毫米×260 毫米
印张　15.75
字数　370 千
版次　2022 年 9 月第 1 版
印次　2022 年 9 月第 1 次印刷
定价　40.00 元
ISBN 978－7－5220－1707－5
如出现印装错误本社负责调换　联系电话（010）63263947

致　谢

本辑出版得到深圳物明投资管理有限公司捐赠的“《金融法苑》发展基金”的大力支持，特此致谢！

《金融法苑》

主　　办： 北京大学金融法研究中心
专家委员会： 吴志攀　白建军　刘　燕　彭　冰
郭　雳　唐应茂　洪艳蓉
主　　编： 彭　冰
本辑执行主编： 范正阳

声　明

向《金融法苑》投稿即视为授权本编辑部将稿件纳入北京大学期刊网（www. oaj. pku. edu. cn）数据库、《中国学术期刊网络出版总库》及CNKI系列数据库、“北大法宝”（北大法律信息网）期刊数据库、台湾元照出版公司月旦法学知识库、万方数据库、本编辑部确定的其他学术资源数据库、学术性微信公众号，包括但不限于通过北京大学金融法研究中心网站（www. finlaw. pku. edu. cn）和微信公众号（“Pkufinlaw”和“北京大学金融法研究中心”）对外传播。本编辑部支付给作者的稿酬已包含上述数据库和微信公众号著作权使用费。如有异议，请在来稿时注明，本编辑部将作适当处理。

刊稿仅反映作者个人的观点，并不必然代表编辑部或者主办单位的立场。

Financial Law Forum
金融法苑
2022　总第一百零八辑

目　录
Contents

资本市场与法律

数字经济时代的法律

法律与新金融

他山之石

Financial Law Forum

金融法苑

2022 总第一百零八辑

资本市场与法律

证券特别代表人诉讼第一案述评

——关于康美药业虚假陈述案的程序性分析

■彭 冰*

摘要： 康美药业虚假陈述民事赔偿案是我国第一起证券特别代表人诉讼案件，检讨其审理经过，除了有很多细节问题值得讨论外，还可以借此反思相关立法和司法解释的适当性。《证券法》第九十五条第三款规定的特别代表人诉讼制度，依赖普通代表人诉讼先行展开，这一制度设计并不符合我国现实，应该规定投保机构可直接提起特别代表人诉讼。而相关司法解释中对代表人诉讼中权利登记公告的安排，程序上并不公平，应该予以改进，或者允许投保机构提前介入，或者法院遵循权利人范围最大原则设定登记范围。

关键词： 康美药业　普通代表人诉讼　特别代表人诉讼　虚假陈述民事赔偿　权利登记公告

2021 年 11 月 12 日，广东省广州市中级人民法院（以下简称广州中院）发布康美药业虚假陈述民事赔偿案一审判决，① 中证中小投资者服务中心有限公司（以下简称投服中心）代表 55326 名投资者作为原告向康美药业股份有限公司（以下简称康美药业）及相关人等因虚假陈述提起的民事侵权赔偿诉讼胜诉，其中 52037 名投资者获得了总计 24.59 亿元的赔偿。2021 年 12 月 21 日，投服中心称，因一审判决发布之后，各方均未上诉，一审判决已经生效，并开始执行。② 至此，中国第一起证券特别代表人诉讼案落下帷幕。

同期与康美药业财务造假相关的案件还有刑事判决和上市公司破产重整，康美药业系列案被学者称为“教科书级的、具开创性意义的标杆案例”，“创造了我国司法史上的多个第一”。③ 本文关注康美药业虚假陈述案，是因为这是国内首起采用特别代表人诉讼方式进行的证券虚假陈述民事赔偿案件，标志着以投资者“默示加入、明示退出”为特色的中国式证券集团诉讼制

* 彭冰，北京大学法学院教授，博士生导师。

① （2020）粤 01 民初 2171 号。

② 参见投服中心官网，“投服中心首单特别代表人诉讼开始执行”，资料来源：http：//www.isc.com.cn/html/zxxw/20211222/4286.html，2022 年 5 月 20 日访问。

③ 李曙光：《康美药业案综论》，载《法律适用》2022 年第 2 期，第 120 页。

度成功落地。这是《中华人民共和国证券法》（以下简称《证券法》）2019年修订新创建的诉讼制度，自2020年3月1日《证券法》修订生效以来，康美药业是第一起也是目前唯一适用该诉讼制度的案件。在本案成功鼓舞下，中国证监会宣布今后将积极推动代表人诉讼常态化开展。①

在康美药业财务造假案中，行政责任、刑事责任和民事责任先后落实，在特别代表人诉讼展开的同时，追究实控人和高管的刑事制裁程序、上市公司破产重整程序也在广东省内其他法院并行展开，并均得以顺利完成。这体现了最高人民法院（以下简称最高院）、中国证监会和广东省政府在化解康美药业财务造假风险方面的巨大努力和通力合作，但这显然也意味着在康美药业系列案件审理中可能存在种种非法律的考量因素，因此，有学者怀疑这种处置模式在以后类似证券集团诉讼场景中能否重现。②

本文集中梳理和评析了康美药业证券特别代表人诉讼案的全过程，主要着重于诉讼程序，而不涉及责任承担的实体问题。本文发现，康美药业案中最高院、中国证监会和广东省政府密切合作带来的特殊性，可能主要体现在法院管辖上。本案由最高院指定广州中院管辖，直接违反了相关规定。除此之外，本案在其他方面的经验则很有借鉴意义。本案说明，投保机构提前介入虚假陈述案是必要的，因此，《证券法》第九十五条第三款要求投保机构必须在普通代表人诉讼展开后才能加入将其转化为特别代表人诉讼的规定过于理想化，并不符合中国的实际情况。通过研究本案也可以发现，在代表人诉讼中，法院为了发出权利登记公告而事先裁定权利人范围，在程序上并不公平，应当加以改进。

本文论述结构如下：第一部分简单介绍本案的背景知识，方便读者理解后面的分析；第二部分是本文的主体部分，按照时间顺序，详尽评析了康美药业特别代表人诉讼从提起到审结、执行的全过程。在此基础上，本文专门讨论了三个核心问题：普通代表人诉讼的启动（第三部分）、特别代表人诉讼的启动（第四部分）和权利人范围的确定（第五部分）。第六部分是一个简单的结论。

一、 本案背景

（一）特别代表人诉讼的法律规定

当投资者因证券虚假陈述受到损失提起民事赔偿诉讼时，会面临两个方面的障碍：一方面

---

① 参见中国证监会官网，“加强投资者保护，筑牢注册制改革之基——王建军副主席在国际金融论坛第十八届全球年会上的演讲”，http：//www. csrc. gov. cn/csrc/c100028/c1605825/content. shtml，2022年5月20日访问。王建军副主席在讲话中认为“投资者保护机构参加的证券纠纷特别代表人诉讼制度，更是具有中国特色的重要基础性制度创新”，“康美特别代表人诉讼案的判决具有重大标志性意义”，要“积极推进代表人诉讼常态化”。

② 冷静：《康美启示：证券集团诉讼首案的制度突破与未尽议题》，载《中国法律评论》2022年第1期，第82页。

是实体法上的困难，即投资者需要证明其因虚假陈述行为而进行了投资（交易因果关系），并因虚假陈述行为导致了投资损失（损失因果关系）。但在公开证券交易市场中，多数证券交易以集中竞价方式进行，买卖各方都是匿名交易，并不存在面对面的口头欺诈，而股价也往往受到各种因素影响而波动，因此，投资者往往很难证明上述因果关系。另一方面是程序法上的障碍，即受到虚假陈述影响的投资者往往人数众多，分布广泛，众多中小投资者持有的证券数量并不多，损失金额有限，如果由各受害投资者单独诉讼，既会给法院增添诉累，也会有很多投资者因诉讼成本超过索赔金额而放弃诉讼（所谓负值诉讼）。[①][②]

面对这两大难题，2003 年最高院发布《关于审理证券市场因虚假陈述引发的民事赔偿案件的若干规定》（法释〔2003〕2 号，以下简称《旧虚假陈述司法解释》），对因果关系进行了推定，解决了实体法上的问题。[③] 但该司法解释没有解决诉讼程序上的难题，甚至坚持相关诉讼必须采取单独或者共同诉讼方式。按照相关实证研究，自该司法解释发布以来，在满足前置条件的情况下，对于上市公司虚假陈述行为提起诉讼的比例很低：有将近四分之三的上市公司即使因虚假陈述行为被行政处罚，却没有一个投资者对其提起民事赔偿诉讼。在提起的民事赔偿诉讼中，相关索赔金额也远远小于虚假陈述行为给所有投资者带来的损失。[④]

正是在这一背景下，2019 年《证券法》修订中规定了证券代表人诉讼制度。《证券法》第九十五条第一款和第二款规定，因虚假陈述等证券民事赔偿诉讼，当事人一方人数众多的，可以采取代表人诉讼方式，投资者人数众多不确定的，法院可以发出公告，通知投资者在一定期间向法院登记（普通代表人诉讼）；第九十五条第三款规定，投资者保护机构（以下简称投保机构）受 50 人以上投资者委托，可以作为代表人参加诉讼，并为经证券登记结算机构确认的所有权利人向法院登记，但投资者明确表示不愿意参加诉讼的除外（特别代表人诉讼）。这一特别代表人诉讼制度隐含“默示加入，明示退出”特性，被称为“中国版的证券集团诉讼”制度。[⑤] 在特别代表人诉讼程序中，投保机构不需要征求所有受害投资者的同意，即可代表他们加入诉讼，除非投资者主动退出，这样就可以将众多微小的索赔请求凝聚成巨大金额，对虚假陈述的实施者造成压力。

2020 年 7 月 31 日，最高院发布《关于证券纠纷代表人诉讼若干问题的规定》（法释〔2020〕

---

① 参见彭冰：《中国证券法学》（第 2 版），高等教育出版社 2007 年版，第 354－355 页。

② 参见彭冰：《中国证券法学》（第 2 版），高等教育出版社 2007 年版，第 354－355 页。

③ 2022 年最高院对该司法解释进行修改，完善和细化了因果关系推定，重新发布了《关于审理证券市场虚假陈述侵权民事赔偿案件的若干规定》（法释〔2022〕2 号，以下简称《新虚假陈述司法解释》）。康美药业案审理时适用的还是《旧虚假陈述的司法解释》。

④ 参见黄辉：《中国证券虚假陈述民事赔偿制度：实证分析与政策建议》，载《证券法苑》2013 年第 2 期，第 967－995 页。

⑤ 彭冰：“证券法修改的得与失”，载“北京大学金融法研究中心微信公众号”，资料来源：https：//mp. weixin. qq. com/s/2TA3Q78xbNz2UuhXZET1NQ，2022 年 5 月 20 日访问。

5号，以下简称《代表人诉讼司法解释》），对证券代表人诉讼的实施程序做出了具体规定。同日，中国证监会发布《关于做好投资者保护机构参加证券纠纷特别代表人诉讼相关工作的通知》（证监发〔2020〕67号，以下简称《证监会规定》），同时，《证监会规定》在目前试点阶段由投服中心作为发起特别代表人诉讼的投保机构。①

按照《证监会规定》的要求，对于“典型重大、社会影响恶劣”的证券案件，投服中心可以先行“在被告具有一定偿付能力、已被有关机关作出行政处罚或者刑事裁判等案件上进行试点诉讼”，投服中心最终选择了康美药业作为特别代表人诉讼第一案。

（二）康美药业的虚假陈述

康美药业是一家2001年首次公开发行（IPO）并在上海证券交易所上市的民营企业，主要从事中药生产和销售，其实际控制人为马兴田。

2020年5月14日，中国证监会发布行政处罚决定书，认定康美药业在《2016年年度报告》《2017年年度报告》《2018年半年度报告》《2018年年度报告》中存在虚假记载：虚增营业收入、利息收入及营业利润，以及虚增货币资金和虚增固定资产、在建工程、投资性房地产等，还存在重大遗漏：未按规定披露控股股东及其关联方非经营性占用资金的关联交易情况。证监会因此对康美药业责令改正、给予警告，并处60万元罚款，对马兴田等21名董监高人员给予警告，并分别罚款90万元至10万元不等。②

2021年2月20日，中国证监会对广东正中珠江会计师事务所及相关会计师作出处罚，认定其未能勤勉尽责，在为康美药业提供的2016年至2018年年度审计报告中存在虚假记载。③

2021年11月17日，康美药业实际控制人、原董事长、总经理马兴田等12人操纵证券市场案公开宣判。马兴田因操纵证券市场罪、违规披露、不披露重要信息罪以及单位行贿罪数罪并罚，被判处有期徒刑12年，并处罚金人民币120万元；康美药业原副董事长、常务副总经理许冬瑾及其他责任人员11人，因参与相关证券犯罪也被分别判处有期徒刑并处罚金。④ 2022年1月10日，广东省高级人民法院对康美药业原董事长马兴田操纵证券市场案依法作出终审裁定，驳回上诉，维持原判。⑤

---

① 参见吴晓璐：“证监会首席律师焦津洪：投保机构将对重大典型、社会影响恶劣的个案依法及时启动集体诉讼”，证券日报网2020年7月31日，资料来源：http：//www. zqrb. cn/stock/gupiaoyaowen/2020 - 07 - 31/A1596191812408. html，2022年5月20日访问。

② 《中国证监会行政处罚决定书（康美药业股份有限公司、马兴田、许冬瑾等22名责任人员）》（〔2020〕24号）。

③ 《中国证监会行政处罚决定书（广东正中珠江会计师事务所、杨文蔚、张静璃、刘清、苏创升）》（〔2021〕11号）。

④ 〔2021〕粤06刑初113号。

⑤ 〔2021〕粤刑终1608号。

二、 康美药业特别代表人诉讼案的全过程梳理

（一）普通代表人诉讼启动

1. 2020年12月31日，广州中院立案受理顾华俊等11名自然人投资者提起的，以康美药业及马兴田等为被告的虚假陈述民事赔偿诉讼。原告的诉讼请求为：（1）请求确认原告顾某某、刘某某为本起诉书各原告的诉讼代表人，并请求法院发起普通代表人诉讼；（2）请求依法判决马兴田、许冬瑾赔偿原告投资差额损失410522元；（3）请求依法判决马兴田、许冬瑾赔偿原告投资差额损失的佣金123.17元、印花税410.52元、利息损失1172.51元；（4）请求依法判决各被告对原告的上述损失承担连带责任。①

评析：根据有关报道，在2020年5月，康美药业被中国证监会处罚之后，就有律师接受投资者委托提起了虚假陈述民事赔偿诉讼，而法院并没有受理，只是安排诉前调解。② 另据学者调研，实际上投服中心早就介入了康美药业案，在2019年4月康美药业自认造假之后，投服中心就考虑以支持诉讼的方式参与投资者维权，一位投服中心的公益律师接受投服中心的委托参与了投资者维权。③ 据本文作者访谈，该名律师作为原告方的代理律师参与了2020年12月31日提起的诉讼。因此，我们可以推断这11名原告就是在投服中心的支持下，提起诉讼并寻求启动普通代表人诉讼程序。也就是说，康美药业案在此时很可能已经被投服中心选定为特别代表人诉讼的试点案例。

从《代表人诉讼司法解释》中规定的特别代表人诉讼启动程序来说，特别代表人诉讼需要依赖普通代表人诉讼首先启动。在上述司法解释中，普通代表人诉讼的启动条件好像很简单。但从实践来看，并非当事人申请法院就必然启动普通代表人诉讼程序，对于是否启动，法院有自由裁量权。自2020年7月31日该司法解释发布以来，截至2022年5月20日，向法院提起的虚假陈述民事赔偿案件中以普通代表人诉讼程序开展的只有寥寥几起，多为各地法院的试点或“尝新”。关于普通代表人诉讼的启动，详见后文的专门分析（参见本文第三部分）。

原告在诉讼请求中并未直接寻求第一被告康美药业赔偿，而是请求法院判决马兴田、许冬瑾夫妻赔偿投资差额损失和附带损失，同时要求公司和其他被告对此承担连带责任。看起来这体现了所谓“追首恶”的态度，但实际上仅仅是态度而已，并无任何实际意义。因为在连带责任下，任何一方均需要对原告承担全部责任，诉讼请求或者判决的次序并无实际意义。因此，只

---

① 参见《康美药业股份有限公司关于涉及诉讼的公告》（临2020-117），2020年12月31日。

② 黄思瑜：“ST康美迎来首批投资者索赔，中国版集体诉讼首案来了”，资料来源：https：//www.yicai.com/news/100898818.html，2022年5月20日访问。

③ 冷静：《康美启示：证券集团诉讼首案的制度突破与未尽议题》，载《中国法律评论》2022年第1期，第82页。

要将康美药业列入要承担连带责任的名单，就不能实现“追首恶”的目的——除非上市公司没钱而实际控制人有钱。要想真正实现“追首恶”的目的，就应该只起诉实际控制人而根本不起诉上市公司。

2. 2021 年 2 月 10 日，广州中院作出（2020）粤 01 民初 2171 号《民事裁定书》，决定适用普通代表人诉讼程序审理本案。根据双方当事人的诉辩意见和中国证监会行政处罚决定，顾某某、刘某某等主张本案康美药业虚假陈述实施日为 2017 年 4 月 20 日，揭露日为 2018 年 10 月 16 日，法院予以采纳。广州中院裁定：本案权利人范围为 2017 年 4 月 20 日（含）起至 2018 年 10 月 15 日（含）期间以公开竞价方式买入，并于 2018 年 10 月 15 日闭市后仍持有康美药业股票，且与本案具有相同种类诉讼请求的投资者，但具有虚假陈述司法解释第十九条规定的虚假陈述与损害结果之间不存在因果关系情形的除外。如不服本裁定，可以自裁定书送达之日起十日内向广东省高级人民法院申请复议。①

该裁定作出后，各方当事人均未申请复议，已经发生法律效力。②

评析：在法院允许本案以普通代表人诉讼方式开展之后，法院需要作出裁定，认定权利登记的范围。对裁定各方当事人不服的，可以向上级法院申请复议。权利登记范围的确定对于诉讼各方的实体权利会有很大影响，实际上涉及此类案件审理的核心实体问题，在机制设计上特别重要，后文将专门讨论（参见本文第五部分）。

从本案法院发出的权利登记公告内容来看，在《最高人民法院关于审理证券市场虚假陈述侵权民事赔偿案件的若干规定》（以下简称《新虚假陈述司法解释》）颁布后，有些公告内容已经变得并不合适，在未来的公告中需要修改。

（1）关于公开竞价方式的限制。目前看到的各地法院发出的普通代表人诉讼权利登记公告，都要求投资者是在指定期间“以公开竞价方式买入”。这一限制条件可能来自《旧虚假陈述司法解释》，该司法解释第三条明确规定，本司法解释不适用于“通过协议转让方式进行的交易”。但《新虚假陈述司法解释》取消了对交易方式的限制，对于在国家依法设立的“证券交易场所发行、交易证券过程中实施虚假陈述引发的侵权民事赔偿案件”均可适用。只是在损失认定时，明确规定了采用集中竞价的交易场所中原告的损失计算方法，但就如本文作者曾经分析的，司法解释在这方面的规定是非排他性的，采用非集中竞价方式的原告应该可以自行提出合理的损失计算方式，司法解释并没有排除其适用的可能。③

---

① 参见《康美药业股份有限公司关于收到〈民事裁定书〉的公告》（临 2021-011），2021 年 2 月 10 日。

② 参见广州中院：《关于康美药业证券虚假陈述责任纠纷的普通代表人诉讼权利登记公告》（2021 年 3 月 26 日）。

③ 彭冰：《证券虚假陈述民事赔偿中的因果关系——司法解释的新发展评析》，载《法律适用》2022 年第 5 期。

（2）《新虚假陈述司法解释》同时规定了诱多型和诱空型两种虚假陈述行为的因果关系推定，因此，未来的权利登记范围也不会仅仅限于在指定期间“买入”，而是应该考虑到本案虚假陈述行为的类型，分别规定不同的交易方向：在诱多型虚假陈述下，是“买入”；在诱空型虚假陈述下，则应该是“卖出”。不过，在确定权利范围的这个阶段，法院是否需要对交易方向做出明确的判断，还是应该放到庭审阶段听听双方抗辩，也许是一个值得分析的问题。

（3）各法院发出的普通代表人诉讼权利登记公告中大都要求在揭露日“闭市后仍持有”相关股票，这一说法也应当改变。首先，对于在诱多型虚假陈述中，原告在虚假陈述实施日之后买入，但在揭露日之前卖出的，《新虚假陈述司法解释》没有像《旧虚假陈述司法解释》第十九条那样直接将其作为不推定因果关系的情况，只是没有明确规定此种情况下的损失计算方式。正如前文所述，司法解释是非排他性的，在这种情况下，应当允许原告自行证明其损失因果关系。这涉及实体性问题，需要在案件庭审中处理，而不应该直接在登记环节将其排除在外。

其次，在诱空型虚假陈述下，投资者只需要在指定期间卖出即受有损失，并不需要买回，因此，在揭露日“闭市后仍持有”的规定显然是不合适的。

考虑到上述情况，以后权利登记公告在这方面的表述应该是：“在指定期间买入（诱多型虚假陈述）或卖出（诱空型虚假陈述）相关证券，且与本案具有相同种类诉讼请求的投资者。”

（4）本案法院在公告中对“但具有虚假陈述司法解释第十九条规定的虚假陈述与损害结果之间不存在因果关系情形的除外”的规定，在其他法院发出的权利登记公告中并没有见到。这种说法其实也是不合适的，今后其他法院也不应该如此规定。

《旧虚假陈述司法解释》第十九条主要规定的是允许被告抗辩推翻因果关系推定的几种情况。[①] 因果关系认定是实体法律问题，应当在案件审理过程中由双方展开辩论，法院直接在权利登记公告中将其作为排除登记的条件，显然是要求原告自行认定没有因果关系，与司法解释中要求被告负有举证责任的规定不符。上述关于“闭市后仍持有”相关股票类的表述，也可以作类似的推理：即使在揭露日之前的反向操作可以作为否定因果关系推定的情况，也应当放在案件实体审理过程中展开，而不是在权利登记阶段未经审理就直接排除投资者的登记资格。

3. 2021年3月26日，广州中院发出《普通代表人诉讼权利登记公告》，要求权利人于2021年4月25日之前登记加入本案诉讼。具体登记方式为：投资者通过微信小程序搜索“广州微法院”进入广州微法院，点选页面下方“微诉讼”栏目，选择“代表人诉讼”入口进入代表人诉

① 《旧虚假陈述司法解释》第十九条规定：被告举证证明原告具有以下情形的，人民法院应当认定虚假陈述与损害结果之间不存在因果关系：（一）在虚假陈述揭露日或者更正日之前已经卖出证券；（二）在虚假陈述揭露日或者更正日及以后进行的投资；（三）明知虚假陈述存在而进行的投资；（四）损失或者部分损失是由证券市场系统风险等其他因素所导致；（五）属于恶意投资、操纵证券价格的。

讼平台申请登记。法院还同时公告了两名拟任诉讼代表人的情况，对其有异议的，可以于2021年4月25日之前向法院提出书面异议。申请加入本案诉讼并自愿担任本案代表人的，也可以向法院提出书面申请和相关材料。权利登记无须预交案件受理费，结案后由败诉方按照诉讼标的额交纳。①

评析：权利登记方式的设计应当尽量方便有效。本案法院采用了微信小程序的方式。考虑到中国微信的普及程度，应该说还是很方便原告办理登记手续的。

上海金融法院和北京金融法院都开发了专门的代表人诉讼在线平台。

普通代表人诉讼的一个重要优势是不需要预交案件受理费。相关研究表明，在我国虚假陈述司法解释通过因果关系推定极大提高原告胜诉率的情况下，相关诉讼案件数量并不理想，一个可能的原因就是原告需要预交案件受理费——对于索赔金额不多的投资者，要求其预交案件受理费就可能成为其提起诉讼的重要阻碍。②

4. 2021年2月20日，中国证监会对广东正中珠江会计师事务所及相关会计师作出处罚，认定其在为康美药业提供的2016年至2018年年度审计报告中未能勤勉尽责，存在虚假记载。③2021年3月30日，原告申请追加广东正中珠江会计师事务所及相关会计师为本案被告。④

评析：在2020年12月31日本案11名原告提起普通代表人诉讼时，为有虚假记载的年报提供审计服务的正中珠江会计师事务所还没有被中国证监会处罚，从理论上来说，原告在此时其实也可以直接将其作为被告纳入诉讼范围。按照《证券法》的相关规定，只要原告能够证明审计报告中有虚假内容，就需由被告来证明自己没有过错。只不过，审计机构此时可能会抗辩说：证监会没有处罚审计机构，证明其没有过错。其实即使在中国证监会处罚审计机构之后，审计机构仍然会作类似抗辩。只是在后种情况下，审计机构对没有过错的抗辩更不容易说服法院而已。

在虚假陈述民事赔偿案件中，将审计机构等证券中介机构纳入被告范围，可以扩大原告的求偿范围，增大全额获赔的可能性。实际上，在其他案件中，作为承销商的证券公司和审计师的会计师事务所是典型的“深口袋”，往往在发行人不能偿付时，成为原告的主要追偿对象。例如，在五洋债虚假陈述案中，法院判决原告可以获赔7.03亿元，因第一被告发行人五洋建设处于破产重整程序中，执行对象主要是承担连带责任的其他主体，其中德邦证券总计履行5.755亿

---

① 广州中院：《关于康美药业证券虚假陈述责任纠纷的普通代表人诉讼权利登记公告》（2021年3月26日）。

② 徐文鸣：《证券民事诉讼制度实施效果的实证研究——以虚假陈述案件为例》，载《证券市场导报》2017年第4期，第32页。

③ 《中国证监会行政处罚决定书（广东正中珠江会计师事务所、杨文蔚、张静璃、刘清、苏创升）》（〔2021〕11号）。

④ 参见一审判决书。

元赔偿，大信会计履行1亿元赔偿。①

康美药业的虚假陈述主要表现为年度报告，除上市公司之外，原告可以寻求的“深口袋”只能是实际控制人和做审计的会计师事务所，不会涉及作为承销商的证券公司。不过，康美药业在认定的虚假陈述期间（2017年4月20日至2018年10月16日）还曾经发行过四期债券（18康美债01－18康美债04），均由广发证券主承销。如果这些债券持有人提起虚假陈述的诉讼，就可能会将广发证券纳入被告范围，成为另一个“深口袋”。但不知什么原因，这些债券持有人没有向本案法院提起诉讼，或者曾经试图提起诉讼，本案法院没有立案。②

本案在普通代表人诉讼权利登记公告之后增加了被告，因此引发了另一个问题：既然被告发生了变化，此前发出的权利登记公告是否需要更新？被告是谁，显然属于投资者在考虑是否加入诉讼时会考量的因素，既然发生了变化，公告内容就应该及时更新，而相应的公告期间恐怕也需要延长，以满足30日要求。

（二）特别代表人诉讼启动

1. 2021年3月26日，在广州中院发出《普通代表人诉讼权利登记公告》的同日，投服中心公开宣布接受投资者委托。投服中心要求委托的投资者符合法院发出的权利登记范围，并特别声明“因身份识别系统技术所限，本次参与对象仅限于持有二代居民身份证的自然人投资者”。报名期限为7个工作日，自2021年3月26日至4月7日24:00前。有意委托的投资者应在中国投资者网（www.investor.org.cn）提交申请材料。需提交的材料包括授权委托书、电子送达地址确认书和相关证据材料。证据材料主要是：身份证复印件，加盖证券公司营业部印章的中国证券登记结算有限责任公司“一码通”证券账户查询单（包含所有证券账户）及证券账户开户确认单、康美药业股票电子版对账单（Excel文件）。对账单区间至少应当包括自实施日2017年4月20日（含）至基准日2018年12月4日（含）关于康美药业股票的所有交易情况。

投服中心还表明其将在材料齐备的适格投资者中按申请时间先后排序，接受前50名投资者委托。③

2. 在投服中心3月26日至4月7日接受委托期间，投资者申请总人数479人，其中适格投资者352人。适格投资者中，男性236人，女性116人；年龄最小的21岁，年龄最大的81岁；

① 参见《浙江省杭州市中级人民法院关于“五洋债”案件案款发放公告（四）》，2022年3月25日，杭州中院微信公众号发布。

② 查询中国裁判文书网，可以发现有多个债券持有机构曾经在上海金融法院对康美药业提起证券赔偿诉讼，但不知什么原因，这些案件原告后来均撤诉。

③ 《投服中心接受康美药业虚假陈述民事赔偿案投资者委托的说明》（2021年3月26日）。

所在地域涉及27个省、自治区、直辖市。①

3. 2021年4月8日，投服中心称接受了56名权利人的特别授权，向广州中院提交上述56名投资者的证据材料，申请作为代表人参加诉讼，并将本案诉讼程序转化为特别代表人诉讼。②

评析：按照《代表人诉讼司法解释》的规定，特别代表人诉讼的启动需要依赖普通代表人诉讼，从普通代表人诉讼转化为特别代表人诉讼的条件也很简单，就是投保机构在普通代表人诉讼权利登记公告期间获得50名以上权利人的特别授权。但这一公告期间只有30天，投保机构如果在公告发出之后才考虑是否针对该案启动特别代表人诉讼程序这一问题，显然会比较仓促。本案中投服中心在法院发出普通代表人诉讼权利登记公告的同日，就公开征集权利人委托，而且征集期只有7个工作日，显然早有准备。按照前面的分析，投服中心很可能与法院有某种程度的事前协调和安排。

从投服中心的征求结果来看，投资者参与还比较踊跃，说明投资者对投服中心的角色有一定程度的认可。

不过，是否能够成为投服中心的明示委托人，对于投资者来说并无实质上的利益关系。因为投服中心只需要征集到50个适格投资者的委托，就可以请求法院将普通代表人诉讼转化为特别代表人诉讼，转化之后，所有符合条件的没有退出的投资者就都直接变成了投服中心的委托人。投服中心在一开始明示接受的这56个投资者并无任何特别的权利，与其他投资者并无区别。

4. 2021年4月16日，广州中院发布《特别代表人诉讼权利登记公告》，称经最高院指定管辖，法院将适用特别代表人诉讼程序审理本案。据此，法院发出《特别代表人诉讼权利登记公告》，其权利登记范围与普通代表人诉讼相同。法院并明确：“符合前述权利人范围的投资者如未在公告期间届满（即2021年5月16日）后十五日内向本院书面声明退出本特别代表人诉讼的，即视为同意参加本特别代表人诉讼。”法院同时介绍了投服中心的基本情况，声明参加本特别代表人诉讼的投资者视为对投服中心进行特别授权，即同意投服中心“代表其参加开庭审理，变更、放弃诉讼请求或者承认对方当事人的诉讼请求，与被告达成调解协议，提起或者放弃上诉，申请执行，委托诉讼代理人等”。③

评析：（1）关于权利登记范围的确定问题，后文将专门讨论。这里只简单分析一些表面问题。

按照《代表人诉讼司法解释》的规定，对于符合条件的投保机构将普通代表人诉讼转化为

---

① 《首单特别代表人诉讼成功转换》，投服中心官网，资料来源：http：//www.isc.com.cn/html/zxxw/20210420/3740.html，2022年5月20日访问。

② 《首单特别代表人诉讼成功转换》，投服中心官网，资料来源：http：//www.isc.com.cn/html/zxxw/20210420/3740.html，2022年5月20日访问。

③ 广州中院：《特别代表人诉讼权利登记公告》（2021年4月16日）。

特别代表人诉讼的请求，法院看起来无权拒绝。法院在这里的主要工作应该是审查授权给投保机构的50名权利人是否符合条件。但实际上，由于投保机构在未来的特别代表人诉讼中将代表全体权利人，这50名权利人并无任何特殊权利，因此这50名权利人是否符合资质，并不是那么重要。法院在这方面的审查大可不必那么严苛。最高院在《代表人诉讼司法解释》中也明确："诉讼过程中由于声明退出等原因导致明示授权投资者的数量不足50名的，不影响投资者保护机构的代表人资格。"

法院在普通代表人诉讼程序中对于权利登记问题需要作出一个裁定，当事人对权利人范围有异议的，可以向上一级法院申请复议。而当普通代表人诉讼转化为特别代表人诉讼时，对于特别代表人诉讼的权利登记范围，法院是否需要重新作出一个裁定？如果特别代表人诉讼的权利登记范围必须与此前的普通代表人诉讼权利登记范围相同，就没有必要再作出一个裁定。但问题是：投服中心如果对普通代表人诉讼的权利登记范围有异议的，是否应该允许其在特别代表人诉讼程序开启后提出？如果允许其提出新的权利登记范围，法院应该就需要作出一个新裁定，并允许各方当事人可以向上一级法院申请复议，甚至在此之后还需要重新公告，为符合新权利登记范围的投资者提供明示退出的机会。

而如果不允许投服中心提出新的权利登记范围，则本案中法院的30日公告期就显得过长。《代表人诉讼司法解释》规定普通代表人诉讼权利登记公告的期间是30日，对于特别代表人诉讼权利登记公告的期间没有规定。本案也用了30日。然而，在前一个30日内，投资者需要阅读公告、考虑自身的情况决定是否采取行动加入诉讼，而在后一个30日内，投资者则什么事情都不需要干，因为采用"默示加入"的制度，其需要考虑的是是否"明示退出"，而法院又明确规定了退出期是在公告期间届满后15日内。如果考虑到投资者对于是否退出的考量可能需要更多时间，不如直接规定公告期间为45日，投资者在此期间都可以明示退出。

（2）本案中比较特殊的是管辖问题。按照《代表人诉讼司法解释》的规定，特别代表人诉讼由涉诉证券集中交易的证券交易所所在地的中级人民法院或者专门人民法院管辖。康美药业在上海证券交易所上市交易，本案从普通代表人诉讼转化为特别代表人诉讼之后，应当移送到上海金融法院审理，后者才是有管辖权的法院。但广州中院在公告中声称：经最高院指定管辖，本案将由广州中院适用特别代表人诉讼程序继续审理。这显然是最高院和广东省政府协调的结果。

在虚假陈述民事赔偿案件中，由于被告上市公司一般是地方利税大户，地方法院往往有地方保护主义倾向。最高院一直试图通过管辖权的特别安排来最大程度减少地方保护主义，但目前来看很难成功，虚假陈述民事赔偿案件仍然不能脱离省级地域管辖。

在《旧虚假陈述司法解释》第十条中，最高院曾经提供过一个摆脱地方保护主义的巧妙安排：按照原告就是被告原则，以上市公司作为被告的，一般应当在被告所在地法院管辖，但因为对于虚假陈述需要承担责任的被告主体可以很多，除了上市公司之外，还包括证券承销商、保荐人、会计师事务所和律师等，所以原告可以选择以发行人或者上市公司以外的虚假陈述行为人作为被告提起诉讼，这样就可以规避由上市公司所在地的法院管辖。但因为上市公司往往是发布虚假陈述的真正主体，查明事实需要上市公司的协助，即使原告没有起诉上市公司，法院也需要将上市公司追加为共同被告。所以《旧虚假陈述司法解释》第十条第一款规定，如果当事人申请或者征得所有原告同意，法院可以追加上市公司，法院追加后，应当将案件移送上市公司所在地有管辖权的中级人民法院管辖。但该条第二款接着给了一个出路："当事人不申请或者原告不同意追加，人民法院认为确有必要追加的，应当通知发行人或者上市公司作为共同被告参加诉讼，但不得移送案件。"这样一来原告就有了一个摆脱被告地方保护主义的途径：原告起诉远在外地的承销商或者审计师事务所（往往位于北上广之类的一线城市），同时坚决不同意追加上市公司，而法院依职权可以追加（所以不会影响案件的审理），但这时就不得移送管辖，上市公司所在地的法院也就丧失了管辖机会。①

但据本文作者的有限观察，在司法实践中，第十条第二款从未被适用过，观察到的多数案件中，即使原告避开上市公司只起诉其他人，法院也会追加上市公司并将案件移送给上市公司所在地的中级法院。

《新虚假陈述司法解释》最终取消了第十条第二款的规定，而且还后退一步，在原有的省会城市、计划单列市和经济特区中院管辖之外，还特别允许"省、自治区、直辖市高级人民法院可以根据本辖区的实际情况，确定管辖第一审证券虚假陈述侵权民事赔偿案件的其他中级人民法院，报最高人民法院备案"，实际上是将原有的特别级别管辖，交权给了省高院，基本上向地方主义让步。

迄今为止，最高院在防范地方保护主义方面唯一保留的倔强，就是特别代表人诉讼的管辖权。在《新虚假陈述司法解释》中，其明确规定《代表人诉讼司法解释》对管辖权另有规定的，从其规定。而《代表人诉讼司法解释》中对普通代表人诉讼的管辖权规定与新司法解释相同，唯一不同的就是特别代表人诉讼的管辖权，即"特别代表人诉讼案件，由涉诉证券集中交易的证券交易所、国务院批准的其他全国性证券交易场所所在地的中级人民法院或者专门人民法院管辖"，按照该条规定，只有北京金融法院、上海金融法院和深圳市中级法院对特别代表人诉讼有管辖权，这种安排显然可以在很大程度上避免地方保护主义。

---

① 《旧虚假陈述司法解释》第十条规定："人民法院受理以发行人或者上市公司以外的虚假陈述行为人为被告提起的诉讼后，经当事人申请或者征得所有原告同意后，可以追加发行人或者上市公司为共同被告。人民法院追加后，应当将案件移送发行人或者上市公司所在地有管辖权的中级人民法院管辖。当事人不申请或者原告不同意追加，人民法院认为确有必要追加的，应当通知发行人或者上市公司作为共同被告参加诉讼，但不得移送案件。"

但这一规定在第一起特别代表人诉讼案件中就被打破，未来能否得到普遍适用显然前景堪忧。该条规定是否会落得与《旧虚假陈述司法解释》第十条第二款相同的命运，我们可以拭目以待。

5. 2021 年 4 月 23 日，投服中心依据广州中院发出的特别代表人权利登记公告确定的权利人范围，向中国证券登记结算公司调取康美药业案权利人名单，4 月 30 日向广州中院提交。①

评析：按照《代表人诉讼司法解释》的规定，投服机构调取的权利人名单，法院应当予以登记，列入代表人诉讼原告名单，并通知全体原告。本案中，法院于 2021 年 6 月 12 日发出《特别代表人诉讼原告资格查询公告》，告知法院已经依据投服中心提交的权利人名单，依法审查确定了本案的原告名单，并提供了查询方式供投资者查询。该查询方式与普通代表人诉讼的登记方式相同，即通过微信小程序“广州微法院”进行。②

需要注意的是法院这里说的依法审查，法院是否对投服中心提交的权利人名单进行了审查？如何审查？从理论上来说，法院当然有权审查该名单上的权利人是否全部符合权利登记范围，是否具备相应的资质和相关的证据材料。但从数量上来说，本案涉及 55326 名原告，法院是否具备足够的能力在短时间内完成审查工作？毕竟从 2021 年 5 月 31 日投资者退出期限届满，至 2021 年 6 月 12 日法院发出公告，只有 12 天时间。而投服中心依据权利登记范围向中国登记结算公司调取的权利人名单，其真实性似乎不需要怀疑，但其准确性如何？这一问题也许放在审判程序中由被告抗辩会比较好。因为被告方需要付出真金白银，看起来更有审查原告资质的充分动力。而且在庭审中通过被告抗辩来排除原告资格，被排除的原告在理论上还有争辩的机会，而在权利登记阶段被法院排除的投资者则根本没有机会抗辩，看起来并不公平。不过，从本案相关材料来看，投服中心宣称其依据登记机构提供的数据代表 55326 名投资者向广州中院登记，③ 而一审判决书认定的原告人数就是 55326 名，可见本案法院在审核后并没有剔除原告。

6. 在公告期间，梅毅勇等 9 名投资者向广州中院提交书面声明，表示退出本特别代表人诉讼。退出后，本案确定原告人数为 55326 名投资者。④

评析：（1）明示退出。特别代表人诉讼采用投资者“默示加入、明示退出”的方式，投资者需要慎重考虑是否退出。因此，《代表人诉讼司法解释》对于特别代表人诉讼权利登记公告，

---

① 《投服中心向法院提交康美药业案权利人名单的公告》（2021 年 5 月 14 日），资料来源：http://www.isc.com.cn/html/kmyya/20210514/3794.html，2022 年 5 月 20 日访问。

② 广州中院：《特别代表人诉讼原告资格查询公告》，http://www.gzcourt.gov.cn/fygg/ck11/2021/06/12090301622.html，2022 年 5 月 20 日访问。

③ 《投服中心首单特别代表人诉讼一审判决答投资者问》（2021 年 11 月 15 日），资料来源：http://www.isc.com.cn/html/kmyya/20211115/4212.html，2022 年 5 月 20 日访问。

④ 据本案一审判决书。

要求额外披露“投资者保护机构基本情况、对投资者保护机构的特别授权、投资者声明退出的权利及期间、未声明退出的法律后果等”内容。其目的就是让投资者在拥有充分信息的情况下对于是否退出作出决策。

本案中法院在特别代表人诉讼权利登记公告中不仅披露了投服中心的基本情况等额外内容，还披露了投服中心的诉讼代理人名单（即律师），显然有助于投资者作出取舍。不过，本文作者感觉似乎还应该直接披露投服中心的起诉状，更有助于投资者作出是否退出的判断。实际上，在整个诉讼过程中，该起诉书都没有公开，原告并没有机会看到完整的起诉状。

另外，从通知方式来看，目前主要采用公告的方式。但公告的效果毕竟有限，因为并不是人人都能发现并阅读。理论上应该通知到每一个人才是合适的。特别是特别代表人诉讼中，采用“默示加入、明示退出”的方式，更应该通知到每一个符合条件的原告，让其作出是否退出的决策。而在目前技术化的手段中，这种措施也是能够实现的。例如在此前先行赔付的操作中，就可以将通知发送至每一个适格投资者的交易账户。在特别代表人诉讼中，应该也可以实现这样的安排。

另外需要注意的是：在普通代表人诉讼中的权利登记，和特别代表人诉讼中原告资格查询，投资者都可以通过微信小程序“广州微法院”进行。但投资者若要提交退出诉讼声明，则必须邮寄，虽然留有联系人电话，却不能打电话退出。法院这样差别待遇，是否是考虑到退出对投资者权益影响较大，需要慎重对待？

（2）退出投资者的另行起诉。投资者选择退出，主要可能是对投服中心代表诉讼不满意，希望自行寻求赔偿。“对于声明退出的投资者，人民法院不再将其登记为特别代表人诉讼的原告，该投资者可以另行起诉。”①

需要注意的是：既然退出的投资者是对特别代表人诉讼不满意，自行寻求救济，法院就应该对其诉求单独开庭审理，而不能直接适用特别代表人诉讼的结果。《代表人诉讼司法解释》的起草者就认为：“代表人诉讼裁判的既判力扩张存在例外，不适用于明示退出或者明示不加入代表人诉讼的投资者”，“在当事人明确表达了不愿意加入代表人诉讼的意思后，应当尊重其单独诉讼并获得裁判的权利”。② 甚至，本文作者认为，也许两类案件相对同时开庭会效果更好，因为退出另行起诉的投资者在权利范围方面与特别代表人诉讼相同，而主张显然不同，法院同时审理，有助于听取更多方面的意见，更好地保护投资者。

据本文作者的访谈，本案中几位退出的投资者已经委托律师另行起诉。法院在本案宣判之

---

① 《代表人诉讼司法解释》第三十四条第二款。

② 参见最高人民法院民事审判第二庭（编著）：《最高人民法院证券纠纷代表人诉讼司法解释理解与适用》，人民法院出版社2021年版，第86页。

后（2021 年 11 月），于 2022 年才正式受理了这些退出投资者的起诉，但至本文写作的 2022 年 5 月 20 日，尚未开庭审理。这种做法显然是枉顾了《证券法》第九十五条第三款明确规定的投资者退出权。

（三）审理

1. 2021 年 5 月 28 日，广州中院召开康美药业证券虚假陈述责任纠纷案庭前会议。法庭主持原告、被告双方交换了证据，听取了双方诉辩意见，明确了案件争议焦点。①

2. 在本案审理过程中，康美药业等部分被告申请由法院委托专业机构测算损失金额和系统风险。被告主张由上海交大中国金融研究员测算，投服中心主张由深圳价值在线信息科技股份有限公司测算。因为各方对测算机构的选择未能形成一致意见，广州中院委托中国证券投资者保护基金有限公司（以下简称投保基金）对权利人范围内的投资者（声明退出的投资者除外）的损失进行测算。②

3. 2021 年 7 月 16 日，投保基金出具了《证券投资者损失测算报告》，测算 52037 名投资者扣除系统风险后的损失金额总数为 2458928544 元。③

评析：在证券虚假陈述民事赔偿诉讼中，投资者损失的测算相对比较复杂，在代表人诉讼中，如果投资者人数众多，此类测算就更为复杂，有必要请专业机构出具鉴定意见。在本案中，双方各自提出了不同的测算机构，法院因此选择了第三个机构。本来这是一个较好安排。但在本案中，法院选择的投保基金并非独立第三方。按照投保基金的官网介绍，“投保基金公司在国家工商总局注册成立，由国务院出资，财政部一次性拨付注册资金 63 亿元。投保基金公司归口中国证监会管理”。而投服中心是所谓的证券金融类公益机构，也“归属中国证监会直接管理”。虽然说起来中国证监会并非这两个机构的出资股东，但两者都归属中国证监会管理，甚至可以说实际上都被其“控制”，从这个角度来看，这两个机构是否应该被视为具有“关联关系”？在本案中，投保基金看起来并非是最好的选择，法院选择独立的市场机构更为合适。

《新虚假陈述司法解释》在损失计算方面，给予了被告更多抗辩的余地，恐怕在损失测算方面不是简单地选择一家鉴定机构的问题，而是先要对测算方法展开辩论，由法院确定哪些因素对价格的影响需要被考虑予以排除。

4. 2021 年 7 月 27 日，广州中院公开开庭审理本案。除了各当事人及其律师出庭之外，受法

① 广州中院：“康美药业证券虚假陈述集体诉讼案召开庭前会议”，资料来源：http：//www.gzcourt.gov.cn/xwzx/about/2021/05/28203601856.html，2022 年 5 月 20 日访问。

② 据一审判决书。

③ 据一审判决书。

庭委托，有关证券专家也出庭解答了相关问题。①

5. 2021 年 9 月 1 日，广州中院接受投服中心提出的财产保全申请，作出（2020）粤 01 民初 2171 号之一民事裁定，裁定对本案的所有个人被告（除唐煦、陈磊外）和正中珠江会计师事务所的名下价值 24.59 亿元的银行存款或者查封、扣押其他等值财产。②

评析：投服中心为什么在开庭审理之后才提起财产保全申请，目前并不清楚。

6. 2021 年 11 月 12 日，广州中院作出一审判决，责令康美药业因虚假陈述侵权赔偿证券投资者损失 24.59 亿元，原董事长、总经理马兴田及 5 名直接责任人员、正中珠江会计师事务所及直接责任人员承担全部连带赔偿责任，另外 13 名相关责任人员按过错程度承担部分连带赔偿责任。③

评析：本案审理中的实体争议问题，并非本文关注重点，因此，本文只简单介绍和分析一些一审裁决内容。

（1）各被告的责任依据过错程度有所不同。虽然康美药业一审判决出来之后引发了市场的轩然大波，有所谓“独立董事的辞职潮”，④ 但客观来说，法院还是尽量对不同被告依据其过错程度确定了不同的责任比例。实际上，《证券法》第八十五条和第一百六十三条对于虚假陈述中各方主体的责任，统一规定的是连带责任，并无关于比例连带责任的规定。比例连带责任是中国法院在实践中考虑到全部连带责任对某些主体过于严苛而自行创造出来的。⑤

在本案中，法院对各方主体作出了明确的区分：上市公司、实际控制人和直接参与造假的高管、董事承担 100% 责任，审计师承担 100% 责任，未参与造假的董事高管还按照其过错程度不同而区分了不同比例的连带责任（见表 1）。

表 1　各方主体责任区分

主体	身份	赔偿
康美药业	上市公司	24.59 亿元
马兴田、许冬瑾	实际控制人组织造假，签字董事	100% 连带责任
邱锡伟等	参与造假的内部高管，签字董监高	100% 连带责任

① 广州中院开庭审理康美药业证券虚假陈述集体诉讼案，资料来源：http：//www.gzcourt.gov.cn/xwzx/about/2021/07/27175137658.html，2022 年 5 月 20 日访问。

② 据一审判决书。

③ 据一审判决书。

④ “康美天价赔偿案引发独董辞职潮”，东方财富网，资料来源：https：//baijiahao.baidu.com/s? id = 1717565271691697220&wfr = spider&for = pc，2022 年 5 月 20 日访问。

⑤ 参见丁宇翔：《证券发行中介机构虚假陈述的责任分析——以因果关系和过错为视角》，载《环球法律评论》2021 年第 6 期，第 156 – 171 页。

续表

主体	身份	赔偿
马汉耀等	没有参与造假的内部高管，签字董监高	20%连带责任
江镇平等	兼职独立董事，签字	10%连带责任
郭崇慧等	兼职独立董事，只在一份造假文字签字	5%连带责任
唐煦等	内部高管，但未参与造假也未签字	无责任
中正珠江会计师事务所	审计师事务所	100%连带责任
杨文蔚	签字合伙人，特殊的普通合伙人	100%连带责任
张静璃等	签字注册会计师和项目经理	无责任

（2）关于连带责任的分担。法院在一审判决中对于各被告在承担连带责任之后的责任分担问题，没有处理："本案诉讼裁判的范围为各被告应当向原告承担的责任问题，至于各承担连带责任的被告之间的责任分担与追偿，不在本案裁判范围之内，各方如承担实际赔付责任后可另行解决。"

（3）关于案件受理费。"本案案件受理费 12336442.72 元，保全费 5000 元，由被告共同负担"，但各被告之间如何负担，法院也没有明确，估计还是与上面的连带责任相同，由各方另行解决。

（4）原告查询。在宣判的同日，法院还发布了《关于特别代表人诉讼原告应获赔偿金额查询方式的公告》：为便于原告查询具体应获赔偿金额，现本院提供以下查询方式：投资者通过微信小程序搜索"广州微法院"进入广州微法院，点选页面下方"微诉讼"栏目，选择"代表人诉讼"入口进入代表人诉讼平台查询。

与普通代表人诉讼一般在判决书后面直接列表列明原告获赔金额不同，本案并没有此类列表，原告只能按照上述方式自行查询其获赔金额。这可能一方面是因为本案原告人数太多，高达 52037 名，没法列表。另一方面也可能是因为与普通代表人诉讼中原告是主动加入不同，在特别代表人诉讼中原告是被动加入，因此其隐私权需要得到更多保护。据本文作者调研获知，在本案审理过程中，被告方如果对某名原告的身份或者获赔资格有所质疑，也只能到法院处查询原告资料，并不能复制带出。这种安排显然也是出于对原告隐私的保护。

（5）上诉期。当事人对一审判决不服的，有权提起上诉。不过，与一般审判中的上诉期均为 15 日有所不同，原告的上诉期间则因为投服中心的存在而可能有所扩展，即与投服中心不一致的原告可另外获得 15 天的期间。

本案各被告不服的，可在收到通知之日起 15 日内递交上诉状。

投服中心决定上诉的，应当在判决书送达之日起 15 日内递交上诉状，同时，投服中心应当在上诉期间届满前通知全体原告。原告决定放弃上诉的，应当在收到通知之日起 15 日内通知本院。

投服中心决定放弃上诉的，可以在判决书送达之日起 15 日内通知全体原告，原告决定上诉的，应当在收到通知之日起 15 日内向本院递交上诉状。

（四）生效、重整与执行

1. 2021 年 11 月 19 日，投服中心发布公告宣布，“经研究决定对康美药业特别代表人诉讼一审判决不予上诉”，说明了不予上诉的理由，以及法律后果。①

评析：（1）投服中心提出不予上诉的理由是：一审判决支持了投服中心作为原告代表人的主要诉请，包括实施日、揭露日、基准日和交易因果关系等。而一审判决与原告诉请的差异主要体现在原告投资者损失金额认定和各被告责任承担比例方面。前者由投保基金测算，并经过法庭质证予以采信。对于后者，投服中心主张的是所有被告承担全部连带责任，但法院则对不同被告的过错进行了分析，“说理论证较为充分”。

（2）不上诉的后果。投服中心作为诉讼代表人决定不上诉，并不意味着原告一定要选择不上诉，而且还要考虑被告是否上诉的情况。投服中心制作了一个表格来形象地说明不同情况下的法律后果（见表 2）。

表 2　不同情况的法律后果

序号	原告投资者	被告	法律后果
1	全体原告投资者未上诉	全体被告不上诉	一审判决在全体原告与被告之间生效
2	部分原告投资者上诉的，应向广州中院提交上诉状；部分投资者未上诉	全体被告不上诉	（1）自行上诉的原告参与二审，投服中心不参与二审，也不再是这些投资者的代表人。 （2）一审判决在未上诉的原告与被告之间生效，二审裁判的效力不及未上诉的原告
3	全体原告投资者未上诉	全部或部分被告上诉	投服中心作为代表人参与二审应诉，一审判决未生效
4	部分原告投资者上诉的，应向广州中院提交上诉状；部分投资者未上诉	全部或部分被告上诉	（1）投服中心作为未上诉投资者的代表人参与二审应诉，一审判决未生效。 （2）自行上诉的原告在二审中主张自己的上诉请求，投服中心不再是这部分投资者的代表人

① 《投服中心关于对康美药业特别代表人诉讼一审判决不予上诉的公告》（2021 年 11 月 19 日）。

当然，最终所有原告都选择了不上诉。

2. 2021年11月24日，康美药业发布公告，宣布因公司处于破产重整程序中，管理人将一审判决内容向债权人委员会发出了通知，就是否对一审判决上诉提请债权人委员会予以表决。截至公告日，债权人委员会已经表决同意对公司特别代表人诉讼一审判决不予上诉。[①]

评析：康美药业因处于破产重整状态，对于此类重大诉讼是否上诉，应由债权人委员会决定。本案中比较特殊的是投服中心此前也作为债权人代表加入了债权人委员会。投服中心因此回避了此次表决，以避免利益冲突。[②]

从现实来看，最终所有被告都放弃了上诉。除康美药业外的其他被告为什么放弃上诉，特别是在各位独立董事要承担巨额责任的情况下？目前并不清楚。也许是此时康美药业的重整草案中已经对24.59亿元的赔偿有所安排，这些其他被告并不需要真正掏钱履行判决，因此也就没有动力提起上诉。

3. 各方当事人均未上诉，一审判决到期后生效。[③]

4. 2021年11月26日，揭阳中院裁定批准《康美药业股份有限公司重整计划》。[④] 在重整方案中，本案一审判决的债权作为普通债权处理，清偿方案是：对于每家债权人50万元以下的债权部分，全部现金清偿；超出50万元的部分，每100元普通债权分得：7.29元现金+8.829股股票（抵债价格10元/股）+4.42份信托受益权份额。[⑤]

5. 2021年12月21日，本案开始执行。康美药业将现金经中国证券登记结算有限责任公司转至各投资者开户证券公司，最终分配至投资者资金账户。最终执行结果是：全体投资者共获赔现金约9.765亿元，股票约1.41亿股，信托收益权份额约7070万份。债权金额50万元以下的投资者共51730人均获得了全额清偿，占比约为99.41%。[⑥]

评析：本案判决执行效果不错，显然有赖于康美药业的破产重整。投服中心作为本案的诉讼代表人，积极参与了破产重整程序，提早申报了债权，并参加了债权人委员会。

关于投服中心在破产重整中的作用，目前还有些障碍，主要涉及：（1）投服中心代表原告

---

① 《康美药业股份有限公司关于对特别代表人诉讼一审判决不予上诉的公告》（临2021－102），访问日期2021年11月24日。

② 冷静：《康美启示：证券集团诉讼首案的制度突破与未尽议题》，载《中国法律评论》2022年第1期，第82页。

③ 《投服中心首单特别代表人判决执行后答投资者问》（2021年12月23日）。

④ 《康美药业股份有限公司关于法院裁定批准公司重整计划的公告》（临2021－103），访问日期2021年11月27日。

⑤ 参见《康美药业股份有限公司重整计划》（2021年11月）。

⑥ 投服中心官网，“投服中心首单特别代表人判决执行后答投资者问”，资料来源：http://www.isc.com.cn/html/zxxw/20211223/4289.html，2022年5月20日访问。

申报债权的权利来源，这可能需要在未来进一步完善相关操作，例如在相关法律中明确规定诉讼代表人有权代表原告在被告破产程序中申报债权，或者在法院发出权利登记公告中要求投资者在对代表人的特别授权中作出此类授权。①

（2）投服中心申报债权的金额。本案中投服中心向康美药业的破产管理人申报债权时，以48.66亿元申报债权。但这一申报金额是没有根据的。因为该金额并非本案原告的诉请金额。实际上，投服中心在特别代表人诉讼中并没有明确提出索赔金额，而是陈述为要求“采用移动加权平均法计算所有投资者损失，恳请法院委托专业机构对所有投资者的损失进行核算”。② 这个48.66亿元是2021年7月16日投保基金在向法院出具的《证券投资者损失测算报告》中提出来的，但投保基金在该报告中明确说明了上述金额应该扣除系统风险，并在报告中明确扣除系统风险后的投资者损失金额为24.59亿元。投服中心应该申报的债权是24.59亿元。

不过，这确实带来了一个问题，因为在特别代表人诉讼中，由于原告人数众多，投保机构作为代表人往往很难在一开始具体确定诉求金额，只能依赖专业机构的测算。而如果被告的破产发生在专业机构出具测算结果之前，投保机构就没有具体金额可以申请债权。即使有了测算结果，也并非最终金额，因为还需要经过双方的庭审质证，投保机构将该金额申报债权是否能够充分保护投资者？特别是在投保机构认为该测算结果偏低的情况下？这确实是一个难题，有待未来研究。

限于篇幅，本文对于特别代表人诉讼与破产重整制度的衔接问题不展开讨论。

（五）其他相关案件

1. 刘超诉康美药业示范案例③。在中国证监会对康美药业的行政处罚决定书中，证监会认定的康美药业虚假陈述行为包括《2016年年度报告》《2017年年度报告》《2018年半年度报告》《2018年年度报告》虚假记载，而在普通和特别代表人诉讼中，法院确定的权利登记范围，是以《2016年年度报告》《2017年年度报告》《2018年半年度报告》为虚假陈述行为来计算实施日和披露日的，将虚假陈述的揭露日确定于2018年10月16日。在此之后买入股票的投资者不符合权利登记范围，不能加入特别代表人诉讼。换句话说，特别代表人诉讼没有将《2018年年度报告》的虚假陈述行为纳入诉讼范围。

本案原告刘超是在2019年5月10日买入的康美药业股票，投资差额损失8422.4元。其主张，其是受到康美药业《2018年年度报告》中的虚假记载误导而买入的股票，该虚假陈述的实

① 冷静：《康美启示：证券集团诉讼首案的制度突破与未尽议题》，载《中国法律评论》2022年第1期，第82页。

② 据一审判决书。

③ （2021）粤01民初726号。

施日是2019年4月30日，揭露日是2019年5月18日。

法院承认，针对本案中的《2018年年度报告》中的虚假记载，不宜认定2018年10月16日为虚假陈述揭露日，本案康美药业虚假陈述揭露日应以中国证监会宣布初查结果的当日为准，即以2019年5月17日为本案证券虚假陈述行为揭露日。

但法院进而认为：虽然康美药业在《2018年年度报告》中实施了虚假陈述行为，但在多家媒体发文质疑康美药业财务存在造假、中国证监会已立案调查、审计机构对《2018年年度报告》出具了保留意见并导致康美药业股价连续跌停等情况下，原告仍买入康美药业股票，属于明知康美药业《2018年年度报告》披露信息不实而“自甘风险”的投资行为。因此，原告受到的经济损失与康美药业上述虚假陈述行为之间不存在因果关系，康美药业对原告的经济损失不承担赔偿责任。

本案一审判决于2021年9月18日，法院宣布：本案件为示范案件。本案判决发生法律效力后，同一区间（2019年4月30日至5月17日买入股票）其他案件将参照作出处理。

从判决书中公布的审判员来看，本案与特别代表人诉讼案的审判人员一致。

2. 黄莉琼诉康美药业关联案①。与刘超不同，本案原告是在《2018年年度报告》发布之前买入的康美药业股票，其所针对的虚假陈述行为与特别代表人诉讼相同，即《2016年年度报告》《2017年年度报告》《2018年半年度报告》中的虚假记载。但本案原告是在2018年11月15日买入的康美药业股票，在特别代表人诉讼中认定的揭露日2018年10月16日之后，也不符合权利登记范围，不能加入特别代表人诉讼。原告因此提起本诉讼，挑战揭露日的认定。

原告主张：2018年12月29日，康美药业公告称公司收到中国证监会《调查通知书》，因公司涉嫌信息披露违法违规，中国证监会决定对公司立案调查。此后康美药业股票连续两天跌停，该跌停是由虚假陈述行为导致的。因此，2018年12月29日应为本案虚假陈述行为的揭露日。

法院则重申了其在特别代表人诉讼一审判决中的观点，坚持了2018年10月16日自媒体质疑康美药业财务造假为揭露日，驳回了原告的全部诉讼请求。

值得注意的是：本案于2022年1月29日宣判，审判人员也与特别代表人诉讼一致。不过，从案号［（2020）粤01民初980号］来看，本案立案时间要早于前面的刘超案［（2021）粤01民初726号］，甚至可能还要早于特别代表人诉讼案［（2020）粤01民初2171号］。但审结却远远晚于前两者。本文认为，其实本案应该优先审理，以确定揭露日，然后才好在普通代表人诉讼和特别代表人诉讼中裁定权利人登记范围。

① （2020）粤01民初980号。

三、 普通代表人诉讼的启动

按照《证券法》第九十三条第三款的规定，特别代表人诉讼的启动依赖于普通代表人诉讼，《代表人诉讼司法解释》也明确了这一点。[①] 同时，考虑到在投保机构有权选择是否启动特别代表人诉讼的情况下，特别代表人诉讼可能不会很多，普通代表人诉讼也许更为常见，因此，普通代表人诉讼的启动问题，值得分析和研究。

从《代表人诉讼司法解释》的规定来看，普通代表人诉讼的门槛看起来很低，启动不应该成为一个问题，实则并非如此。

《代表人诉讼司法解释》第五条规定：符合以下条件的，人民法院应当适用普通代表人诉讼程序进行审理：

（一）原告一方人数十人以上，起诉符合民事诉讼法第一百一十九条规定和共同诉讼条件；

（二）起诉书中确定二至五名拟任代表人且符合本规定第十二条规定的代表人条件；

（三）原告提交有关行政处罚决定、刑事裁判文书、被告自认材料、证券交易所和国务院批准的其他全国性证券交易场所等给予的纪律处分或者采取的自律管理措施等证明证券侵权事实的初步证据。

不符合前款规定的，人民法院应当适用非代表人诉讼程序进行审理。

从上述条件来看，普通代表人诉讼发起的门槛并不高，只需要原告10人以上并有2～5名符合条件的代表人即可。但从现实来看，自《代表人诉讼司法解释》发布以来（2020年7月31日），各地法院允许启动的普通代表人诉讼不超过10起，而同期提起的证券虚假陈述民事诉讼案件则可能多达几十起（以被诉上市公司为标准计算）。而从表面来看，一般的证券虚假陈述民事赔偿案件均符合原告人数不确定的特点，似乎都应该以普通代表人诉讼的方式开展。普通代表人诉讼的开展困难，可能受制于法院和律师两方面的激励不足。从法院方面来看，普通代表人诉讼程序复杂，工作量大，周期长，但在工作量考核上，与原有的虚假陈述案件单独立案、共同审理相比，可能并不占优势，因此，各地法院在推动普通代表人诉讼方面并没有积极性。除了南京中院在2020年一次发动了四起普通代表人诉讼程序之外，其他法院大多只有一起，包括上海金融法院和北京金融法院这样的专门法院，可见多是“试点”“尝新”的性质。

从原告律师角度来看，律师也没有动力发动普通代表人诉讼。一方面是因为普通代表人诉讼可能被投服中心转化为特别代表人诉讼，而一旦变成特别代表人诉讼，则投服中心就成为当

① 参见《代表人诉讼司法解释》第三十二条：“人民法院已经根据民事诉讼法第五十四条第一款、证券法第九十五条第二款的规定发布权利登记公告的，投资者保护机构在公告期间受五十名以上权利人的特别授权，可以作为代表人参加诉讼。”

然的诉讼代表人，其会使用自己的律师作为诉讼代理人，而最初提起普通代表人诉讼的原告可撤诉加入特别代表人诉讼（其起初交纳的案件受理费也可退回），这些初始原告的律师也就会被解约。未来，这个问题应该通过投服中心提前明确其案件的选择来解决，一旦投服中心表明了态度，律师也就不用担心未来转化为特别代表人诉讼的不确定性。

另一方面则是律师费的确定和落实问题。最初提起诉讼时，原告聘请律师当然约定有律师费，但当该诉讼变成普通代表人诉讼后，法院发出权利登记公告，要求人数不确定的原告登记加入，这些新加入的原告和初始原告的代理律师之间并没有签订法律服务合同，也没有关于律师费的约定。目前的权利登记公告中也只要求加入的原告对诉讼代表人进行特别授权，其中并没有对于律师费的约定。因此，从合同角度，律师只能从初始原告处获得律师费。好比在本案中，如果本案不转化为特别代表人诉讼，提起普通代表人诉讼的律师就只能从最初起诉的 11 名原告处获得律师费。可能是考虑到这样对律师确实不公平，因为其在普通代表人诉讼中作为代表人的诉讼代理人，其实代表的是全体登记的原告，因此，《代表人诉讼司法解释》第二十五条中规定法院可以支持原告要求被告承担合理律师费的请求。在目前法院关于普通代表人诉讼的判决中往往也会对原告律师费作出明确安排。例如，在“五洋债”普通代表人诉讼的一审判决中，法院就明确“对于原告主张的为实现债权而支出的合理费用，本院就各原告律师费实际支出情况予以审理查明后酌情确认为每人 2000 元”。不过，该案初始原告的律师费主张是 31 万多元，最终原告数量为 487 人，但法院判决支持的律师费只有 11 万元。[①] 法院也并未明确所谓每人 2000 元中的“每人”是如何计算的，从判决附件中列出的表格来看，并非 487 名原告均有权获得 2000 元的律师费赔偿。[②] 在该案判决执行中，为方便原告，法院直接在银行为原告开设电子账户，分配款项直接划拨至该账户，由原告携本人有效身份证件，直接去银行网点领取。[③] 据作者访谈相关律师，因为这些原告大多数与本案诉讼代理律师并无联系，即使判决有律师费的原告，这些费用律师也没办法收取。

本文认为，在此类代表人诉讼案件中，律师与登记原告并未签订法律服务合同，很难直接从这些登记原告处收取律师费，因此由法院直接判决原告律师费是较为合理的安排。法院更进一步的做法应该是在判决执行中，先从赔偿款项中扣划判赔的律师费，直接支付给原告律师，然后才将剩余款项划拨给原告。因为律师和登记原告没有直接联系，法院将包含律师费的赔偿款项

① 参见一审判决书中判决第六项：“陈志樟、德邦证券股份有限公司、大信会计师事务所于本判决生效之日起十日内支付叶春芳、陈正威等原告支出的律师费 110000 元（具体金额见附件一），上海市锦天城律师事务所在 5% 范围内连带负担，大公国际资信评估有限公司在 10% 范围连带负担。”

② 参见一审判决书的附件一和附件二中对于律师费的列明，并非每个原告都可获得律师费的赔付，但获赔或者不获赔的原因并未说明。

③ 参见《“五洋债”案件案款发放公告（四）》。

直接支付给原告后，律师也没有办法从这些原告手中收取律师费。

从被告律师角度看，其当然更没有动力将普通诉讼转化为普通代表人诉讼，因为普通代表人诉讼将吸引更多原告加入，使得被告面临的赔偿金额增大。

从代表人诉讼常态化角度来看，普通代表人诉讼的正常开展，需要依赖原告律师的主动提出，而对原告律师的激励则来自律师费。法院应该在普通代表人诉讼中直接对合理的原告律师费予以裁决，并在执行时予以协助扣除。同时，为了让法院允许普通代表人诉讼，也需要合理激励法官。法院应该改进对法官工作量的考核方法，在法官业绩评估时赋予普通代表人诉讼案件足够合理的权重，法院才会有动力允许采用普通代表人诉讼程序。

四、 特别代表人诉讼的启动

（一）“排斥说”更符合中国实践

在现有法律规定下，特别代表人诉讼的启动只能采用“递进说”，即启动《证券法》第九十五条第二款的程序是投资者保护机构启动第三款程序的前提。实际上，在《代表人诉讼司法解释》的起草过程，各方对此是有争议的。除了“递进说”，还有“并行说”“排斥说”。“并行说”认为《证券法》第九十五条的第二款和第三款不存在严格的先后顺序，投保机构应该可以先行征集50名以上投资者的特别授权，直接向法院提起特别代表人诉讼。“排斥说”则认为在《证券法》第九十五条第二款程序启动之后，就不宜再转为第三款程序，投保机构只能直接提起特别代表人诉讼。在《代表人诉讼司法解释》的起草过程中，起草人曾经采取以“递进说”为主并辅之以“并行说”的思路，即允许投保机构主动提起特别代表人诉讼。但在该解释征求意见过程中，遭到全国人大法工委的明确反对。因此，司法解释最终采纳了“递进说”，只规定了投保机构参加诉讼的程序，对投保机构主动启动特别代表人诉讼的问题未予规定。① 但起草人也解释说，对于实践中社会影响特别恶劣、严重侵害投资者权益的案件，投保机构确实有必要立即启动特别代表人诉讼的，“可以实事求是地根据案件实际情况，经报批后予以受理”。②

“递进说”符合《证券法》第九十五条第三款的字面意思，因为该条表述的就是投保机构受50名以上投资者委托，“可以作为代表人*参加*诉讼，并未经证券登记结算机构确认的权利人*依照前款规定*向人民法院登记”（斜体强调为本文作者所加）。但在投保机构对是否发起特别代表人诉讼有选择权的情况下，上述规定在实际操作中会带来巨大的困难。

---

① 关于此争议的讨论，参见最高人民法院民事审判第二庭（编著）：《最高人民法院证券纠纷代表人诉讼司法解释理解与适用》，人民法院出版社2021年版，第182－187页。

② 参见最高人民法院民事审判第二庭（编著）：《最高人民法院证券纠纷代表人诉讼司法解释理解与适用》，人民法院出版社2021年版，第187页。

首先，如果按程序操作，在法院发出普通代表人诉讼中权利登记公告时，投保机构才考虑是否参加，显然时间来不及。权利登记公告的时间只有 30 天，投保机构不但要研判是否将该案转化为特别代表人诉讼，还需要征集到 50 名以上的适格投资人授权。

其次，这种程序转化也会带来很多复杂的理论和操作问题。例如，如果投保机构对于已经发出的普通代表人权利登记公告中的权利人范围不满意怎么办？是否在普通代表人诉讼转化为特别代表人诉讼后，法院需要就权利人范围重新作出裁定？但投保机构接受的是符合前一权利人范围的投资者委托，如果后面改变的权利人范围与前面权利人范围相冲突（例如变动揭露日，将某个委托的适格投资者排除在外），投保机构是不是违反了受托义务？但如果投保机构需要受制于普通代表人诉讼的权利登记范围，是不是不符合其应该代表所有投资者利益的立场和职责？

再如，原普通代表人诉讼的立案法院如果不是北京、上海、深圳的金融法院或者中级法院，则一般在转化为特别代表人诉讼时，案件应该移送给后者。那接受移送的法院在特别代表人诉讼程序中对于权利人范围是否需要重新审查？

如果说上面关于操作和程序上的问题，还可以通过延长期限、明确规则来解决，则前面讨论的这种“递进说”导致的诉讼激励问题则直接带来一个悖论。在投保机构可以自由选择加入普通代表人诉讼将其转化为特别代表人诉讼情况下，如前文分析，[①] 这将导致原告律师面临巨大的不确定性，使得其没有激励提起普通代表人诉讼。因为谁也不愿意好不容易种的桃子被别人轻易摘走了。而如果前面没有人提起有一定数量的普通代表人诉讼，投保机构也就根本没有“递进说”下的选择权，其要想发起特别代表人诉讼，就只能自己先找人发起普通代表人诉讼，然后再加入将其转化为特别代表人诉讼，就如本案这样。投保机构的先行介入，可能不是本案作为第一案的特殊情况所致，而是为了避免不确定性的一般性操作。如前文所述，为了避免给原告律师带来不确定性，投保机构需要尽早明确是否选择该案将其转化为特别代表人诉讼。因此，投保机构就必须先行介入考察每一个可能的虚假陈述民事赔偿案件，评估是否有必要将其转化为特别代表人诉讼。但如果一个案子从普通代表人诉讼开始前投保机构就已经介入发动，那还有什么必要经过普通代表人诉讼这个程序呢？为什么不让投保机构直接发起特别代表人诉讼呢？

假设一年发生了 30 起上市公司虚假陈述的案例，投保机构应该在每一起虚假陈述行为被揭露后都去评估是否有必要提起特别代表人诉讼，并尽早得出明确结论，以方便律师对未被选中的案件提起普通代表人诉讼。但既然投保机构已经选中了某个案子，决定对其提起特别代表人诉讼，那还有什么必要像本案这样先找 11 个原告提起普通代表人诉讼，再征集 56 名投资者，参加进来请求法院将其转化为特别代表人诉讼？

因此本文认为，在保留投保机构在发动特别代表人诉讼方面选择权的情况下，“排斥说”更

① 参见本文第三部分中关于原告律师激励的讨论。

为合理，“递进说”则并不符合中国实践，《证券法》第九十五条第三款的表述在未来应当修改调整。更为合理的安排，应该是投保机构必须尽快审查每一起上市公司虚假陈述案，明确公布是否对其提起特别代表人诉讼的结论。对于其选择的案件，投保机构可以直接发起特别代表人诉讼，对于其没有选择的由原告律师发起普通代表人诉讼案件，投保机构则不能转换。这样可以减少不确定性，让原告律师有明确的预期发起普通代表人诉讼。在这样的安排下，对于投保机构没有选择的大多数虚假陈述案件，投资者才会享有普通代表人诉讼程序带来的便利，对大多数投资者的保护才能实现。否则，无论是普通代表人诉讼还是特别代表人诉讼都只会是摆设，不能发挥其真正的功能。

（二）投保机构的激励

与原告律师需要激励才能发起普通代表人诉讼一样，投保机构发起特别代表人诉讼也需要激励。律师的激励是律师费，投保机构的激励是什么？政绩考核、舆论监督当然是一个方面，但缺乏明确的评估标准，考核、监督也难以实施。由于目前只有投服中心可以发起特别代表人诉讼，缺乏比较和评价的标准。好比自 2020 年 7 月 31 日证券代表人诉讼制度落地以来，投服中心只发起了康美药业这一起特别代表人诉讼，这够不够？是多了还是少了？

本文认为，对于投保机构的最佳激励和约束机制应该是合理竞争。目前只有一个机构来做肯定是不行的，这样就没有办法评估其工作。中国证监会应该允许多家投保机构在发起特别代表人诉讼方面展开竞争。我国目前有两家投保机构，一家是上海的投服中心，另一家是北京的投保基金，按照中国证监会的规定，后者目前无权发起特别代表人诉讼，只能做后台服务工作。[①]在未来如果允许投保基金也可以发起特别代表人诉讼的话，则投保基金和投服中心应该展开合理的竞争，而不是按照地域划分各自的领域。本文还认为，两家竞争很容易形成寡头垄断，三家甚至四家竞争更为合适一些。

但投保机构如何竞争？竞争要有规则，这个规则应该由法院确定。好比一个特别代表人诉讼案件中，有多家投保机构加入，则应由法院确定由哪家投保机构来做代表人。《代表人诉讼司法解释》第三十七条对此也有明确规定：两个以上投保机构均要参加诉讼的，由法院指定其中一个机构作为代表人参加诉讼。

法院按照什么规则来选择投保机构呢？从理论上来讲有三种办法。第一种是按时间先后，谁先来就选谁。这个规则的好处是，能让投保机构有积极性，谁行动得快就选择谁。但可能也有坏处，就是让投保机构只追求速度，仓促行动，准备不充分。

① 参见吴晓璐：“证监会首席律师焦津洪：投保机构将对重大典型、社会影响恶劣的个案依法及时启动集体诉讼”，证券日报网 2020 年 7 月 31 日，资料来源：http：//www. zqrb. cn/stock/gupiaoyaowen/2020 - 07 - 31/A1596191812408. html，2022 年 5 月 20 日访问。

第二种是按委托人数的多少来选择。甲投保机构有100个投资者委托，乙投保机构只有50个投资者委托，法院就会选择甲投保机构。法院看哪家投保机构征集到的投资者委托数量多，就选择哪家投保机构。委托人多，说明这个投保机构做得好，大家信任它。

第三种是对上述人数标准的一个修正，委托人多可能并不意味着委托人选择了好的投保机构，因为大多数委托人是中小投资者，他们其实没有能力来识别投保机构的好坏。本文建议按照委托股权的比例大小来选择。因为持有更多股权的机构投资者，会更关注诉讼效果，它会更愿意花工夫去评价哪个投保机构做得好，赔偿率更高，效率更快，或者服务态度更好。这样就会对投保机构形成一个市场竞争约束机制。通过竞争机制，能够让投保机构更好地保护投资者的利益，更努力地为投资者服务。

本文推荐第三种办法。

五、 权利人范围的确定

目前证券代表人诉讼制度中最为人诟病的，可能就是法院为了发出权利登记公告，需要在庭审开始之前就确定权利人范围。

在证券虚假陈述民事赔偿案件中，最高院在新旧虚假陈述司法解释中，都以虚假陈述实施日、虚假陈述揭露日或者更正日（以下简称揭露日）作为推定因果关系的要件。如《旧虚假陈述司法解释》第十九条规定：在实施日之后买入、揭露日之前卖出证券的投资者不推定因果关系（该规定已取消），《新虚假陈述司法解释》第十二条规定：在实施日之前或者揭露日之后交易的不推定因果关系。因此，实施日、揭露日的确定往往对于某些原告能否被推定因果关系从而在诉讼中获赔，具有至关重要的意义。由于虚假陈述的实施日往往比较确定——认定虚假陈述行为本身就会确定其实施日，在一般的虚假陈述民事赔偿案件中，诉讼争辩的核心焦点之一就是揭露日的确定。揭露日提前或者拖后，都会将一大批投资者排除出因果关系推定范围。

但在证券代表人诉讼过程中，法院在启动普通代表人诉讼的时候，就会确定权利人范围，据此发出权利登记公告。不属于该权利人范围的投资者，根本就没有资格参与代表人诉讼，只能自行起诉。考虑到投资者在自行起诉中面临的程序和实体障碍，投资者不能通过权利登记加入代表人诉讼，显然对其权益影响巨大。然而，法院在确定权利人范围时并不经过庭审程序，当事人双方并没有经过充分抗辩。

《代表人诉讼司法解释》第六条对此作了一定弥补，规定："在发出权利登记公告前，人民法院可以通过阅卷、调查、询问和听证等方式对被诉证券侵权行为的性质、侵权事实等进行审查，并在受理后30日内以裁定的方式确定具有相同诉讼请求的权利人范围。"同时还规定，当事人对权利人范围有异议的，可以向上级法院申请复议。

不过，正如学者所解释，法院这些阅卷、调查等方式都属于"审理前的准备"活动，在审理方式上较为自由，在参与主体上存在限制。① 因此，听证并非法院必须采取的方式，而没有取得当事人地位的其他投资者也没有资格参与，既不会接受法院质询，也没法向法院提出自己的意见。即使他们对于裁定的权利人范围有异议，也不能申请复议。法院未经庭审，用此种方式裁定对当事人实体权利影响巨大的权利人范围，不能体现程序公平。实际上，如果我们"腹黑"一些，甚至可以想象某个被告可以鼓动几个投资者主动提起普通代表人诉讼，双方"合谋"选择一个对被告相对有利的揭露日。在这种程序中，原告提出了一个有利于被告的揭露日，被告当然不会反对，而法院据此确定的权利人范围却可能将其他本来有权索赔的投资者排除在了普通代表人诉讼之外。

实际上，正如学者所述，目前《代表人诉讼司法解释》中采取的"裁定—公告"机制，与《民事诉讼法》中规定的"公告—审查"方式并不相同。② 细查《证券法》，第九十五条第二款并没有明确规定"裁定—公告"机制，该机制完全是司法解释的创造。

本文认为，该机制在程序上存在上述重大缺陷，需要弥补或者修正。投保机构提前介入，以证据提供者的身份在法院确定权利人范围时发表主张，是一个可能的安排。③ 投保机构代表全体投资者的利益，其提前介入能够顾及全体投资者的利益，而不仅仅体现起诉原告的利益。但本文认为，投保机构仅仅作为证据提供者身份加入是不够的，其如果对于裁定的权利人范围不满，还应该有向上级法院申请复议的权利。

在这种安排下，投保机构提前介入了所有普通代表人诉讼，如前述分析，实际上这些案件都是投保机构已经宣布不会提起特别代表人诉讼的案件。但如此一来，投保机构的工作任务就会大大增加，其不仅要对所有虚假陈述案件进行研判，确定是否提起特别代表人诉讼，还需要进一步研究所有被放弃的案件，以便在普通代表人诉讼中向法院发表如何确定揭露日的意见。

本文则提出另外两种方案。一种方案是在代表人诉讼中并行示范判决机制，即在法院确定权利人范围之前，选定示范案件先行审理，先行判决。这样就可以避免对于揭露日"未审先定"的问题。在本案中，广州中院就将刘超诉康美药业案作为示范判决予以公示。不过，该案主要涉及的是对于康美药业《2018 年年度报告》虚假记载的诉讼问题，不涉及揭露日的确定。其实，另一起关联案例，黄莉琼诉康美药业案，争议的恰好就是揭露日问题，该案就应该先行审理确定揭露日。但很遗憾的是，该案立案在前，审理在后，在康美药业特别代表人诉讼生效执行之后，

---

① 刘哲炜:《证券代表人诉讼中权利人范围确定程序的检讨与展望——从康美药业案展开》，载《中国法律评论》2022 年第 1 期，第 110 – 112 页。

② 刘哲炜:《证券代表人诉讼中权利人范围确定程序的检讨与展望——从康美药业案展开》，载《中国法律评论》2022 年第 1 期，第 112 页。

③ 刘哲炜:《证券代表人诉讼中权利人范围确定程序的检讨与展望——从康美药业案展开》，载《中国法律评论》2022 年第 1 期，第 114 页。

广州中院才审结该案，完全丧失了示范判决的效果。广州中院在该案判决中对揭露日采用与特别代表人诉讼判决中几乎一致的说法，而众所周知，在本案特别代表人诉讼庭审中对于揭露日并没有展开抗辩，这种做法显然不能令人信服。

另一种方案则是尽量放宽权利人范围。实施日和揭露日的确定是为了推定因果关系，如前文所述，实施日比较容易确定，争议不大，揭露日比较难确定，是双方争辩的焦点。本文建议采用最宽泛的界定方式，即如果有多个可能揭露日的，在权利登记时采最后一个揭露日为准。例如在一个虚假陈述案件中，可能有自媒体揭发、正规媒体报道、证监会立案调查、证监会行政处罚等多个时点可能成为揭露日，法院应该选择最后那个时点，例如证监会行政处罚公布之日，作为权利登记范围的截止点。这是因为推定因果关系是虚假陈述民事损害赔偿纠纷中最为核心的实体法律问题，这一问题应该放在庭审中由双方充分抗辩，而不是由法院在程序保障不充分的情况下自行确定。

放宽权利登记范围可以最大限度保护投资者的合法权益。在普通代表人诉讼中，主动加入的投资者如果此后因没有被推定因果关系而不能获赔，其也并没有什么损失，因为其并不需要交纳案件受理费和律师费——案件受理费和律师费均由败诉的被告承担。在特别代表人诉讼中，没有获赔的原告更没有任何损失，其连主动加入都不需要。即使在本案提前确定揭露日的情况下，投服中心代表的55326名原告投资者，最终也只有52037名投资者获得赔偿，有3289名投资者因被测算为没有损失而未获赔偿。在放宽权利登记范围的情况下，法院同样会在庭审确定揭露日之后排除某些投资者的因果关系推定，并没有明显增加法院的重复工作，但却可以最大限度保护所有投资者的合法权益。有人担心，损失测算报告等鉴定需以揭露日等日期确定为条件，如果法院不提前确定揭露日，可能造成审判拖延。[①] 本文认为，这种拖延是获取公平判决所必需的。

如果坚持本文支持的“排斥说”，将普通代表人诉讼和特别代表人诉讼截然两分，本文则认为，可以在普通代表人诉讼中坚持上述放宽权利登记范围的做法，而在特别代表人诉讼中则不需要，因为在“排斥说”下，投保机构直接提起特别代表人诉讼，其在法院的“审理前准备”活动中足以代表全体投资者的利益发声。换句话说，《代表人诉讼司法解释》第六条规定的“裁定—公告”程序恰好适合于“排斥说”中的特别代表人诉讼程序。

六、 结论

康美药业案是目前唯一的特别代表人诉讼案，有深入研究的必要。从本文对康美药业特别

---

① 刘哲炜：《证券代表人诉讼中权利人范围确定程序的检讨与展望——从康美药业案展开》，载《中国法律评论》2022年第1期，第113页。

代表人诉讼程序的细致研究中，可以得出以下两个重要结论。

（一）《证券法》第九十五条第三款规定的特别代表人诉讼的“递进说”并不符合中国的实际，需要修改为“排斥说”

在康美药业案中，投服中心其实一开始就介入了案件，甚至我们可以合理怀疑本案的普通代表人诉讼就是投服中心所推动的。这种安排虽然可能是出于本案作为第一案的特殊性，但本文第四部分的分析也表明，在投保机构选择案件提起特别代表人诉讼的情况下，如果不激励原告律师和法院，普通代表人诉讼就会寥寥无几，实际上会使得虚假陈述民事赔偿的程序性障碍仍然存在，《证券法》第九十五条规定证券代表人诉讼的立法本意无法实现。原告律师面临的不仅仅是律师费问题，一个制度上的重大障碍就是投保机构转化特别代表人诉讼所带来的不确定性。为了减少这种不确定性，在制度安排上就需要投保机构评估每一个虚假陈述案件并尽早得出是否提起特别代表人诉讼的结论。接下来的问题就是：如果投保机构已经很早就确定针对某虚假陈述案件提起特别代表人诉讼，有什么必要还要像本案这样从发起普通代表人诉讼开始？

因此，本文倡导“排斥说”，即普通代表人诉讼和特别代表人诉讼截然两分，原告律师负责发起普通代表人诉讼，投保机构负责发起特别代表人诉讼，后者由投保机构直接发起，不需要经过普通代表人诉讼转化。

（二）《代表人诉讼司法解释》中规定的权利人范围裁定，“未审先定”，程序不公平，应当予以改进

在代表人诉讼中，法院在发出权利登记公告前会先通过裁定确定权利人范围，但该范围的确定涉及对于虚假陈述实施日和揭露日的认定，而这两个要件是推定因果关系的核心要素，揭露日往往是庭审中的核心争议问题。《代表人诉讼司法解释》第六条目前规定的“裁定—公告”程序存在明显不公，不利于投资者的利益保护，需要加以改进。改进措施可以是允许投保机构参与该裁定程序，也可以是法院尽量扩大权利人范围，以让更多投资者加入为目的。

一般而言，虚假陈述的民事赔偿一直面临实体法和程序法上的双重障碍。2003 年，最高院在《旧虚假陈述司法解释》中通过因果关系推定基本解决了实体法上的障碍。2019 年，经过各方多年努力，修订的《证券法》在第九十五条修订了证券代表人诉讼制度，试图解决程序法上的障碍。立法者的努力很快得到了最高院的回应，2020 年 7 月 31 日，最高院发布了《代表人诉讼司法解释》，将《证券法》第九十五条规定的证券代表人诉讼制度落地。康美药业案就是具体适用上述法律和司法解释中最为创新的特别代表人诉讼第一案。

检讨该案审理经过，可以考察立法和司法解释的得失，“实践是检验真理的唯一标准”，哲人诚不我欺。

程序裁量视角下的证券执法当事人承诺制度

——《证券法》第一百七十一条的规范分析

■ 胡大路*

摘要： 借助于在调查阶段的程序嫁接，《证券法》第一百七十一条赋予证监会自主选择以行政处罚或是适用执法当事人承诺制度（即通俗理解的“行政和解”）进行执法的裁量权。第一百七十一条蕴含的程序裁量权，催生出行政处罚、适用承诺制度两种行政作用方式协同配合、共谋监管执法目标的现象，蕴含着不同主体、多元权利义务相互交织的复合型法律关系。国务院2021年制定的《证券期货行政执法当事人承诺制度实施办法》大幅度放宽了前期试点阶段“行政和解”的适用条件，在强化程序独立性、提升执法当事人法律地位的同时，实现了新制度与原有行政处罚制度的有机融合。承诺制度使整个证券执法过程在规范体系、价值追求、与涉案当事人的关系、评价标准等方面发生变化。

关键词： 执法当事人承诺制度　程序裁量　行政和解　《承诺认可协议》

服务行政、柔性执法理念被引入证券执法领域的主要体现之一就是设立行政和解制度。2015年证监会制定颁布《行政和解试点实施办法》（以下简称《试点办法》），标志着该制度在我国正式施行。在试点期间，证监会通过该制度成功处理了一些复杂疑难案件，对于解决传统证券执法中投资者难以获赔、违法行为认定困难、调查取证成本畸高等问题发挥了一定作用。2019年新修订的《中华人民共和国证券法》（以下简称《证券法》）第一百七十一条规定证券期货行政执法当事人在被调查期间，书面承诺纠正涉嫌违法行为、赔偿投资者损失、消除损害或者不良影响的，证监会可以决定中止调查，并视承诺履行情况决定终止调查，首次从立法层面确立了这一制度。根据第一百七十一条的授权和要求，国务院2021年颁布《证券期货行政执法当事人承诺制度实施办法》（以下简称《实施办法》），将此前《试点办法》中的“行政和解制度”更名为

* 胡大路，中国证券监督管理委员会工作人员。

"行政执法当事人承诺制度"（以下简称承诺制度），[①] 以行政法规形式规定了该制度的基本流程、适用范围、监督制约方式等。

不论是原本的行政和解制度或是目前的承诺制度，两者本质都是证监会基于特定的执法目标与涉案当事人达成协议，并对原本的行政调查、行政处罚职权作出变通处理。这是建立在一定的裁量权基础之上的。在笔者看来，《证券法》第一百七十一条最大的突破在于采取了一种程序性的规定方式，即"调查期间"经由涉案当事人申请证监会便可酌情适用承诺制度。这赋予了证监会一种选择行政执法方式的"程序裁量权"，[②] 与试点阶段必须在实质判断案情基础上才能适用该制度的"实体裁量权"存在很大差异。这一差异决定了承诺制度在适用范围、法律关系、价值追求、规范体系等方面呈现出全新的品格。

一、《证券法》第一百七十一条蕴含的执法程序裁量权

行政和解制度（抑或承诺制度）的品格主要取决于行政机关法定裁量权的层次、内容、范围大小。就证券执法而言，由于它的本质是证监会、涉案当事人在自身可处分范围内就特定事项达成妥协，而涉案当事人的动机是较为固定的（如减轻责任、降低罚金等），作出和兑现承诺也是可以自主决定的，为此，证监会的法定"裁量"空间就成为关键。例如，在美国、英国等注重实际执法效果的国家，达成行政和解基本不受制于案件性质、诉讼阶段等。为此，在这些国家全部的行政案件中"和解式执法"占据了很高比例。而在德国、我国台湾地区等沿袭形式法治传统的国家和地区，行政和解必须处理好与"处罚法定主义"的关系，有严格的适用条件，如

① 承诺制度的本质仍然是"行政和解"，因为它与正式执法的单方性不同，必须借助于涉案当事人的承诺，而无法由行政机关单方面决定适用。从合同法角度来看，发出承诺申请、签订承诺认可协议、决定中止/终止调查的三个阶段实际对应着行政机关与涉案主体之间发出要约和作出承诺的过程。从该制度对前期行政和解试点的承袭关系来看，也能够得出类似的结论。笔者猜测，目前之所以将其命名为强调执法当事人单方承诺的"承诺制度"，是为了与《证券法》的规定保持一致，与反垄断法等领域类似的制度名称相协调，同时也可减少对我国普遍社会观念和公法价值体系的冲击。

② 裁量既是行政法的精髓，也是行政机关得以与相对人签订各类行政契约的基础。裁量作为"行政主体在适用法律作出决定和采取行动时所享有的自由判断的空间"，衍生于"规范"与"事实"的中间地带，在执法过程中普遍存在。基于法律的规范构造和裁量阶段不同，可以将裁量分为要件裁量、效果裁量。基于判断事项属于行政行为的内容还是相关的程序类型，还可以将其分为实体裁量、程序裁量。这两项分类标准隶属于不同范畴，可以相互交叉。为此，行政决定内容的差异化处理，可以是基于对规范要件的判断，也可以是在法律授权的幅度、范围内作出选择。程序方面的不同选择，可以是基于对程序性规范的要件判断，也可以是基于法律的授权选择，还可能源于立法空白。根据这种划分标准，证券执法的程序裁量有广义和狭义之分：从广义上讲，它包括对不同追责手段、行政作用方式的选择，例如，为防范特定风险选择采取事前预警或是事后惩治，针对某个违法行为是处以监管措施还是行政处罚；从狭义上讲，它是在作出特定行政行为过程中的程序取舍，例如，在处罚时可否适用简易程序、是否需要组织听证等。参见王贵松：《行政裁量的内在构造》，载《法学家》2009 年第 2 期；史意：《行政程序裁量的司法审查研究》，苏州大学 2014 年硕士论文，第 13－27 页。

“法规无相反规定”“可通过相互让步消除存在的不确定性”等，发挥的作用就相对受限。[①]

就我国而言，虽然证监会2015年开展行政和解试点时将其界定为一项“兼顾对违法违规者经济制裁和对利益受损投资者经济补偿的执法方式”，[②] 但是由于当时缺乏法律授权，证监会可否接受和解的裁量权只能依附传统的行政处罚权。《试点办法》从积极、消极两个方面规定了和解的实体法条件，明确了唯有经过充分调查仍然事实不清、法律不明的案件才能和解。[③] 而为了防止行政和解裁量权的“误用”，在程序方面，只有相对人可以提出和解，证监会工作人员如果主动提出和解要受到纪律处分。这实际是把证监会选择执法程序的裁量权置于对案情难易、事实是否清晰的“实体法判断”之后。

然而，“先实体法判断，后执法程序选择”的制度设计思路存在内在矛盾。主要是从适用动机上看，既然涉案当事人能预料到可能达成和解的案件都是难以处罚的，必然缺乏提出和解申请的动力。同样，在这种预设下证监会如果接受当事人的和解申请也会招致“调查能力不足”的骂名，甚至存在“私相授受”的嫌疑。为此，从理性的角度考虑，它宁可不惜成本调查到底，或是索性放弃追责也没有动力促成和解。实践证明，这种制度设计会限制行政和解的适用范围和功能发挥，最终只能适用于“非常规案件”。[④]

“简单地肯定程序裁量的价值，并没有从根本上解决程序裁量带给行政法学理论的挑战。对程序裁量的承认，首先要处理的就是程序裁量与法律保留原则之间的张力”，[⑤] 实践证明，如果要使和解作为一类独立的“执法方式”发挥作用，必须处理好它与行政责任法定原则、传统的行政处罚执法方式之间的关系。归根结底，究竟选择何种执法程序应当由证监会根据实际情况斟酌判断，法律不应当事先对两种程序的优劣作出评判，不应以规制行政处罚的方式约束和解制度。

承诺制度的本质也是行政和解，但立法层面的授权使其获得了独立的法律地位，程序性价值也得到了肯认。最重要的一点是，《证券法》第一百七十一条通过在调查阶段的程序嫁接，实现了对承诺制度、行政处罚二者的“一视同仁”。具体而言，第一百七十一条中承诺制度的适用条件主要包括以下两项。

首先，是涉案当事人在“调查期间”提出书面申请。从行政过程的角度，“调查”是价值中

---

① 参见张红：《破解行政执法和解的难题——基于证券行政执法和解的观察》，载《行政法学研究》2015年第2期。

② 中国证监会：《〈中国证监会行政和解试点实施办法〉起草说明》，资料来源：http://www.csrc.gov.cn/pub/zjhpublic/zjh/201412/t20141219_265265.htm，2021年4月19日访问。

③ 《试点办法》第六条第一项规定，行政和解经过必要调查后“案件事实或者法律关系尚难完全明确”才能够适用。

④ 参见席涛：《证券行政和解制度分析》，载《比较法研究》2020年第3期。

⑤ 参见郑春燕：《服务理念下的程序裁量及其规制》，载《法学研究》2009年第3期。

性的，仅仅具有“收集信息”以查明事实真相、“作出任何行政决定的必经阶段”的程序性意义，① 并不涉及对违法事实的实质评价。在这一阶段赋予证监会及执法当事人达成协议的自由，使双方从实体法判断的“道德负担”中暂时解放出来，获得了单纯基于解决纠纷、弥补损失等执法效能目标而合作的空间——从证监会的角度来看，在这一阶段涉案当事人的涉嫌违法行为虽然大致清晰，但是在正式处罚之前仍要面临完成现场取证、单方面举证、双方质证、法律论证等方面的考验，不仅成本高昂，并且即便作出处罚决定能否执行到位也存在不确定性；而站在执法当事人的立场上，在该阶段已经因涉嫌违法招致调查、面临被处罚的风险，但是仍然有机会通过抗辩或合作的方式保留声誉、减轻责任，缓和与监管机构的关系。

其次，是在特定期限内由执法当事人作出并履行相关承诺。在双方均同意适用承诺制度结案的基础上，“纠正涉嫌违法行为，赔偿有关投资者损失，消除损害或者不良影响”等法律要求为涉案当事人开辟了一条积极参与执法、主动弥补过失、免予承担“法定责任”的渠道。从证监会的角度看，这也不失为捍卫市场秩序、维护投资者权益、惩戒违法行为的新途径——接受承诺并不意味着放弃职责，而是可以实现收缴高额承诺金、快速赔偿投资者、减轻行为危害、恢复市场秩序、培养合作型执法关系、降低执法成本等目标。这在传统处罚中是较难实现的。②

二、《证券法》第一百七十一条衍生出的复合型法律关系

《证券法》第一百七十一条蕴含着两个层面的裁量：首先，是证监会在综合判断基础上，对行政处罚、适用承诺制度两类行政作用方式进行权衡取舍；其次，是在承诺制度启动后对申请材料、协议内容、承诺金数额、履约情况等是否符合执法预期进行判断，从而决定是否终止调查。由于执法程序裁量权的出现，传统行政执法过程中行政机关与涉案当事人之间相互对立、高度定型的法律关系被打破，衍生出一种不同主体、多种权利义务在不同行政过程中相互作用、循环交错的“复合型”法律关系。③ 在这一框架内，可以更全面地理解承诺制度。

（一）对涉嫌违法当事人实施惩戒的执法关系

站在行政执法立场上，承诺制度的实施仍然是证监会立足涉嫌违法事实而对涉案当事人是否存在责任、如何承担责任的处理过程。它的本质是以当事人主动作出承诺、承担特定义务为对价，换取监管机构以变通方式追究“行政责任”。从这一角度看，与当事人签署、督促其履行《承诺认可协议》的形式无法掩饰证监会行使行政执法权、履行公权力的实质，“即使是对行政

① 参见周佑勇：《作为过程的行政调查——在一种新研究范式下的考察》，载《法商研究》2006 年第 1 期。
② 参见张红：《走向“精明”的证券监管》，载《中国法学》2017 年第 6 期。
③ 参见郑春燕：《服务理念下的程序裁量及其规制》，载《法学研究》2009 年第 3 期。

程序给予适度放松的和解协议，其每个毛孔都仍然浸润着行政权力”。①

当然，承诺制度的执法机理与行政处罚是不同的：一是从实体法的角度看，行政处罚是单方行政行为，违法行为的构成要件、责任形式都是法定的，具体责任也要严格依法判断。而签署并履行《承诺认可协议》是双方行政行为，责任形式虽然相对固定，但是协议内容和履行方式却是双方商定的。二是从程序法的角度看，作出行政处罚的过程是证监会单方面查明事实、适用法律的过程，也是公开处罚决定、阐释规范含义、统一执法标准、确立行政先例的过程。而适用承诺制度却是双方相互妥协、达成合意的过程，主要任务是就承诺金的数额、补偿方式等问题形成一致意见，不涉及对法律的正式解释。

承诺制度在主体关系、适用法律的机理等方面的特殊性，决定了它的执法价值和应用空间：第一，应积极鼓励应用的领域，包括亟待赔偿投资者、消除负面影响的案件，违法事实无法查清、证监会调查成本过高的案件，法律争议较大、证监会面临败诉风险的案件，以及缺乏协作就难以执行行政处罚决定的案件等。第二，不应适用的领域，包括需要阐明立法含义、统一执法标准的典型案件，涉及重大恶性违法、需要严加惩处才能遏制违法苗头趋势的案件，以及结合宏观审慎的监管目标需要落实全局性战略部署、展现政策导向的案件等。第三，可结合实际酌情适用的领域，主要是除了上述两类案件之外的案件。其中，如果适用承诺制度就较为可能获得当事人积极配合、提前排除纠纷、提高结案速度、节省执法资源、直接赔偿受害投资者，但同时也会丧失阐释法律、公开违法事实、明确执法标准的机会。反之亦然。

（二）对传统行政处罚制度的“嵌入”关系

在承诺制度中，双方协商的“筹码”之一是证监会是否继续履行调查或处罚职责。由于它原本是证监会法定的、不能推卸的职责，正是为了更好地履行这一职责才引申出程序裁量、实体裁量的空间。为此，承诺制度在性质和权力渊源上仍然“衍生”于行政处罚，主要表现在：一是涉案当事人只存在申请承诺的程序性权利，而不存在要求证监会必须认可其承诺的请求权，是否认可其承诺、作出中止/终止调查决定仍然是证监会的裁量范围。二是证监会适用承诺制度的核心考虑，仍然与行政处罚的实施密切相关，例如进一步调查的成本、进行处罚的必要性、处罚决定书的可执行性以及行政诉讼中的败诉风险等。三是一旦出现《承诺认可协议》未履行、申请承诺材料造假等适用“失败”的情形，证监会仍然有权恢复行使原有的调查、处罚职权。

上述关系决定了，承诺制度应当被“有机嵌入”行政处罚制度，而非相反：第一，就《承诺认可协议》的内容而言，由于相对人申请承诺的动机主要是免予处罚，可处罚金的数额对于双方协商确定承诺金的数额具有重要的参考意义。第二，就程序设计而言，传统的行政处罚程序

---

① 韩宁：《行政协议判断标准之重构——以“行政法上权利义务”为核心》，载《华东政法大学学报》2017年第1期。

不应受到干扰，承诺制度中关于允许涉案当事人提出申请的时机，包括证监会与当事人之间的协商、签约及履行机制等问题应当以此为基础来考虑和设计。第三，就双方的法律地位而言，鉴于证监会拥有搜集证据、判断执法需要、检验执法效果等法定职责，在《承诺认可协议》的签署与履行过程中必然会被赋予其一定的主导权和行政优益权。第四，就制度衔接而言，应当充分预判承诺制度可能引发的法律和道德风险，既要注重对证监会的权力监督，也应防范当事人假借"承诺"之名阻挠调查、毁灭证据、转移财产、拖延办案进度等。

（三）与执法当事人之间的"和解协议"关系

行政和解制度的最终落脚点是和解协议的签订和履行，承诺制度也是如此。从民法角度，所谓和解合同是指当事人约定互相让步，以终止争执或排除法律关系不明确状态的合同。[①] 它与诉讼契约、调解协议、债务免除协议的主要区别在于具有排除法律不确定状态的合同目的，并且双方应当彼此让步、互为一定的给付。[②]《承诺认可协议》的本质也属于和解合同：首先，协议的目的是排除由证监会基于对当事人涉嫌违法行为进一步调查引发的不确定状态，诸如违法事实是否属实、证监会是否作出处罚、处罚决定的具体内容、涉案当事人是否提起复议或诉讼等。其次，由于在协议签署及履行过程中证监会与执法当事人都要做出让步，互为一定的给付，它也是典型的双务契约。[③]

《承诺认可协议》的效力主要包括两个层面：一方面是对既有执法争议的确认，但是这不同于对案件事实真相的确认，而是以此为契机要求各方不再基于争议本身进行主张。具体来说，就是一旦协议履行完毕证监会不得再就相同违法事项进行调查或处罚，涉案当事人则放弃就此提出听证、复议或诉讼。另一方面是对未来双方权利义务的创设，例如，由涉案当事人对受害者进行赔偿、交纳一定数额的承诺金、在约定期限内纠正或停止涉嫌违法活动、消除危害后果等，而证监会则应履行中止/终止调查审理的不作为义务，包括对相关决定予以公告等。此外，它还会产生某些第三人效力，如导致执法当事人的股东、关联主体产生连带赔偿责任，对受害投资者产生辐射利益等。

---

① 参见史尚宽：《债法各论》，中国政法大学出版社2000年版，第855页。

② 这种合同性质决定了和解合同具有双重效力，既会对原有不确定法律关系产生"确认效力"，也会对协议载明的新的权利义务产生"创设效力"。同时，和解合同的撤销权也受到一定限制，由于合同目的并非追求真相，在适用"认识错误"来判断合同可否撤销时，应当区分对"争议本身"的认识错误与对"非争议事项"的认识错误。前者并非主张撤销权的有效基础，而是合同的合理风险。和解合同效果的灭失也应视情况而定，如果它所创设的法律关系与原有基础关系性质一致，对后者产生了"更新"或"替代"效果，则无法回归到原有的法律关系，反之则应当回归。参见谭振波：《和解合同的效力》，载《河北法学》2012年第10期；肖俊：《和解合同的私法传统与规范适用》，载《现代法学》2016年第5期。

③ 参见杨解君、崔小峰：《行政法上的单务契约与双务契约》，载《东南大学学报（哲学社会科学版）》2006年第5期。

由于《承诺认可协议》涉及的基础争议与其所创设的法律关系性质完全不同，并不导致涉嫌违法行为性质的变更，当协议出现无效、被撤销、被解除的情形时，应当回归原有的行政程序。为了维系协议的稳定性，双方在达成协议后不应再基于对“涉嫌违法行为”本身存在错误认识而主张撤销协议。但是，如果双方对达成协议的主体、承诺事项存在误解，或是一方存在欺诈情形等，如涉嫌违法行为证据失真、违法主体另有其人、执法当事人伪造申请材料等，则可能成为法定的撤销或解除事由。

三、对国务院承诺制度《实施办法》的分析

行政裁量的规制包括外部他制与内部自制、硬法规制与软法规制、实体规制与程序规制、规范规制与能动规制等多个范畴，在这一系统中行政部门授权立法处于枢纽地位。① 如前文所述，通过以成文法限定适用条件的方式规范行政裁量权的传统行政法思维，与承诺制度这一新型执法方式“水土不服”，还可能将它直接扼杀在萌芽状态。《证券法》第一百七十一条授权国务院制定行政法规，国务院《实施办法》大幅放宽了承诺制度的适用范围，并结合该制度的公权力属性、程序裁量特征，以设置消极适用条件、细化实施流程、健全监督制约、授权证监会部门立法等方式予以规制，② 具有重要的分析价值。

（一）承诺制度的适用范围与条件

与立法精神一致，国务院承诺制度《实施办法》充分尊重证监会的执法程序裁量权，不再为其适用设置积极条件，删除了行政和解试点阶段仅适用于涉嫌实施虚假陈述、内幕交易、操纵市场、欺诈客户这四类证券欺诈案件的限制，删除了派出机构查办案件不得适用的限制，而是采取负面排除的方式列举了不得适用的情形，同时授权证监会基于审慎监管原则对限制条件进行部门立法。

从消极条件来看，承诺制度适用法律的机理决定了，它不宜应用于必须通过行政处罚来打击或遏制的恶性违法案件，或是需要通过公开处罚决定来确立执法标准、体现政策导向的案件。《实施办法》第七条的消极条件正是遵循了这一法理，明确“违法行为情节严重、社会影响恶劣”不得适用承诺制度。同时，还规定涉嫌犯罪活动不得适用，曾因证券犯罪“刑罚执行完毕之日起未逾3年”、因证券违法“行政处罚执行完毕之日起未逾1年”不得适用，纳入了限期内未达成协议、达成协议后未执行等“一事不得二次适用承诺”的情形，这可以杜绝证券市场累

---

① 参见钱卿、周佑勇：《论行政裁量规制系统的建构——基于功能主义的范式》，载《湖北社会科学》2012年第11期。

② 参见《为完善资本市场基础制度建设提供法治保障——司法部、中国证监会负责人就〈证券期货行政执法当事人承诺制度实施办法〉有关问题答记者问》，资料来源：http://www.moj.gov.cn/pub/sfbgw/zcjd/202111/t20211129_442633.html，2021年12月5日访问。

犯、惯犯将承诺金作为一项自愿负担的违法开支，破坏法律面前人人平等，同时防范相对人借故拖延办案速度，对实施行政处罚构成障碍。

从授权的部门立法来看，证监会在正式颁布的《证券期货行政执法当事人承诺制度实施规定》（以下简称《实施规定》）中不再设置任何实质性的积极适用条件，而是在第三条规定违反国务院《实施办法》第七条“不得适用情形的，不予受理”，明确“未经过必要的调查的案件”不予接受承诺申请材料。[①] 这表明，证监会目前充分理解并依靠上位法律、行政法规的概括性授权，摒弃了此前“先实体法判断，后执法程序选择”的束缚，采取了以建立集体决策机制、强化内部监督制约和信息公开为主的程序化规制方案，[②] 承认了承诺制度具有不可替代的执法价值。综合来看，今后相关部门在考虑适用承诺制度的积极条件之前，不再需要纠结于实体法的解释适用问题，而可以重点考虑执法效果。

（二）承诺制度的适用流程

1. 承诺申请的提出与受理。将书面申请作为启动承诺制度的起点具有保障当事人缔约自由、提升程序严肃性的作用。另外，材料审核也是证监会判断案情、检验对方意思表示真实性的关键。此前，《试点办法》中规定了申请材料应载明的内容、提出时限，以及证监会的受理部门、受理流程、征求内部意见制度、答复的时限要求等。《实施办法》的主要修改在于：首先，赋予执法当事人知情权，明确证监会应当在送达调查文书时告知其拥有提出承诺申请的权利。在实践中，很多当事人并不知悉承诺制度的存在，丧失了参与机会。证监会履行告知义务既有教示、引导涉案当事人主张程序性权利的行政法价值，也有履行协作、通知、照顾等先合同义务，建立信赖关系、促进坦诚协商的民法意义。笔者预期，这将大幅提升提出承诺申请的数量和案件比例，为证监会行使程序裁量权、优化执法资源配置奠定基础。其次，加入了拒绝受理说明理由制度。说明理由制度的目的是向相对人公开作出裁量决定的主要考虑和选择过程，以抑制行政机关的恣意说服行政相对人，并为未来解决纠纷提供契机。[③] 鉴于是否受理承诺申请取决于对案情、执法目标、执法效果的综合判断，蕴含着巨大的裁量空间，而司法机关对过程性的决定又很难进行审查，该制度是以权利制衡权力、促进理性裁量、监督公权力的重要方式。当然，它不同于“以受理申请为原则，以不受理为例外”，而是要求证监会在选择拒绝申请时结合适用承诺制度的消极条件、行政处罚的必要性等，对个案的情况、拒绝的理由、判断的标准进行说明。

就该部分而言，未来应考虑健全相关配套衔接机制，建立送达调查文书时的案情说明制度。

---

① 参见证监会《证券期货行政执法当事人承诺制度实施规定》，资料来源：http：//www.csrc.gov.cn/csrc/c101953/c1680969/content.shtml，2022 年 1 月 17 日访问。

② 参见证监会《〈证券期货行政执法当事人承诺制度实施规定〉起草说明》，资料来源：http：//www.csrc.gov.cn/csrc/c101953/c1680969/content.shtml，2022 年 1 月 17 日访问。

③ 参见王贵松：《论行政裁量理由的说明》，载《现代法学》2016 年第 5 期。

从最初增加该条款的立法说明来看，专门增设证监会的权利告知义务，是由于“当事人在收到预处罚决定书之前，并不了解案件情况，难以主动提出和解申请”，[①] 但现有调查文书的记载内容只包括涉案主体、涉嫌违法事项两个方面，简单概括，双方信息不对称，不足以支撑涉案当事人进行利弊权衡、提出合理有力的申请材料。[②] 证监会应当考虑以恰当方式，在送达文书的同时告知对方前期掌握的涉案事项、涉嫌违法的主要事实和证据、预估的侵害后果、未来可能作出的处罚等。

2. 对涉嫌违法事实的确认问题。如前文所述，签订《承诺认可协议》的目的是排除争议，而非探究事实真相。但是在实践中该问题却十分复杂：一是从各方的利益和动机来看，行政机关为体现承诺制度的惩戒性、威慑性，倾向于在协议中强调违法事实确实存在，以便展现其强势形象，而受害的投资者也希望该协议具有推定涉案当事人违法的功能，以减轻其在后续民事诉讼中的证明责任，而涉案当事人则倾向于含糊其词、遮掩违法事实、维护公众形象。二是从各国制度实践来看，有的国家以事实不清作为证券行政和解的前提，有的国家则将承认违法事实作为和解协议的必备内容，而美国则使用“既不承认也不否认违法行为之指控”的措辞，既试图展现 SEC 的强势，又维护相对人的和解利益，使之在民事诉讼中不具有违法行为的推定功能。[③] 对这一问题，各国做法不一，理论上也缺乏定论，“恐怕更多要考虑特定的证券执法和解环境，适时而变化，能够提高相对人和市场的认可是最重要的，不必追求统一的标准”。[④]

《实施办法》第十三条第一款第二项要求《承诺认可协议》中载明“当事人涉嫌违法行为的主要事实”，第六条第二款要求“当事人应当对其所提交材料的真实性、准确性、完整性负责”，证监会的相关细化规定中也要求提交申请材料中载明“当事人涉嫌违法的主要事实”，似乎隐含了双方应当在达成协议前就涉嫌违法事实的存在性、大致内容达成一致。笔者认为，这对于我国现阶段的证券市场法治建设而言是必要的：一是承诺制度虽然不追求真相，但也不可能脱离基本的案件事实。为此，承诺办理部门固然不能再行使强制性的检查调查职权、要求当事人配合调查，但是作为展开协商的背景和基础，双方仍应就违法主体、行为性质、大致营利（或避损）金额等问题达成基本共识，才有可能确定合理的承诺金数额，保障相关协议的效力稳定。二是立足于现实，我国在现阶段仍应承认协议对违法行为的推定作用。由于当前证券民事诉讼方兴未艾，在行政主导的追责体制下，证监会具有认定违法的专业优势，而相对人提出承诺申请的积极态度也从侧面印证了违法行为的存在。基于保护中小投资者、节省公共资源的考虑，应当强化证

---

① 参见中国证监会：《〈证券期货行政和解实施办法（征求意见稿）〉修改说明》，资料来源：http://www.csrc.gov.cn/pub/zjhpublic/zjh/202008/P020200807602156503761.pdf，2021 年 12 月 5 日访问。。

② 参见席涛：《证券行政和解制度分析》，载《比较法研究》2020 年第 3 期。

③ 参见叶林、张辉、张昊：《证券执法和解制度的比较研究》，载《西部法学评论》2009 年第 4 期。

④ 丁丁、侯凤坤：《我国引入证券执法和解制度的法律争点与解决途径》，载《证券法苑》2013 年第 2 期。

监会行政执法对于证券民事诉讼等制度的支持力度。

3. 协议的内容确定。《承诺认可协议》中的权利义务配置既要调动涉案当事人的积极性、满足其功利目的、"将行政相对人的目标加总为行政主体的目标"，也要防范契约行政可能导致的种种弊端（如暗中勾兑损害公共利益、变相欺压行政相对人等）、保证行政机关在程序上的主导性。① 从各国经验来看，此类协议是行政性最明显、运用最广泛、定型化程度最高的行政契约类型。②

《实施办法》第十三条"协议应载明的事项"体现了以下特征：一是证监会的协议义务高度定型化，主要是在协议签订、履行完毕、程序终止的各个阶段，证监会应当履行中止、终止、恢复调查审理等不作为或作为义务，包括保护当事人的商业秘密及隐私，及时公告相关决定等。这是涉案当事人的利益所系，从行政法角度是确定的，不应当也不需要在个案中进行约定。二是涉案当事人的义务范围高度定型化，第十三条法定载明事项间接表明当事人必须纠正违法行为、赔偿损失、消除损害、交纳承诺金并诚信履行协议，才可能获得证监会认可。为了达成制度目标，对此也不存在自由协商的空间。三是涉案当事人义务的具体内容相对灵活，诸如承诺金的数额、赔偿金额、具体履行期限等问题，对此双方可以进行一定的协商，但是也不能随意约定，仍受到法定参照标准、行政先例、执法公平原则的限制。

相较于试点阶段，《实施办法》第十四条增加了"达成行政和解时所处的执法阶段"这一确立承诺金数额的法定考量因素。这可能是参照了英国的做法，有利于强化证券执法程序的一体化建设，使承诺制度对于当事人更具有诱惑性，鼓励尽早提出申请以节约时间、降低执法成本。③ 值得注意的是，第十四条还包括"需要考虑的其他因素"这一概括授权条款，从美国 SEC 的实践来看，这便于双方结合具体情况灵活协商，因为不同的考虑因素并非僵化、绝对的，也不是为了限制监管机构的"创造力"，法律应保持适度灵活以保证将"能够减轻或加强违法行为后果的任何事实均被纳入考虑范围。"④

4. 协议的商议、签订与执行过程。这部分规范的意义在于在适用承诺制度过程中建立正当程序、平衡双方地位、细化行为要素，以保障主体的适格性、协商的充分性、裁量的合理性、协议效力的稳定性。对此，《试点办法》主要规定了证监会双人出面的协商机制，要求其履行保密、回避、信息公开等义务。《实施办法》主要修改在于，在信息公开方面将此前"依照规定公开行政和解协议的主要内容"，改为"出具中止/终止调查决定书，并予以公告"。这与《证券

---

① 参见江必新：《中国行政合同法律制度：体系、内容及其构建》，载《中外法学》2012 年第 6 期。

② 参见邢鸿飞：《试论行政契约的分类及形式》，载《南京大学法律评论》2003 年第 2 期。

③ 参见叶林、张辉、张昊：《证券执法和解制度的比较研究》，载《西部法学评论》2009 年第 4 期。

④ 参见［美］威廉·R. 麦克卢卡斯、约翰·H. 沃尔什、丽莎·L. 方丹：《SEC 内幕交易行政和解案例研究》，肖宇、郭琼艳译，载《证券法苑》2016 年第 2 期。

法》第一百七十一条第二款的要求保持一致。从法理角度看，承诺制度相关的信息公开问题是一个难点，公开时点和详尽程度既要受到一定限制以防范外界阻碍谈判进程、保护当事人提出并履行承诺的积极性，又要兼顾公众的知情权、有效监督公权力运行。试点阶段为数不多的和解案例中，证监会公开的和解协议内容较为简单模糊，受到一定质疑。[①] 此次修改参照了反垄断领域经营者承诺制度的成熟做法，将涉及的行政决定作为公开内容。照此要求，证监会《实施规定》第十四条、第十六条中明确在相应决定作出后应当将对应的中止/终止调查决定书在证监会网站予以公告。综合起来分析，未来的公开范围预计将包括“涉嫌违法的事实、承诺的具体内容、消除影响的措施和期限、不履行或者不完全履行承诺的法律后果等”（《反价格垄断行政执法程序规定》第十六条），内容较为详尽，有利于公众知悉和判断案件性质、监督和评价证监会履行职责是否公平公正、承诺金确定是否合理等。此外，公开并非一步到位，而是在协议签订、履行完毕的不同节点分阶段公开，为双方保留了一定余地，有利于敦促双方诚信履行协议。

（三）承诺制度的终止适用

所谓承诺制度的终止适用，是指证监会基于各种原因单方面终止协商过程、撤销或解除《承诺认可协议》并恢复重启调查、处罚的过程。此前，《试点办法》中的这部分内容赋予证监会极大的裁量空间，终止事由较多，运用较为灵活。[②] 而目前《实施办法》对此最大的修改在于删除了“基于审慎监管原则认为有必要终止行政和解程序的”等兜底条款。这有利于平衡双方的利益，保护制度平稳运行。

对于现存的五类终止情形，应当分别考虑其性质：一是就达成协议前当事人主动撤回申请而言，主要是考虑了适用承诺制度的双方行政行为性质，保障涉案当事人的缔约自由。二是就限期无法达成协议、因当事人单方原因未能履行协议两类情形而言，主要是考虑到此时承诺制度已经无法完成既定的执法目标，必须由证监会终止程序才能恢复传统执法程序，从而保障执法效率、防范案件久拖不决。三是就当事人因涉嫌犯罪被刑事立案而言，如果继续适用承诺制度会超越证监会行政职权的范围，必须予以终止并由公安司法机关处理。四是就在协议履行完毕前发现当事人提交的材料存在虚假记载或重大遗漏而言，主要体现了对协议的撤销权。因为参照合同法的理论，申请材料造假属于单方欺诈情形，会导致对方对“非基础争议”产生认识错误，在协议达成后无过错方可以行使撤销权，并追究对方相关责任。

值得注意的是，证监会在《实施规定》第十条中规定调查部门在收到受理承诺申请通知书

① 参见梁艺：《证券执法和解信息公开的范围及其限度——以证监会〔2019〕11 号公告为分析对象》，载《财经法学》2020 年第 2 期。

② 参见白云锋：《证券执法和解行政优益权平衡限缩论——对〈行政和解试点实施办法〉“和解终止条款”的反思》，载《证券法苑》2017 年第 5 期。

后并不中止调查，且“经调查发现新事实、新证据”认为不宜再适用承诺或对承诺内容沟通产生重大影响的，应当及时告知承诺办理部门。这是否会构成一种较为任意的终止适用情形呢？笔者认为，参照民事和解的法理来看，和解双方在签约过程中对“基础争议”存在认识错误属于一般合同风险。承诺办理部门在受理申请前通常要征求调查部门的意见，如果在受理申请后任意反悔会违背制度初衷，破坏制度的严肃性和稳定性。同时，行政机关受理申请的决定会使涉案当事人产生一定的信赖利益，轻易终止程序存在违反缔约过失义务之嫌。因此，此处所指的经调查发现的“新事实、新证据”应当足以导致证监会对案件性质的认识发生根本变化，因而不能是简单的证据更新。

四、 承诺制度对证券执法体系的影响

承诺制度的出现，改变了原有的证券执法体系，使其获得新的内涵。在未来，“证券执法”不再仅仅是指行政处罚这一由证监会支配的、单一向度的、高权性的追惩活动，而是成为包括承诺制度在内的、由多个主体参与、由多种行政手段构成、多元利益交织碰撞的动态过程。这贯彻了一种更为综合全面的行政执法理念。①

第一，行政执法的价值追求更加多元。惩治违法者、威慑潜在违法者、补偿投资者是证券行政执法的三项核心价值。② 从其他资本市场的法制历程看，这三项价值并不是同步实现的，实现威慑的方式也在不断变化。就我国而言，行政处罚虽然能实现惩治、威慑功能，但忽略了在补偿投资者方面的重要作用。对此，承诺制度可以进行补足和完善。③ 同时，承诺制度还可以提高违法行为发现概率，并通过收缴高额承诺金、大量披露相关案例等发挥更大的威慑效果。④ 总之，承诺制度较行政处罚更为直接地体现了《证券法》“总则”中保护投资者合法权益的价值，证监会可以通过权衡执法方式以优化综合执法效果、促进个案正义，并弥补形式法治的缺陷。

第二，行政执法的法律规范体系更加复杂。行政处罚的法律规范逻辑是通过细化违法行为构成要件、限定行政机关执法权限和流程、赋予相对人一定的抗辩权和事后的救济权，以平衡双方权利义务、促进公平公正。在承诺制度中，涉嫌违法行为只是协商的基础，关键是依赖双方的平等协商、充分沟通和权力公开运行，保障承诺事项的公正性、合理性、可接受性。因此，法律

---

① 参见杨解君、蔺耀昌：《综合视野下的行政执法——传统认知的反思与校正》，载《江苏社会科学》2006年第6期。

② 参见洪艳蓉：《证券执法的制度价值及其实现——来自美国的经验借鉴》，载《北大法律评论》2016年第1期。

③ 参见周友苏、蓝冰：《证券行政责任重述与完善》，载《清华法学》2010年第3期。

④ 参见周琳静、殷继国：《误读与澄清：反垄断执法和解制度之本相追问》，载《东北大学学报（社会科学版）》2012年第1期。

规范必须涵盖申请、协商、协议履行、承诺金运用等各个环节。承诺制度与成文法的关系也更加复杂，规范的重点不再仅仅是证监会如何行使行政职权，而是要综合考虑涉案当事人、第三方、投资者等多种主体，包括他们在各个环节中的利益和动机。程序规范也显得更为重要，因为会直接影响双方达成协议的可能性、合意的真实性、结果的公正性、协议效力的稳定性等。

第三，与涉案当事人的关系发生变化。证监会单方主导的行政处罚程序不可避免地塑造对抗型执法关系，常常陷入困境。例如，由于涉案当事人的不配合，导致取证过程步履维艰，处罚与诉讼周期漫长，高额的罚金难以执行到位，法律的威慑力停留于纸面等。[①] 承诺制度在一定程度上赋予涉案当事人参与行政过程的“权力”，“借助行政相对一方的知识、经验与其他资源，共同合作达成目标”。[②] 在这个过程中，涉案当事人的局部利益与公共利益可以有机结合起来，通过塑造良性互动、和谐共处的监管执法关系克服了上述困境。面对相对滞后的立法，证监会在执法中可能发挥一定的主观能动性。

第四，评价标准发生变化。此前，人们习惯于通过每年处理涉嫌违法线索的数量、查办案件的数量和周期、行政罚金的总额等来评判证监会的执法效果。从柔性执法、合作性执法的改革趋势来看，各个领域都在推进以缓和纠纷、服务当事人、节约公共资源为核心的执法改革。为此，未来在执法效果的评价方面，除了考虑制度的惩戒、警示功能，外界还可能会考虑投资者获赔率、法律秩序的恢复速度、市场的稳定程度等。在效率方面，外界除了考虑处罚数量、罚金总额，还可能考虑法律条款的“激活率”、当事人交纳的承诺金数额、平均结案周期等。

---

① 参见应松年、冯健：《行政罚款制度的困境及其破解——以证券行政处罚为例》，载《求索》2021 年第 1 期。

② 郑春燕：《现代行政过程中的行政法律关系》，载《法学研究》2008 年第 1 期。

浅议唐汉博等操纵证券市场案

——兼论虚假申报型市场操纵“情节严重”之认定标准

■ 李菁菁*

摘要：唐汉博等操纵证券市场案是我国第一起因虚假申报型市场操纵入罪的案例，案涉违法所得的认定为控辩双方的争议焦点。虚假申报型市场操纵作为一种短线操纵手法，在其违法所得认定上应与传统“建仓—拉抬—出货”等长线操纵手法的违法所得认定方法相区分。在违法所得的计算区间、交易量和价格三个方面，分析了唐汉博案对违法所得认定上存在的问题。从计算区间的角度出发，该类短线操纵的违法所得计算起始点更宜认定为第一次虚假申报的时间；计算的终点也应分类型加以认定。从交易量的角度出发，仅建仓未平仓的交易可不计入违法所得。从价格的角度出发，买入价格可以采用虚拟成本的方法，不用考虑系统性风险造成的价格波动因素。现有虚假申报型市场操纵存在两个情节严重的入罪标准，其中撤回申报量标准以“日”为单位标准过高，且市场跟风申报较多也会导致操纵行为达不到入罪标准；而违法所得标准与操纵者造成的市场损失之间可能存在较大差距，以实际经济利得衡量市场损失并不准确。对于虚假申报型市场操纵，或可以价格偏离正常点位的程度计算市场中交易对手的损失，来作为衡量该类操纵行为情节严重程度的标准。

关键词：操纵市场　虚假申报　违法所得

一、引言

虚假申报型市场操纵，又称“恍骗交易操纵”，其基本含义是“不以成交为目的，频繁或者大量申报买入、卖出证券、期货合约并撤销申报”。该类操纵早在传统人工证券交易市场上就已出现，但案例相对较少。网络信息技术的发展促进了高频交易的诞生，使得恍骗交易操纵更容易实现。恍骗交易操纵的危害性和完善相应规范的紧迫性就愈发凸显。

2019 年修订后的《证券法》第五十五条第（四）款及 2020 年修订后的《刑法》第一百八

* 李菁菁，北京大学法学院硕士研究生。

十二条第（四）款均将虚假申报型市场操纵明确列入市场操纵行为，原来适用兜底条款规制的虚假申报型市场操纵已经华丽“转正”。操纵构成情节严重的，将处五年以下有期徒刑或者拘役，并处或者单处罚金；情节特别严重的，则处以五年以上十年以下有期徒刑，并处罚金。可见，《证券法》与《刑法》在惩治虚假申报型市场操纵上已经实现了紧密衔接。

虽然恍骗交易已有明确的法条规制，且存在多例被监管部门处以行政处罚的案件，但不管是域内还是域外，因恍骗交易被定罪量刑的案例却相对罕见。唐汉博等操纵证券市场罪案（以下简称唐汉博案）为我国第一起因恍骗交易入罪的案例，打响了用刑罚规制恍骗交易的“第一枪”，起到了较好的警示教育和示范引导作用，有力地震慑了虚假申报型市场操纵主体。但判决中关于违法所得的计算，却凸显了虚假申报型市场操纵在违法所得上认定的难题。

二、 案例介绍

唐汉博被媒体称为“超级牛散”，曾因操纵“华资实业”“银基发展”“新希望”“小商品城”“同花顺”等股票被证监会多次处以行政处罚。唐汉博案主要惩处的是唐汉博及其同伙以恍骗交易手法影响“华资实业”“京投银泰”“银基发展”等证券交易价格和交易量的行为。该案一审刑事判决书①显示，2012 年 5 月至 2013 年 1 月，被告人唐汉博伙同唐园子、唐渊琦，控制“杨某 1”“申某”“王某 3”等 30 余个证券账户，采取当日连续申报买入或卖出并在成交前撤回申报等手法，影响“华资实业”“京投银泰”“银基发展”等证券交易价格和交易量。被告人唐汉博及其辩护人对起诉指控的基本犯罪事实和罪名不持异议。控辩双方的争议主要集中在罪量问题，即违法所得的认定问题。

违法所得的计算依赖计算区间、交易量和价格的认定。而针对前述三个因素，唐汉博及其他被告主要提出了三个辩护意见：（1）计算区间认定过宽。被告人唐汉博提出，涉案三只股票的操纵区间认定有误；即使计算账面获利，区间也应限定为操纵当日。被告人唐园子提出，“银基发展”股票的操纵区间应认定为 2012 年 8 月 14 日至 9 月 5 日，指控操纵区间显然将前期买卖该只股票的行为与具体操纵行为间的因果关系不当扩大。（2）纳入计算的交易量过大。唐汉博方认为，部分“银基发展”股票仅建仓但未进行反向交易，因而并未从中获利。该部分股票不应列入操纵证券期货市场罪的事实认定当中。被告人唐渊琦提出，首次撤单申报比例超标日之前已经完成的交易部分不应纳入违法所得计算范围。（3）非因操纵行为引起的价格波动应予以剔除。被告人唐渊琦提出，虚假申报相关涉案股票的行为与市场价格波动间没有因果关系，相应获利金额应从全案违法所得数额中予以剔除。

而法院最终判决，对操纵证券市场违法所得数额的认定，应以与涉案股票操纵行为实质关

① （2019）沪 01 刑初 19 号刑事判决书。

联的股票建仓时间以及出售时间等为范围来计算违法所得，而非仅认定实施操纵行为当日的违法所得。按此理解，仅前期建仓，后期未进行反向交易的股数应纳入违法所得计算范围内。法院认定，操纵证券市场违法所得数额以实际获利金额认定更为妥当。即并未将因虚假申报行为导致的市场波动剔除在违法所得的认定之外。

唐汉博案的司法裁判可能引起的思考在于，作为定罪量刑标准的违法所得，是应该立足于操纵者的实际获利，还是应该立足于操纵行为对市场正常价格机制或交易秩序的扭曲程度？是否存在更优的认定虚假申报型市场操纵情节严重程度的标准？

三、对违法所得认定的思考

《关于办理操纵证券、期货市场刑事案件适用法律若干问题的解释》[①]（以下简称《操纵市场司法解释》）第二条第（七）款规定："实施操纵证券、期货市场行为，违法所得数额在一百万元以上的"，属于"情节严重"。第四条第（六）款进一步规定，实施操纵证券、期货市场行为，违法所得数额在一千万元以上的，为"情节特别严重"。可见违法所得的计算直接影响到对情节严重程度的判断，进而影响到操纵者的定罪量刑。但究竟何为"违法所得"？又应如何计算"违法所得"？《操纵市场司法解释》第九条仅将"违法所得"定义为，通过操纵证券、期货市场所获利益或者避免的损失。而对于具体如何计算"所获利益"或者"避免的损失"并无清晰的解释。实践中，违法所得一般性的计算公式为价格差乘以认定的交易数额。其中价格差与计算开始和结束的时间点、卖出及买入的基准价相关。交易数额则与纳入计算范围内的交易量有关。唐汉博案中对于违法所得计算的争议也主要围绕在计算区间、交易量和价格三方面。本文接下来将围绕这三个因素依次讨论。

（一）计算区间的认定

证监会已失效的《证券市场操纵行为认定指引（试行）》[②]（以下简称《认定指引》）中第五十条中对"计算区间"的定义如下："违法所得的计算，应以操纵行为的发生为起点，以操纵行为终止、操纵影响消除、行政调查终结或其他适当时点为终点。"但对于虚假申报型操纵这样的短线操纵来讲，何为计算的起点，何为终点，仍需进一步分析。

我国实行 T+1 的股票交易制度，初次建仓的时间与初次虚假报撤单及反向交易行为的时间之间，起码有一个交易日以上的时间距离。该案唐汉博方提出违法所得的计算区间应限定为操纵当日。但法院最终以将涉案股票操纵行为实质关联的股票建仓时间以及出售时间认定为计算区间，计算的是唐汉博控制的账户上整体的账面盈利。换言之，双方对于违法所得认定的争议首

---

① 《关于办理操纵证券、期货市场刑事案件适用法律若干问题的解释》，法释〔2019〕9 号。
② 《证券市场操纵行为认定指引（试行）》，证监稽查字〔2007〕1 号，已失效。

先为，是否应该将建仓到虚假申报实施当日这一时间段纳入违法所得的计算区间。

将前期建仓至操纵行为实施之日的时间段纳入违法所得符合对传统型长线市场操纵的规制逻辑，却并不见得同样适用于虚假申报型市场操纵这样的短线操纵。如刘宪权教授所述，操纵证券、期货市场犯罪行为的本质在于滥用优势非法控制市场。因此，违法所得的计算应当以被滥用优势的价值转化衡量为基础，根据被滥用的不同优势进行计算。① 纳入计算范围的违法所得应与其造成市场正常秩序具有因果关系。

传统型的市场操纵的行为模型是一个完整的“建仓—拉抬—出货”周期。操纵者利用资金优势连续买卖或者自买自卖，其前期大量且持续的建仓行为本身就具有影响股票正常价格的功能。因此，前期建仓到拉抬完毕准备出仓这一时间段属于其形成市场优势，并滥用优势影响市场真实价格的一部分。因而，建仓到拉抬这一时间区间应纳入违法所得的计算。证监会对于潘日忠的行政处罚决定书②中就清晰展示出传统型市场操纵的行为模型。潘日忠操纵“天铁股份”“嘉澳环保”等股票均利用了集中资金优势、持股优势连续买卖的操纵手段。在前期的建仓拉抬过程中，潘日忠通过控制的账户组以涨停价或者竞价等买入大量的标的股票，导致标的股票价格大幅上涨，为其后续出货奠定价格基础。建仓拉抬行为造成标的股票价格与正常的价格水平和上证指数均形成了严重的偏离，对市场正常的价格机制和交易秩序形成了损害。在此种情况下，建仓行为到拉抬完毕这一时间段为操纵者形成、转化和滥用市场优势影响市场秩序的一部分，应纳入违法所得的计算区间。

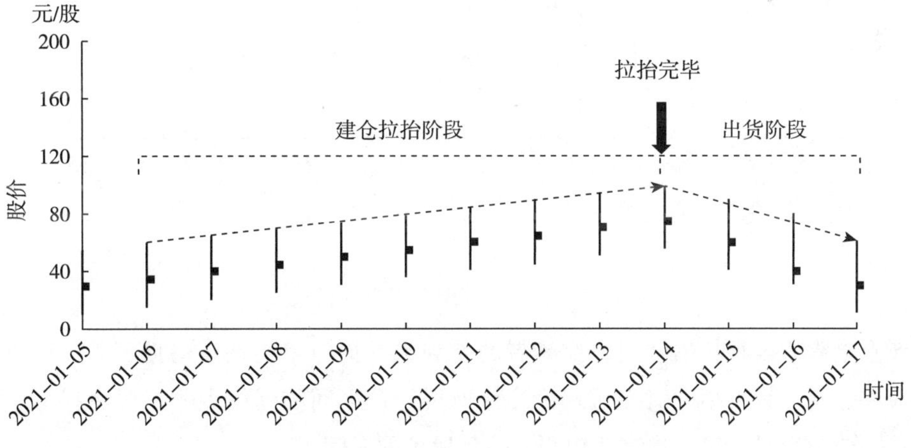

图1　传统型市场操纵模式

① 参见刘宪权：《操纵证券、期货市场罪司法解释的法理解读》，载《法商研究》2020 年第 1 期。

② 参见证监会行政处罚决定书〔2021〕116 号。

但虚假申报型市场操纵对价格的影响模式则不同。虚假申报型操纵是一种典型的短线操纵，该类操纵主要依赖操纵者在短时间内频繁地申报和撤单来影响市场中其他交易者对该证券的预期，其结果的实现不取决于操纵者自身在市场上的独特优势，而依赖其他交易者是否被欺骗后跟风申报拉高股价。在传统型长线操纵中，操纵者虽然造成了股价与真实价值的偏离，但市场中的供需关系是真实发生过的，操纵者曾用真金白银地建仓创造出对操纵标的真实发生的需求。虚假申报型市场操纵则不然，其对于市场价格的拉抬并不依靠前期的建仓行为，而是短时间内频繁地报撤单行为。建仓到申报这一时间段内市场的价格波动不受操纵者行为的影响，这段时间内市场的价格波动给操纵者带来的经济利得与操纵者行为给市场秩序带来的损害不存在因果关系。因此，虚假申报型市场操纵的行为模型本身应不包括前期的建仓行为。之所以关注虚假申报型市场操纵的前期建仓行为，是为了与后期的反向交易相结合，来证明操纵者存在“恍骗”的主观故意。操纵者前期的建仓行为，是认定其存在“不以成交为目的”这一主观操纵故意的重要一环，却并非操纵者影响市场秩序的行为模型中的一环。如果将建仓行为纳入违法所得计算，就将虚假申报型市场操纵这一短线操纵与传统长线型市场操纵相混淆了。

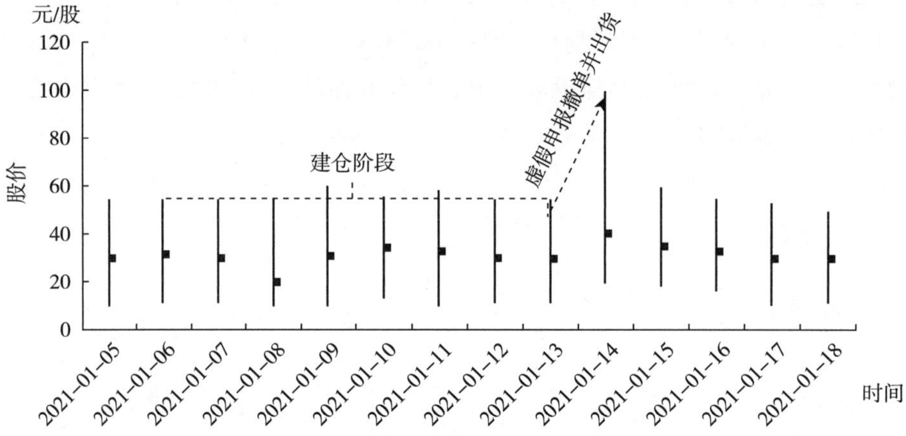

图 2　虚假申报型市场操纵模式

鉴于建仓至虚假申报拉抬区间内交易者的获利或亏损与市场秩序的损害并无因果关系，本文认为不应将建仓行为发生的时点认定为违法所得计算区间的起始点。虚假申报型市场操纵计算的起始点，应为操纵者第一次虚假申报、拉抬股价的时间。

但是，唐汉博方认为计算区间应局限在当日，该意见也不合理。根据虚假申报撤单行为发生时间来划分，虚假申报型市场操纵可分为集合型虚假申报操纵、盘中型虚假申报操纵和尾盘型虚假申报操纵。其中集合型虚假申报主要依赖在开盘时操纵者通过大量申报诱导其他投资者跟风买入，再在交易系统不允许撤单的前几分钟内迅速撤单，从而形成一个较高的开盘价；而盘中型虚假申报则主要是在盘中实行频繁地申报撤单，其申报档位集中在二至五档，既能营造出虚假的市场深度又不必实现成交。[①] 上述两类虚假申报，其对价格的影响均局限在操纵当日某段极短的时间范围内，因此其计算区间的终点可以认定为当日内。但对于尾盘型虚假申报操纵来说，该种类型操纵主体是希望能够在次日以高价反向交易牟利。因此，尾盘型虚假申报操纵的计算区间的终点显然不应该局限于当日，而应为操纵行为实施后的第二个交易日。

（二）交易量的认定

唐汉博案中，关于交易量认定的第一个争议点在于，未平仓部分的持股是否计入违法所得。本文认为，未平仓部分是否计入违法所得，应结合不同操纵类型加以具体判断。对于虚假申报型市场操纵来讲，未平仓部分不宜计入违法所得。

对于传统型市场操纵来讲，将持有股数纳入违法所得计算有其合理之处。传统型市场操纵的前期建仓具有双重功能。首先，前期建仓便利操纵者后续通过反向交易牟利。其次，建仓行为本身就助推了标的股票价格与真实价格的偏离。因此未平仓的部分虽尚未给操纵者带来利润，但仍对标的股票价格的非正常偏离起到了助推作用，与操纵行为给市场造成损害有因果关系。该部分仅建仓未平仓股票具有法益侵害性和可罚性。

但虚假申报型市场操纵则不然。操纵者前期的建仓仅有一重功能，即通过反向交易牟利。司法者必须通过证明行为人该部分的建仓存在“不以成交为目的”的主观故意，该部分建仓行为才具有可罚性。而在没有其他证据的情况下，反向平仓是证明行为人该部分建仓具有通过不法操纵牟利的核心证据。如果交易结束后尚有部分持股未平仓，则无法确定操纵者该部分建仓是否存在通过“恍骗交易”牟利的主观故意。因此，本文认为，虚假申报型市场操纵中，未平仓部分并无合理理由纳入违法所得的计算。

关于交易量认定的第二个争议点为，首次撤单申报比例超标日之前已经完成的交易部分是否应该纳入违法所得的计算范围。被告唐渊琦方认为，首次撤单申报比例超标日之前已经完成的交易部分不应纳入违法所得的计算范围。这是对虚假申报型市场操纵入罪标准的一种误读。《操纵市场司法解释》第二条第（六）款规定：“实施本解释第一条第五项操纵证券、期货市场行为，当日累计撤回申报量达到同期该证券、期货合约总申报量百分之五十以上，且证券撤回申报额在一千万元以上、撤回申报的期货合约占用保证金数额在五百万元以上的，应当认定为刑法第一百八十二条第一款规定的‘情节严重’。”[②] 这是专门针对虚假申报型市场操纵行为设立的入罪标准，但并不意味着该申报量的标准与违法所得的标准互斥。即虚假申报型市场操纵的入罪采用申报量和违法所得两个并行的标准。其中申报量的标准从虚假报撤单的“量”的角度，

---

① 参见夏中宝：《算法交易对虚假申报操纵法律认定逻辑的新挑战》，载《证券市场导报》2017 年第 10 期。

② 该规定在立法者将恍骗交易明确列为一种操纵证券市场行为之前就已经存在。

来衡量操纵者行为的法益侵害程度和可罚性。而违法所得标准则是从操纵者通过操纵行为“获益”多少的角度，来衡量操纵者行为的法益侵害程度和可罚性。两者是完全并行的、不同性质的标准。因此用违法所得衡量操纵者行为是否达到“情节特别严重”的程度，自然无须考虑撤回申报量是否达到当日的50%。只要操纵者存在不以成交为目的的频繁报撤单、扰乱市场秩序的行为并从中获利，那么该部分交易就应累计纳入违法所得的计算。

（三）价格的认定

价格的认定既包括买入卖出价格的认定，也包括非操纵行为因素造成的价格波动的剔除。首先，对于买入价格来讲，违法所得计算起始点直接影响买入价格的认定。此前对于违法所得买入价格的计算往往借鉴会计上的先进先出法、后进先出法、平均法和最高最低法。[①] 但上述四种会计方法下违法所得计算的差异，均根植于建仓成本的不同。而对于虚假申报型市场操纵来讲，本文已论述不应将建仓成本纳入计算范围，因此其买入价格需要考虑一种新的计算方式。

实际上证监会在行政处罚认定其违法所得金额中，已推出了一些新型的计算方法。如证监会在孙国栋操纵市场案[②]采用的是虚拟买入成本[③]计算违法所得，盈利计算公式为：卖出交易的证券数量×（实际卖出成交价格－涉案时段前最后一笔成交价格）－税费。[④] 该公式实际上将涉案时段前最后一笔成交价格拟制为所有股票的成交价格。该种虚拟成本的方法更准确地反映了虚假申报型市场操纵行为扰乱市场价格秩序前的真实价格情况。因此，以此为成本计算的违法所得，能够更直接地反映操纵者通过虚假申报行为从扰动市场秩序中获利的数额。

但对于唐汉博案中存在多次虚假申报赎回的操纵行为来说，也可细分情况讨论。如恍骗交易者在同一交易日连续进行虚假申报和反向交易，则其虚拟买入成本应定义为该连续交易行为前股票最后一笔成交价格。如果恍骗交易者在不同交易日多次实施虚假申报和反向交易，则应依照每个交易日股票虚假申报前最后一笔成交的价格计算。

此外，系统性风险一直是违法所得的计算中的难点问题，被告人唐渊琦提出，与操纵行为没有因果关系的价格波动，带来的获利金额应从全案违法所得数额中予以剔除。但对于虚假申报型市场操纵来讲，因其从拉抬到反向交易之间的时间很短，并无必要考虑系统性风险的影响。需考虑的例外仅是尾盘型虚假申报操纵。因尾盘型虚假申报反向交易时间与虚假报撤单时间存在一定的间隔，如果在该时间段内出现可造成上市公司股价波动的重大事件或者其他非系统性风险因子，在计算违法所得时应予以相应的剔除。

---

① 参见陈舜：《操纵市场违法所得的计算方法》，载《中外法学》2005年第6期。

② 参见证监会行政处罚决定书〔2015〕73号。

③ 参见证监会行政处罚委员会：《证券期货行政处罚案例解析（第二辑）》，法律出版社2017年版，第412页。

④ 参见张兵、崔丽琨：《虚假申报操纵问题实证研究》，载《证券法苑》2020年第3期。

四、对“情节严重”之认定标准的反思

本案中唐汉博可谓是市场操纵的惯犯。无论是监管部门的行政处罚，还是法院的刑事处罚，都是其应为操纵行为付出的代价。然而如果仅从撤回申报量的角度来看，唐汉博虽多次、长期操纵案涉三只股票，但满足《操纵市场司法解释》中规定的“当日累计撤回申报量达到同期该证券、期货合约总申报量百分之五十以上”的日期的仅有几天。通过撤回申报量认定的入罪情况，和通过违法所得角度认定的入罪情况差异较大。而从违法所得的角度来看，控辩双方对违法所得的认定存在着诸多争议。从本案可以引申的问题是，在违法所得与撤回申报量之外，是否存在一种认定虚假申报型市场操纵情节严重程度的新方案，以更好地衡量虚假申报型操纵的法益侵害性和可罚性？

（一）对撤回申报量的反思：标准是否过高？

因违法所得计算困难，很多罪名都是将“违法所得”数额较大与其他严重情节并列作为入罪标准，“违法所得”并非入罪的唯一情形。操纵证券、期货市场罪也是如此。但根据《操纵市场司法解释》规定，当日累计撤回申报量达到同期该证券、期货合约总申报量百分之五十以上，且证券撤回申报额在一千万元以上、撤回申报的期货合约占用保证金数额在五百万元以上的才构成“情节严重”。该规定将时间范围定义为“当日”。作为一种典型的短线操纵，幌骗交易在三四分钟内就能够完成申报、拉抬价格再撤单等一系列操作。如果入罪标准将时间拉长到“当日”，这样一种短时间内频繁申报撤单很难达到50%。因此，“当日”这一时间区间可能导致撤回申报量这一标准在实践中被架空，法院最终还是依照“违法所得”这一相对复杂的标准或者其他理由来定罪量刑。在张家港保税区伊世顿国际贸易有限公司、高燕、梁泽中等操纵期货市场、金文献职务侵占案[①]中，其申报撤回量与市场总申报量的占比无法认定构成操纵行为，最终法院以伊世顿“恶意取得不正当交易优势”“非法取得额外交易速度优势”等为由，判处其构成操纵期货市场罪，未对其撤回申报量占比等做出认定。在鲜言案中，其2015年5月11日撤单量共计5059600股，撤单量占集合竞价阶段申报量比例为32.01%，撤单量在集合竞价阶段都不足50%，就不必提占当日总申报量之比例了。2015年5月12日撤单量虽占集中竞价阶段申买数量的51.23%，但依然无法达到当日总申报量的50%。[②] 唐汉博案也有类似的情况，控方提供的事实表明被告人乃操纵市场的惯犯，其对单个标的的操纵行为最短也持续了半个月左右，但是能构成撤回申报量达到当日50%以上的不过零星几日。以撤回申报量标准认定的入罪结论与以违

---

① 张家港保税区伊世顿国际贸易有限公司、高燕、梁泽中等操纵期货市场、金文献职务侵占案，(2017)沪刑终59号刑事判决书。

② 参见证监会行政处罚决定书〔2017〕29号。

法所得认定出的入罪结论相差较大。

此外，用一个比例数来作为入罪标准，当然可以把分子小的情况排除在入罪情形之外，但还可能把分母大的情况也排除在入罪情况之外。累计撤回申报量达到同期该证券、期货合约总申报量低，并不见得意味着操纵者对于市场正常交易秩序的扰乱程度低。一种可能的情形是，操纵者当日内的虚假申报撤回成功在市场上引起了跟风效应，造成当日申报量高，从而稀释了最终撤回申报量占同期总申报量的比率。

因此笔者倾向于认为，虚假申报型市场操纵中对于申报量的认定标准，或许更宜以操纵者第一次实行申报的时间至当日最后一次撤单的时间作为时间维度，综合过去交易日中该时段的平均申报量，通过衡量恍骗交易日中虚假申报量与正常交易日内该时段申报量之间的差异，来判定是否达到“情节严重”的标准。

（二）对违法所得的反思：市场损失是否等于实际获利？

困于违法所得计算的复杂困难，实践中常使用账面盈利来计算违法所得，本案也是如此。但账面盈利最直接体现出的是操纵行为人的盈利程度，却可能与操纵行为造成的市场损失差异较大。对于虚假申报型市场操纵来说更是如此。虚假申报型市场操纵相比于其他类型的市场操纵，除了具有时间短的特征外，应是一种更接近于“欺诈”本质的操纵形式。操纵者是从市场中其他交易主体的反应中牟利的，操纵者本身并不具备对于市场中其他交易主体必然的影响力或者控制力，因此操纵者的实际利得与市场中其他交易主体的损失的相关度可能较小。

美国对市场操纵等违法行为的处罚更多的是采用发现市场损失方式，对于市场损失和操纵者的盈利分开计算。两者数额结果能够体现出市场损失和操纵者实际利得的差异。如商品期货交易委员会（CFTC）关于恍骗交易的处罚决定中，明确区分了基于市场损失而产生的处罚金额（Restitution）和操纵者应“吐出”的违法所得金额（Disgorgement）。在对 Propex Derivatives Pty Ltd 的处罚决定①中，CFTC 在 Facts 部分指出 Propex 的一名交易员在芝加哥商品交易所对 S&P 500 期货合约多次虚假报撤单。这种恍骗交易行为在使得 Propex 获利的同时造成了 464300 美元的市场损失。而 CFTC 在后文要求 Propex“吐出”的违法所得则为 73429 美元。由此案例可知，恍骗交易实施者的实际利得完全可能远低于其行为对市场造成的损失。当然实施者的实际利得也完全可能高于市场损失。如 CFTC 在对 Bank of Nova Scotia（BNS）的处罚决定②中，CFTC 认定的市场损失数额为 6622190 美元，恍骗交易者的实际违法所得为 11828912 美元。差距接近一倍。

---

① 参见 CFTC Docket No. 20 - 12（Jan. 21，2020），资料来源：https：//www. cftc. gov/media/3326/%20enfpropexorder012120/download，2021 年 12 月 6 日访问。

② 参见 CFTC Docket No. 20 - 27（Aug. 19，2020），资料来源：https：//www. cftc. gov/media/4421/enfbankofnovascotiafalsestatementsorder081920/download，2021 年 12 月 6 日访问。

针对摩根大通的处罚决定①中市场损失数额与实际违法所得的差距则将近三倍。

事实上通过没收等方式，即可防止操纵者从违法行为中获利。用违法所得来衡量操纵者对法益的侵害程度，可能无法精确体现出操纵者给市场带来的实际损失。

（三）衡量情节严重程度的新标准

如上文所述，从操纵者的获益程度衡量操纵行为的情节严重程度可能与市场损失相差较大。因此本文认为，相对于从违法者获益的角度来衡量操纵行为的情节严重程度，用市场中交易对手方受到的实际损害来衡量操纵行为的情节严重程度更为合适。且这种方法也更贴合虚假申报型传统型操纵自身的特点。在传统型市场操纵中，存在操纵或人为控制的市场行情是真实出现或发生过的市场行情。② 但虚假申报型市场操纵中，连市场行情都是虚假的、未真实发生的。因此，虚假申报型市场操纵是一种更接近于“欺诈”本质的操纵形式。在全球首例恍骗交易案中，检察官以“商品欺诈罪”和“恍骗罪”起诉了恍骗交易者 Coscia。美国司法部还曾以“电信诈骗罪”起诉恍骗交易者 Vorley。以诈骗罪名起诉恍骗交易者，一定程度上能够体现“恍骗交易”与诈骗在性质上的相似之处。

鉴于虚假申报型市场操纵的“成功”依赖市场中其他交易主体的错误认识，从市场中其他主体角度衡量恍骗交易行为造成的危害，要比从操纵者自身获益出发更准确。一种可能的衡量情节严重程度的方案是，通过判定恍骗交易行为对市场价格拉抬的程度，再综合该时间段内交易相对方在被欺骗情况下的成交量，两者相乘，最终得出因恍骗交易而造成的市场正常交易秩序的偏离程度。本文认为，该种计算模型更接近恍骗交易行为所蕴含的“欺诈”本质。

五、 总结

本文以唐汉博等操纵证券、期货市场案为例，探讨了虚假申报型市场操纵的违法所得认定问题。本文认为，根据操纵行为对于市场正常价格机制和交易秩序的损害来认定恍骗交易者的获利更为合适，并从计算区间、交易量和价格三个角度讨论了违法所得认定的问题。从计算区间角度来讲，虚假申报型操纵是一种非常典型的短线操纵，因此相比于建仓时间，第一次虚假申报的时间更宜作为计算违法所得的起始点，并可区分不同类型的虚假申报型市场操纵来认定计算的终点。从交易量角度来讲，对于操纵者存在的持有股数未被平仓的部分，在无充分证据证明该部分在交易建仓时目的是通过后续反向交易获利的情况下，可不将其纳入违法所得的计算。从价格的角度来讲，买入价格可借鉴证监会的处罚决定，将其虚拟为虚假申报行为开始前市场上

① 参见 CFTC Docket No. 20－69 (Sept. 29, 2020)，资料来源：https：//www.cftc.gov/media/4826/enfjpmorganchaseorder092920/download，2021 年 12 月 6 日访问。

② 参见陈晨：《操纵证券市场犯罪要素认定的司法观察》，载《证券法苑》2017 年第 3 期。

的交易价格。因虚假申报型市场操纵是一种短线操纵，系统性风险因素无须剔除，但非系统性风险因素在尾盘型操纵情况下可以予以剔除。本文认为，对撤回申报额比率的认定，可通过与过去交易日内同时段的申报数量比较判定其对市场正常秩序的损害。此外，市场损失与操纵者的实际经济利得可能差异巨大，账面盈利最能直接反映操纵行为人的盈利程度，却并不等同于市场因操纵行为造成的损失。鉴于现有两标准的局限性，或可通过价格偏离程度计算市场中其他投资者的损失来判定虚假申报型市场操纵情节严重程度。

Financial Law Forum

金融法苑

2022 总第一百零八辑

数字经济时代的法律

微信支付中的错误汇款

■ 连 婧*

摘要： 基于近年来移动支付的广泛使用，微信支付频繁出现错误汇款问题，为错误付款人提供救济势在必行。错误付款人对收款人享有不当得利请求权，付款人需获得收款人身份信息才可通过司法途径维护其权益，而付款人获取收款人身份信息存在诸多障碍。针对错误汇款人难以得到救济的问题，财付通应完善转账提醒机制和非实时到账机制，通过诸如改变核验方式、赋予用户选择权、审查机制、先行赔付等方式，为用户提供便捷高效的救济途径。

关键词： 移动支付　起诉条件　不当得利　先行赔付

一、 引言

近年来，随着智能手机的普及，网络支付的潮流迅速席卷各个领域。根据中国互联网络中心2020年9月发布的《第46次中国互联网发展状况统计报告》，我国移动支付交易规模不断扩大，用户稳步增长。截至2020年6月，我国网络支付用户规模达8.05亿人，移动支付金额达196.98万亿元，同比增长18.61%，稳居全球第一。① 艾瑞咨询的数据显示，2020年第二季度，支付宝与财付通分别占据了55.6%和38.8%的市场份额，处于移动支付市场第一梯队。② 因此，本文聚焦财付通支付科技公司提供的微信支付服务，探讨可能涉及的法律问题。

鉴于微信的普遍使用，人们的日常生活中处处存在微信支付的影子。从二维码支付到微信红包、转账、群收款，微信支付极大程度上便利了人们的生活。但正是因为其比现金支付便捷、快速，使得人们在支付时来不及仔细查看金额、转账对象，导致了汇款错误的出现，引发了有关

---

* 连婧，北京大学法学院硕士研究生。

① 中共中央网络安全和信息化委员会办公室、中华人民共和国国家互联网信息办公室、中国互联网信息中心：《第46次中国互联网络发展状况统计报告》，资料来源：中国网信网，http：//www.cac.gov.cn/2020－09/29/c_1602939918747816.htm，2021年2月18日访问。

② 艾瑞咨询：《中国第三方市场数据发布报告》，资料来源：艾瑞咨询官网，2020年9月，https：//www.iresearch.com.cn/Detail/report？id＝3726&isfree＝0，2021年2月18日访问。

的法律纠纷。例如在2018年5月，黄先生通过微信支付给名为“海阔天空”的表妹转账，却误将87500元转给了微信同名的好友。该好友在收钱后将黄先生拉黑，微信客服表示资金已进入对方零钱账户，无法撤回。公安机关与法院均以不知悉对方真实身份信息为由拒绝受理。①

当发生错误汇款时，在法律上，汇款人可要求收款人返还不当得利。但如果收款人拒绝返还，汇款人又欠缺收款人的身份信息时，其难以通过司法途径维护自身权利。此时财付通作为支付服务的提供者，是否负有向汇款人提供收款人个人信息的义务？除了司法途径之外，财付通作为占据相当市场份额的支付服务提供者，能否为用户提供更便捷的解决机制？为了回答上述问题，给像黄先生这样的错误付款人提供救济，首先需要明确的是错误付款人在向收款人行使不当得利请求权时遇到的困难。

二、 向收款人行使不当得利请求权

错误汇款的发生可能是财付通的数据错误导致的，也可能是由于付款人自身输入错误引起的。在第一种情况下，付款人可以依据其与财付通的合同以及《中华人民共和国民法典》（以下简称《民法典》）第五百七十七条的规定，要求财付通承担违约责任，或是根据《民法典》第一千一百六十五条第一款要求其承担侵权责任，赔偿付款人的损失。在第二种情形即本案的情形下，付款人可根据《民法典》第九百八十五条要求收款人返还不当得利。如果收款人为付款人所熟识之人，一般在社会道德的压力下，经交涉即会同意返还资金。即使其拒绝返还，付款人也可以直接向法院起诉，要求其返还不当得利，维护自身权利。但在本案中，付款人黄先生并不知晓收款人真实身份，即使向法院起诉，也无法满足《中华人民共和国民事诉讼法》第一百一十九条规定的起诉条件，法院往往裁定不予受理。具体而言，法律规定的起诉条件之一为“有明确的被告”。根据《最高人民法院关于适用〈中华人民共和国民事诉讼法〉的解释》（法释〔2020〕20号）第二百零九条第一款，原告需要提供被告的姓名、住所等信息，才可认定为有明确的被告。因此，本案中黄先生需要获取收款人的姓名、住所等信息，才可通过司法途径维护自身权利。付款人获取收款人身份信息的途径主要有两个：一是要求财付通提供收款人的个人信息，二是要求公安机关开展调查。

（一）要求财付通提供收款人信息

根据《财付通服务协议》第十部分的规定，② 用户信息受到《财付通隐私政策》的规范，

---

① 《微信错转8万元后被拉黑，如何追回？专家建议先起诉腾讯》，资料来源：搜狐网，https://www.sohu.com/a/240578836_100116740，2021年2月18日访问。

② 《财付通服务协议》“十、隐私权保护”规定：财付通重视对您隐私的保护。在您使用财付通服务时，财付通按照《财付通隐私政策》的规定收集、存储、使用与对外提供您的个人信息，您的个人信息将受到《财付通隐私政策》的保护与规范。

财付通按照《财付通隐私政策》的规定收集、存储、使用与对外提供用户的个人信息。根据《财付通隐私政策》第一部分的规定,[①] 用户在注册财付通账户或使用财付通服务时，需要提供包括姓名、国籍、性别、职业、住址、联系方式以及有效身份证件的种类、号码和有效期限在内的身份基本信息。因此，根据财付通与用户之间的约定，财付通持有用户的姓名、住址等身份信息。在错误付款人需要收款人信息以对其提起不当得利返还之诉时，自然会向财付通寻求帮助。

然而用户与财付通之间的协议并没有赋予用户要求财付通提供其他用户个人信息的权利。《微信支付用户服务协议》（以下简称《用户协议》）第 12.1 款规定,[②] 当用户被他人投诉时，财付通公司有权将其主体信息、联系方式、投诉相关的内容等必要信息提供给争议相对方。可见，该条款仅赋予了财付通提供用户个人信息的权利，而未要求财付通承担在发生争议时将用户个人信息提供给争议相对方的义务。同时，根据《财付通隐私政策》第六部分的规定,[③] 财付通仅在涉及国家安全、公共安全、刑事犯罪以及出于维护收款人合法权益的情形下，才会未经其同意对外提供收款人个人信息。对于错误付款人而言，与收款人发生争议，并不构成上述情况之一，财付通仍需履行保护用户隐私的义务。此外，若财付通负有在用户发生争议时将用户个人信息提供给争议相对方的义务，那么付款人可能为了获取收款人信息而故意向收款人转账，而后以起诉收款人为由要求财付通提供收款人信息，导致用户个人信息泄露。目前财付通并未建立审查收付款双方争议的机制，在收到用户投诉或请求时无法判断争议的真实性。出于谨慎考虑，在发生错误汇款时，财付通常常以保护用户个人隐私为由拒绝提供收款人信息。

综上所述，付款人要求财付通提供收款人的个人信息欠缺合同上的明确依据，财付通并不承担提供用户身份信息的义务。财付通出于规避用户个人信息泄露带来的法律风险，往往拒绝

---

① 《财付通隐私政策》“二、我们如何收集信息”1.（1）规定：依据支付业务相关的法律法规和监管规定，我们需要履行实名制管理义务，在您注册财付通账户（您通过微信钱包或 QQ 钱包进行实名认证或首次绑定银行卡即为注册财付通支付账户的过程）或使用财付通服务时，您需要主动提供您的身份基本信息（包括姓名、国籍、性别、职业、住址、联系方式以及有效身份证件的种类、号码和有效期限），如果您不提供前述信息，将无法注册支付账户或无法使用财付通服务。如果您需通过多重身份验证，您还应提供您的绑定银行卡信息、银行预留手机号，如您不提供前述信息，将无法使用需要通过多重身份验证才能使用的财付通服务。

② 《微信支付用户服务协议》12.1 规定：你使用本服务时不得有违反国家法律法规、侵害他人合法权益的行为。你需理解并同意，如你被他人投诉或你投诉他人，本公司有权将你的主体信息、联系方式、投诉相关的内容等必要信息提供给争议相对方或相关部门，以便及时解决投诉纠纷，以保护你及他人的合法权益；但法律法规另有规定的除外。

③ 《财付通隐私政策》“七、无需征得您同意处理个人信息的情形”规定：根据相关法律法规及国家标准，在以下情形中，我们可能会依法收集、使用或对外提供您的个人信息，无需征得您的同意：1. 与国家安全、国防安全直接相关的；2. 与公共安全、公共卫生、重大公共利益直接相关的；3. 与犯罪侦查、起诉、审判和判决执行等直接相关的；4. 出于维护您或其他个人的生命、财产等重大合法权益但又很难得到您本人同意的；5. 您自行向社会公众公开的信息，或是我们从合法公开披露的信息中收集到的信息，如政府信息公开等；6. 法律法规规定的其他情形。

提供收款人信息。因此，错误付款人只能通过其他途径收集收款人的信息从而提起民事诉讼。

（二）要求公安机关进行调查

当收款人拒绝返还不当得利时，错误付款人可向公安机关报案，要求公安机关对收款人的真实身份进行调查。

在本案中，错误转账的金额高达87500元，收款人拒不退还可能构成侵占罪。首先，错误汇款转入了收款人微信零钱账户中，相应资金根据《非银行支付机构客户备付金存管办法》（中国人民银行令〔2021〕第1号）第四条的规定存放在人民银行账户中。此时收款人对财付通享有合法债权，财付通对银行享有债权，收款人有权行使对财付通的债权，进行转账或提现。但对于收款人而言，该笔错误进入自己微信零钱的资金，性质上属于不当得利，即收款人取得了对财付通的债权这一利益。由于收款人获得的该项不当得利，并非是基于付款人的本意而脱离其占有，而是偶然地因汇款人错误汇款所致，从规范的层面来说，应解释为广义上的“遗忘物”，收款人对此负有返还的义务。若收款人拒不返还，数额较大的，构成侵占。① 在本案中，错误转账的金额为87500元，数额较大，收款人“海阔天空”拒不退还，构成侵占罪。但根据《中华人民共和国刑法》第二百七十条，侵占罪属于告诉才处理的犯罪，付款人需向法院提起自诉。其次，侵占罪不属于《最高人民法院关于适用〈中华人民共和国刑事诉讼法〉的解释》（法释〔2021〕1号）第一条第（二）项规定的证据不足时可由公安机关立案侦查的案件，因此即使付款人不知悉收款人信息，也无明确的法律依据要求公安机关立案调查。

当错误转账的金额较低，不构成犯罪时，实践中公安机关更会以该纠纷属于民事纠纷为由不予立案，并建议付款人直接向法院提起民事诉讼。因此，寻求公安机关的帮助以获取收款人的身份信息对于付款人而言同样并非可靠的路径。

三、 现有机制及其不足

如前文所述，当微信错误汇款的付款人不知悉收款人的身份信息时，无论是向财付通还是公安机关寻求帮助，都难以获取收款人身份信息，从而顺利提起民事诉讼，在一定程度上损害了付款人使用微信支付服务的积极性。因此，面对实践中频频发生的错误汇款，财付通公司推出了相应的机制，探索合理的解决方案。目前财付通的解决措施侧重于事前防范，设置了转账前提醒以及非实时到账机制，试图降低错误付款发生的概率，但其有效性值得怀疑。

首先，财付通公司通过对特定算法的运用，在转账达到一定数额时对付款人进行提醒，要求其再次核对转账收款人与转账金额或补全收款人真实姓名。该机制要发挥防范错误汇款的作用，则触发提醒的额度需要具有合理性。当前财付通进行提醒的额度因人而异，力图为每个用户划

---

① 参见钱叶六：《存款占有的归属与财产犯罪的界限》，载《中国法学》2019年第2期，第229页。

分适宜的提醒金额标准。经过笔者的测试，在现有机制下，微信支付页面触发提醒的额度主要与付款人和收款人成为微信好友的时间、个人资金充裕程度有一定的关系，但仍然具有一定的随机性，几乎同时添加的好友的提醒额度可能存在较大的差异。具体来说，就同一付款人而言，其向不同好友发起转账，财付通进行提醒的金额额度不同，该额度大致与添加好友的时间长短有关，在向近期添加的好友转账时，金额较小也会进行提醒。就不同付款人而言，触发提醒的额度与用户账户资金量有关，若资金较充沛则提醒额度较高。该提醒方式虽未强行划定统一的标准，具有一定的灵活性，但主要按照添加好友的时间进行提醒也不尽合理。例如随着微信使用年限的增长，可能出现成为微信好友时间较长，但实际上并不了解对方联系方式、地址等身份信息的情况，转账时触发若提醒额度较高，仍然可能导致错误支付后付款人不知悉收款人个人信息而无法提起诉讼的后果。再者，财付通并没有设置连续转账累计提醒的机制。财付通目前单独按照每笔的数额进行提醒，在本案中，付款人黄先生将87500元拆分为多笔进行转账，每笔金额较低，提醒机制便无法发挥作用。因此，财付通应当完善算法，提醒机制应当充分考虑添加好友的时间、双方聊天的频次、过往转账的频次、金额以及用户资金充裕程度等因素，同时短时间内连续转账达到一定金额时应触发提醒。

其次，用户可以自主设置转账到账时间，分为实时到账、2小时到账以及24小时到账。但根据财付通的说明，在非实时到账的交易中，付款人进行转账后，相应的资金虽不会立即进入对方零钱账户，但付款人发现了错误后仍然不得撤回转账。这样一来，若收款人在设定的到账时间届满后拒绝返还不当得利，付款人的处境并不会比实时到账中的错误汇款人好。因此，财付通在《用户协议》中完善了非实时转账的制度。根据《用户协议》第3.2款的规定，[①] 在部分非实时转账中，若收款人尚未确认收款，付款人可以在转账之时起2分钟内撤回转账，从而将尚未进入收款人账户的资金原路退回。然而，付款人很难在短短2分钟内意识到自己进行了错误汇款，并及时撤回转账。一旦收款人在收到转账提醒后即确认收款，付款人就失去了撤回的可能性，即付款人能撤回转账的时限可能实际上短于2分钟，大大削弱了该机制的作用。因此，在非实时转账中，合理的机制应是赋予付款人在资金到账前皆可以随时撤回转账的权利。再者，该规定表明仅“部分非实时转账”中，付款人可以撤回汇款，并非所有非实时转账中付款人都可撤回，财付通并没有明确可撤回的具体适用范围。笔者在尝试之后发现，目前即使设置了非实时到账，一定额

---

① 《微信支付用户服务协议》第3.2款规定：为完善防范转错账机制，并落实监管关于增强服务容错性的要求，以切实保护用户的合法权益，本公司针对部分非实时到账转账场景，可支持付款人在收款人尚未确认收款及尚未拒绝收款的前提下，在转账之时起2分钟内，指令本公司将尚未入账的资金原路退回付款人，在上述场景下，付款人点击“撤回”即视为付款人同意本公司将尚未入账的资金原路退回至付款人；如果你是收款人，你应当知晓相关场景的转账资金需要你主动点击确认收款后方可入账，在入账前，付款人可以在2分钟内指令本公司将尚未入账资金原路退回至付款人。具体以本公司实际为你提供的服务为准。

度内的转账仍然不能在2分钟内撤回,《用户协议》中的“部分非实时转账”范围不明,该机制的实际作用值得怀疑。

可见,现有的提醒机制并非合理,而非实时到账以及撤回机制也难以发挥作用。作为在市场中占有主要份额,并从支付业务中获取大量利益的第三方支付服务提供者,财付通公司应当建立更为完善的机制,降低错误付款人寻求救济的成本。

四、 解决方案的探究

如前文所述,在小额支付中,付款人难以获取公安机关的帮助,财付通公司又出于保护用户个人隐私往往拒绝提供收款人个人信息,付款人如何提起诉讼便成为一个难题。纵使付款人取得了收款人的个人信息,按照《民事诉讼法》第二十一条第一款,错误付款人需要前往收款人住所地或经常居住地法院提起诉讼,而付款人可能与收款人相隔千里,提起诉讼仍需耗费大量的时间与金钱成本,甚至可能高于错误付款的金额。微信支付本身的优势即在于其借助网络技术,打破时空的限制,为人们带来极大的便利。但在发生错误付款争议时,用户仍需要求助于传统司法途径,受到司法机关地域管辖的限制,无疑与追求快速、便捷的微信支付的特点背道而驰。因此,财付通公司应当完善相关制度,为小额支付中的错误付款人提供低成本、高效率的解决机制。下文提出几种具有可行性的机制,并分析其利弊。

(一)建立严格的提醒机制

在银行的网上转账系统中,付款人发起线上转账汇款可以采取银行卡转账和手机号转账两种方式。若选择前者,付款人需要输入收款人姓名以及收款人银行卡账号;若采取后者,需要输入收款人手机号、收款人姓名及其开户银行。无论采取哪种方式,都需要多重核验,而现实中几乎不可能存在姓名、卡号以及手机号完全一致的收款人,因此发生错误转账的概率微乎其微。财付通若借鉴银行的该种转账核验机制,要求用户在支付时核验收款人真实姓名,可以有效防范错误汇款的发生。若在采取了如此严格的转账核验措施后,付款人仍发生了错误汇款,可认为其存在重大过失,应当自行承担相应的损失。

不过,虽然该措施能有效地防止错误汇款的发生,却会给用户带来极大的不便,使微信支付丧失方便、快捷的优势。以微信支付为代表的第三方支付,之所以能在当今社会具有极高的普及性,正是得益于其与现金支付以及网上银行转账相比,具有较高的便利性。若在小额转账尤其是微信红包服务中要求核验收款人姓名等身份信息,无疑会导致支付程序变得极为烦琐,大大抑制用户的积极性,使其转而使用其他第三方支付服务,导致用户流失、财付通市场份额下降。因此,财付通并没有采取该方案的正向激励。若要求市场上的第三方支付服务提供者皆采取类似网上银行转账的严格核验程序,其造成的延缓交易、降低效率的损失可能大于避免错误转账带来的收益。

（二）用户自行设置提醒金额

为了平衡安全与效率，财付通可以让用户自主选择是否采用类似网上银行转账的核验机制。具体而言，在用户首次开启支付功能时，财付通应充分警示用户错误付款可能引发的风险，并由用户结合自身日常支付需求，自行选择是否开启提醒机制，以及自行设置合理的提醒金额。若单笔或短时间内累计转账数额超过了该金额，需要核验收款人姓名才可完成支付，而若转账数额未达到该金额，则无须核验，仅需输入密码或进行面部、指纹验证。由于是否采取核验机制以及何时开启核验机制皆取决于用户自身，若发生了错误付款，也是用户自己选择的结果，其应承担相应款项得不到返还的风险。

该机制的问题在于，用户可能为了追求便捷高效，或是习惯了无须核验的支付程序，设置较高的提醒金额甚至不开启提醒机制，导致错误付款的发生概率高于现行机制。财付通现有提醒机制虽然不尽完善，但核验提醒的触发利用了一定的算法，考虑了双方成为好友的时间以及付款人资金水平等多重因素。因此，与用户自行为所有收款人设置统一的标准相比，财付通现行机制可能更具合理性，更能避免错误付款的发生，使相应纠纷发生的概率总体下降。若要求用户区分不同的收款人设置提醒金额，则又过于烦琐，用户一一进行设置的积极性较低，不具有可行性。再者，采纳这一机制会导致无法追回不当得利的损失完全由用户承担，财付通也会丧失不断改进提醒触发机制算法的动力。财付通依靠第三方支付服务获取高额利润，却无须承担风险，无疑有失公平。

（三）财付通建立审查机制

如前文所述，财付通之所以不愿意将收款人个人信息提供给错误付款人，是因为仅凭付款人的主张，财付通无法判断错误汇款的事实是否真实存在。若付款人一主张收款人拒不返还不当得利，财付通就将收款人身份、住址等信息提供给付款人，付款人可能为了获取收款人信息而故意向收款人转账，导致收款人个人信息的泄露。因此，财付通可以通过建立相应的机制，对错误付款争议的真实性进行审查。

具体而言，财付通可以在现有的账号投诉机制中加入“错付汇款”这一投诉类型，付款人点击后可在投诉界面填写投诉原因，同时上传相应证据，包括错误汇款记录、双方聊天证据以及图片证据等。微信客服可以通过付款人上传的证据初步判断是否存在错误付款的争议，若认为付款人反映的情况属实，则微信客服应联系收款人。若收款人未向微信客服说明正当理由，而又拒不退还款项，财付通客服可以向付款人提供其身份信息，以便收款人提起诉讼。收款人若认为并不存在不当得利，会向财付通客服陈述理由，并提出相应的证据。此时是否发生错误汇款，可能涉及付款的原因行为，付款人、收款人之间协商、沟通不一定都在微信平台上进行，财付通并非司法机关，对微信平台外的证据并没有审查的能力，难以正确认定事实。因此，在这一情形下，相应的纠纷更适合由司法机关解决，财付通应提供收款人信息，以供付款人提起诉讼。

该审查机制可以使财付通判断错误付款的事实是否属实，从而决定是否向付款人提供收款人个人信息，大大降低了不当泄露用户信息的风险，一定程度上平衡了付款人的错误汇款损失与收款人的信息安全之间的冲突。但付款人获得收款人个人信息后，仍然需要向法院起诉，提起诉讼的时间成本和金钱成本可能高于其错误转账的金额，对于付款人而言仍是不经济的。

（四）财付通先行赔付

在大额支付中，付款人需要核验对方姓名，这一情形下若仍发生了错误付款，可认为付款人存在重大过失，应由其自行承担损失。在小额支付中，付款人无须进行核验，导致错误付款的风险上升。微信支付的快捷性正是其竞争优势之一，要在小额支付中贯彻这一优势，势必会导致付款人的谨慎程度下降，引发付款人的损失。财付通公司通过微信支付获取了商业利益，应当承担相应的风险，向错误付款人提供补偿，而后再向收款人求偿。具体而言，财付通公司可以利用上文的审查机制，经审查认定错误付款属实后，向付款人补偿相应的金额。这样一来，付款人得到救济的成本较低，仅需向财付通提出赔偿请求，无须通过各类途径获取收款人信息，更无须进入复杂、烦琐的司法程序。

虽仅在付款人未触发提醒机制时，财付通需对其进行补偿，但基于财付通广大的用户群体，累计补偿款可能并非小数目，向收款人提起求偿也需要耗费相应的成本，同时还存在着收款人无力清偿债务的风险，可能会对财付通造成一定的负担。但财付通作为支付服务的提供者，可以基于支付交易的数据，测算出错误付款发生的概率，从而将相应的成本通过手续费等方式分散到广大用户群体中。与之相比，付款人因不知悉收款人信息而不能提起诉讼，或收款人不能清偿债务，付款人需要承担相应的损失，而该损失无法被分散或转嫁。同时，若要求财付通先行赔付，会激励财付通不断完善大额转账提醒机制的算法，真正落实非实时到账的撤回机制，减少错误付款的发生概率。对于用户而言，财付通先行赔付也不会显著降低其注意水平，因为财付通是否对其进行赔付，需要经过审查机制的审核并耗费一定的时间，对付款人而言存在资金被占用的成本和审核不被通过的风险。

此外，财付通公司在补偿了付款人之后可向收款人求偿，避免了收款人与付款人相互勾结骗取补偿款情形的出现，能有效抑制道德风险。再者，财付通公司可以通过扣除收款人微信信用分数，从而限制其免交押金、免预充值、先使用后付费等权利，乃至限制其使用支付服务等方式促使收款人还款，从而更为便捷地解决纠纷，无须耗费司法资源。即使收款人仍拒不返还，相对于势单力薄的付款人，让财力雄厚的财付通公司承担提起诉讼的时间与金钱成本也更为公平。财付通拥有收款人信息，不存在难以满足起诉条件的问题，可直接向法院提起诉讼，也降低了泄露收款人个人信息的风险。财付通一旦胜诉，便能产生一定的社会效应，使拒不返还不当得利的收款人意识到其行为的法律后果，促使其他潜在的错误收款人主动返还错误汇款。

五、 结语

针对微信错误汇款下付款人可以寻求的救济途径这一问题，本文认为，付款人对收款人享有不当得利请求权。但如同在本文讨论的案例中，当付款人不掌握收款人姓名、联系方式、地址等个人信息时，难以通过向法院起诉的方式要求收款人返还不当得利。为获取收款人的身份信息，付款人可以要求财付通公司提供其收集的用户信息，也可以向公安机关报案，寻求其帮助。但前者缺乏合同上的明确依据，也存在用户个人隐私的不当泄露的法律风险；后者不在公安机关管辖权范围内，难以立案。因此，付款人在实践中往往难以获取收款人身份信息。

面对付款人权利无法得到救济的现实，财付通公司设置了以大额转账提醒和非实时到账为主的事前防范机制，意图降低错误汇款发生的概率，但现有机制皆存在一定的问题，无法有效防范错误付款的发生。财付通应当完善大额转账提醒机制的算法和非实时到账制度，赋予收款人更充足的撤回权。除此之外，财付通还可以建立更为低成本、高效率的解决机制，从而更为合理地在用户与财付通之间分配风险。可选择的方案主要包括建立严格的提醒核验机制、允许用户自行设置提醒金额、建立审查机制以及财付通先行对错误付款人进行赔付。同时，支付宝下支付转账的机制与财付通类似，也同样存在着错误付款人的权利难以得到救济的问题，因此本文的论证和建议同样适用于支付宝。

数字经济时代个性化定价的法律规制

——以利益平衡为视角

朱建海*

摘要：数字经济时代，大数据分析使得基于消费者“画像”的价格歧视即个性化定价得以实现。这种定价模式不仅可能带来消费者与经营者、经营者之间的利益冲突，还可能造成个体利益与公共利益间的冲突，导致理论界和实务界对该种定价模式存在较多质疑。鉴于个性化定价对消费者福利及社会总福利的“混合”影响，根据《中华人民共和国反垄断法》，个性化定价需逐案评估，不宜直接否定乃至事先禁止，而应将关注重点放在缓减消极后果和利益冲突上。在解决个性化定价涉及的利益冲突问题时，要脱离单维度规制路径，从宏观的法律制度选择和微观的规制措施建构两个层面构建一个系统性的利益平衡机制。

关键词：个性化定价　价格歧视　大数据杀熟　利益冲突　利益平衡

一、 问题的提出

近年来，日新月异的数字技术，让大数据不断融入经济价值创造过程，并持续重构经济社会形态及个人生活，成为数字经济时代的“黄金与石油”。主要依靠处理大量用户数据①的新商业模式在商业实践中逐渐成为主流。② 通过算法，平台可以处理数以万计条数据，构建消费者的个

---

* 朱建海，北京大学博士研究生。

① 需要说明的是，这里的用户数据除了传统的个人数据之外，如性别、年龄和教育水平，还包括购买历史、地理位置、访问网站历史以及搜索查询历史等其他数据，其他数据也是平台的重点收集部分。个人数据一方面可以直接从用户那里收集（即当后者登录平台时），另一方面也可以通过 Cookie 或从数据交易购买。See Miller, A. What do we worry about when we worry about price discrimination? The law and ethics of using personal information for pricing. 19 Journal of Technology Law and Policy 41 (2014), pp. 43 – 104。

② See Marco Botta1&Klaus Wiedemann, To discriminate or not to discriminate? Personalised pricing in online markets as exploitative abuse of dominance. 50 European Journal of Law and Economics 381 (2020), p. 382.

人档案。[1] 特别地，通过对消费者个人数据的挖掘，平台可以“连接”不同的信息，以便尽可能详细地形成用户“画像”，从而预测消费者的支付意愿，进而为不同的消费者设定不同的价格，形成个性化定价（Personalized pricing）。这种个性化定价在数字市场被视为一种新的商业实践，有其存在与发展的合理性，对消费者乃至数字市场既有积极影响，例如产生增加社会总需求、改善分配效率和促进竞争等一系列积极效应；也可能产生消极影响，例如侵犯消费者个人隐私，使之成为超级平台任意收割的“韭菜”；还可能进一步挤压市场其他经营者的价格空间，影响公平的市场竞争秩序。我国近年来在外卖配送、出行服务等平台频频爆出“大数据杀熟”现象[2]，引发公众广泛争议，某种程度上也说明了个性化定价的消极影响。鉴于个性化定价可能的消极影响，监管部门已经着手采取相关措施对其进行规制。

例如，我国国务院反垄断委员会于2021年2月7日颁布的《国务院反垄断委员会关于平台经济领域的反垄断指南》（以下简称《平台反垄断指南》）第十七条明确对“大数据杀熟”问题作出了规定，禁止平台经济领域经营者基于大数据和算法，根据交易相对人的支付能力、消费偏好、使用习惯等，实行差异性交易价格或者其他交易条件。市场监管总局于2021年7月2日颁布的《价格违法行为行政处罚规定（修订征求意见稿）》第十三条也规定了新业态中的价格违法行为，明确禁止电子商务平台经营者“利用大数据分析、算法等技术手段，根据消费者或者其他经营者的偏好、交易习惯等特征，基于成本或正当营销策略之外的因素，对同一商品或服务在同等交易条件下设置不同价格”。但同时，也有不少学者认为以“大数据杀熟”为代表的个性化定价本身并不违法，且有其存在的合理性，只是需要采用多元方法、多种法律对其进行必要的规制。如果一味地禁止个性化定价，反而是一种因噎废食的做法。[3] 追本溯源，关于个性化定价的争议可归因于其所带来的各种利益冲突。虽然目前学界对个性化定价的研究给予了较多关注，

---

① See OECD Secretariat.（2015）. Data – driven innovation. big data for growth and well – being. Report published on 6. 10. 2015. Retrieved May 1, 2021 from http：//www. oecd. org/sti/data – driven – innovation – 97892 64229358 – en. htm.

② 相关调查统计结果显示，56.92%的受访对象表示有过被“大数据杀熟”的经历，88.32%的受访对象认为“大数据杀熟”现象普遍或很普遍。2020年9月15日，央视财经频道更是直接点名在线旅游平台的“大数据杀熟”现象。2020年12月14日，美团被曝光“大数据杀熟”，登上热搜，引发舆论热议；同月18日，深陷“大数据杀熟”旋涡的美团股价下跌2.32%，市值蒸发近400亿港元。参见北京市消费者协会官网：《北京市消协发布“大数据杀熟”问题调查结果》，资料来源：http：//www. bj315. org/xxyw/xfxw/201907/t20190727_19494. shtml，2021年4月21日访问；新浪网：《央视点名在线旅游“大数据杀熟”：10月1日起明令禁止　客户可主张3倍赔偿》，资料来源：https：//tech. sina. com. cn/roll/2020 – 09 – 16/doc – iivhuipp4581744. shtml，2021年4月21日访问；证券时报网：《被疑“大数据杀熟”，美团再上热搜，市值蒸发400亿！新华网评：不顾吃相，要改!》，资料来源：https：//news. stcn. com/sd/202012/t20201218_2643854. html，2021年4月21日访问。

③ 参见喻玲、兰江华：《算法个性化定价的反垄断法规制：基于消费者细分的视角》，载《社会科学》2021年第1期。

并产生了一系列成果。国内相关研究侧重于从个性化定价的行为机制①、违法性②、规制制度③等方面展开，以顺应"痛打大数据杀熟""叫停算法价格歧视"等社会现实舆论的呼声。然而个性化定价的深层次利益冲突并未得到系统性解答，有必要从利益平衡角度予以理论方面的解疑释结。是以，如何反思规范个性化定价的必要性与具体场景，以修补既有相关研究与经济实践存在的割裂，在技术创新与保障个体利益乃至公共利益之间求得平衡，成为一个亟待解决的问题。

鉴于传统经济时代的价格歧视问题随着大数据算法技术的发展已进一步成为尖锐的时代课题，厘清个性化定价的法律性质、个性化定价的可能影响及其规制路径等问题具有重要的研究意义。因此，本文以利益平衡为研究视角，首先厘清个性化定价的法律性质及其双重效应，并以此为基础进一步阐明个性化定价可能带来的利益冲突及其影响，最后就如何解决这种利益冲突问题提出相应的建议，以期能裨补助益于个性化定价这一商业模式的良性发展，更好地维护和推动数字经济的发展。

二、个性化定价的法律性质及其双重效应

对于同一商品，消费者之间存在着不同的支付意愿。所谓个性化定价，就是经营者考虑到不同顾客的支付意愿存在现实差异，针对同一商品，进行差异化定价的策略。数字经济时代，为获得更多利润，经营者通过大数据算法驱动的定价模式来预测消费者支付意愿，进而为不同的消费者设定不同的价格，以实现个性化定价。传统经济时代，一级价格歧视更多存在于理论研究之中，但随着大数据及算法技术的发展，经营者得以借助个性化定价技术行为实现"千人千面千价格"的个性化定价策略，让一级价格歧视在现实中成为可能。④ 可以说，在大数据分析及算法运用常态化的数字经济背景下，个性化定价技术正让一级价格歧视逐渐由理论跃进现实，成为经营者的常规商业策略。在消费者眼中，经营者运用技术进行个性化定价无疑会损害消费者的合法权益，可能致使消费者知情权和公平交易权受到侵害，有悖公平诚信的基本原则。但在经济

① 相关论述详见乔榛、刘瑞峰：《大数据算法的价格歧视问题》，《社会科学研究》2020 年第 5 期；李丹：《算法歧视消费者：行为机制、损益界定与协同规制》，载《上海财经大学学报》2021 年第 2 期。

② 相关论述详见邹开亮、刘佳明：《"大数据杀熟"的法律规制困境与出路——仅从〈消费者权益保护法〉的角度考量》，载《价格理论与实践》2018 年第 8 期；李毅、李振利：《数字经济背景下对消费者实行个性化定价违法边界的研究》，载《社会科学》2020 年第 2 期；付丽霞：《大数据价格歧视行为之非法性认定研究：问题、争议与应对》，载《华中科技大学学报（社会科学版）》2020 年第 2 期。

③ 相关论述详见施春风：《定价算法在网络交易中的反垄断法规制》，载《河北法学》2018 年第 11 期；承上：《人工智能时代个性化定价行为的反垄断规制——从"大数据杀熟"展开》，载《中国流通经济》2020 年第 5 期；张恩典：《反算法歧视：理论反思与制度建构》，载《华中科技大学学报（社会科学版）》2020 年第 5 期；山茂峰、郑翔：《算法价格歧视反垄断规制的逻辑与进路》，载《价格理论与实践》2020 年第 5 期。

④ See Ariel Ezrachi & Maurice E. Stucke, The Rise of Behavioural Discrimination. 37 Eur Competition Law Review 485 (2016), pp. 485 - 492.

学家眼中，统一定价的时代已经过去[①]，个性化定价则是大势所趋[②]。就个性化定价的本质而言，个性化定价可以视作传统的价格歧视在数字市场应用的结果，无限接近一级价格歧视。

（一）个性化定价的法律性质

从经济学角度来看，个性化定价是价格歧视的一种混合表现，是市场主体行使自主定价权的结果，是市场正常运行的产物。按照庇古的思路，传统经济学理论一般把价格歧视（差别定价）分为三种类型。[③] 其中，三级价格歧视涉及商家对不同类型的消费者收取不同的价格。当商家还可以根据消费者购买量的不同，收取不同的价格时，发生二级价格歧视。最后，一级价格歧视意味着商家可以对每一单位商品都收取消费者愿意支付的最高价格，将消费者剩余全部收归己有。[④] 早期，一级价格歧视被认为事实上是不可能的：商家没有足够的信息来准确区分每个消费者的产品或服务价格。[⑤] 然而，正如 2015 年白宫的一份报告所发现的那样，大数据分析和算法计算能力的提高正在促进从二级/三级价格歧视向一级价格歧视的转变。[⑥] 虽然平台还无法充分"预测"消费者个人的支付意愿，但是借助大数据分析经营者可以将消费者细分为比以往更小的群体。这意味着现在更容易确定每个群体为特定产品付费的预期意愿，并相应地调整价格。[⑦] 可以说，虽然完美的个性化定价仍不现实，但大数据分析倾向于在数字市场出现不同形式的价格歧视。后者可以描述为上述不同程度的价格歧视的混合体，以及不同形式的个性化。

从法学角度来看，对于个性化定价的法律性质，当前我国学界并无统一看法，但总体而言，主要可归纳为以下两类。一是从个性化定价的客观特征出发，有学者认为，个性化定价是经营者为追求利益最大化，通过大数据手段，对消费者实时数据进行抓取、整理、挖掘后，对消费者差别定价，且这种差别定价不反映成本差别的价格歧视现象。[⑧] 可以说，个性化定价就是价格歧视在数字经济时代的一种新的表现形式，带有一定的垄断色彩。[⑨] 二是强调实施个性化定价经营者

---

① Shota Ichihashi, Online Privacy and Information Disclosure by Consumers, Retrieved May 12, 2021 from http://dx. doi. org/10. 2139/ssrn. 3112905.

② Julia Angwin, Dana Mattioli. Coming Soon: Toilet Paper Priced Like Airline Tickets, Retrieved May 12, 2021 from http://www. wsj. com/articles/SB10000872396390444914904577617333130724846.

③ Pigou A. The economics of welfare, fourth edition. London: Macmillan, 1920.

④ 参见（英）西蒙·毕晓普、迈克·沃克：《欧盟竞争法的经济学：概念、应用和测量》，董红霞译，人民出版社 2016 年版，第 262 页。

⑤ See Damien Geradin & Nicolas Petit, Price Discrimination under EC Competition Law: Another Antitrust Doctrine in Search of Limiting Principles, 2 Journal of Competition Law and Economics 479 (2006), pp. 479 – 531.

⑥ See White House. Big data and differential pricing. (2015), Retrieved May 30, 2021 from https://obamawhitehouse. archives. gov/sites/default/files/whitehouse_files/docs/Big_Data_Report_Nonembargo_v2. pdf.

⑦ See OECD Secretariat. Personalised pricing in the digital era. (2018), Retrieved May 30, 2021 from http://www. oecd. org/daf/competition/personalised – pricing – in – the – digit al – era. htm.

⑧ 参见高富平、王苑：《大数据何以"杀熟"?》，载《上海法治报》2018 年 5 月 16 日 B06 版。

⑨ 参见施春风：《定价算法在网络交易中的反垄断法律规制》，载《河北法学》2018 年第 11 期。

的主观目的，有学者将个性化定价定义为价格欺诈，即经营者基于大数据技术故意对消费者设置更高价格，使消费者在对商品或服务价格陷入误解的情况下作出购买选择，可能构成价格欺诈。① 对此应扩大理解消费者知情权，经营者应基于诚信原则要求，对消费者予以必要告知；否则，其价格歧视行为即构成消极价格欺诈。②

本文认为，从主客观相结合的角度看，个性化定价更宜被认定为算法价格歧视③，如果经营者具有市场支配地位，则可能够构成反垄断法上的价格歧视。具体而言，考察我国现行价格相关法律法规可知，《价格法》并未禁止经营者基于消费者个人数据和算法技术进行精准“画像”以实施差别定价的行为。如果经营者无价格欺诈的意思或行为，仅是简单地利用算法技术实施差别定价，形式上仍然符合“明码标价”的基本要求，则很难构成价格法意义上的价格欺诈④。而相比于价格欺诈对经营者主观故意的要求，不管是《价格法》还是《反垄断法》对价格歧视的主观要件并无要求⑤。虽然《反垄断法》将价格歧视行为的主体范围限缩到具有市场支配地位的经营者，但考虑到诸如美团、滴滴等头部平台经营者在各自行业领域相对于消费者或交易方企业，具有明显的相对优势地位，该类平台完全有能力利用这种优势地位实施价格歧视行为。如果能认定该类经营者具有市场支配地位，且其个性化定价行为对市场产生的消极效应大于积极效应，实质上损害了消费者利益和市场竞争，就可能构成反垄断法上的价格歧视，理当受到反垄断法的规制。但是，需要注意的是，反垄断法规制的是此类滥用市场支配地位的价格歧视行为，并非个性化定价模式本身。如果具有市场支配地位的经营者实施个性化定价，该行为没有侵害市场竞争秩序，那么就不属于滥用垄断地位行为。《平台反垄断指南》第十七条明确将基于大数据算法的个性化定价纳入《反垄断法》价格歧视的规制范畴，也是以平台经营者具有市场支配地位为先决条件。

---

① 参见朱程程：《“大数据杀熟”的违法性分析与法律规制探究——基于消费者权益保护视角的分析》，载《南方金融》2020 年第 4 期。

② 参见邹开亮：《“大数据杀熟”的法律定性及其规制——基于“算法”规制与消费者权益保护的二维视角》，载《金融经济》2020 年第 7 期。

③ 高重迎、施春风、李侠、承上等学者认为，经营者通过对消费者产生的数据进行收集、整理与挖掘，然后基于利润最大化的算法实行价格歧视，这就是“杀熟”现象（个性化定价）的本质所在。

④ 在个性化定价中，经营者已将商品或服务的价格清晰明了地呈现给消费者，履行了其公示价格的义务。经营者利用在线购物消费环境相对独立封闭这一特性，隐瞒了不同消费者之间所支付的价格差异，但这种行为很难谈得上违反了“明码标价”的义务，最多就是侵犯了消费者的知情权。

⑤ 我国《价格法》第十四条第五款规定，不得“提供相同商品或者服务，对具有同等交易条件的其他经营者实行价格歧视”。《反垄断法》第十七条第六款规定，“禁止具有市场支配地位的经营者从事下列滥用市场支配地位的行为：没有正当理由，对条件相同的交易相对人在交易价格等交易条件上实行差别待遇。”这两条都是行为禁止，对主观要件并无要求。

（二）个性化定价的双重效应

从表面上看，以追逐消费者支付意愿为定价核心的个性化定价无限接近一级价格歧视。而价格歧视一词本身多带贬义色彩，容易让人对其产生不公平、不合理的消极否定态度。但从利益平衡的视角看，个性化定价事实上是经营者的定价策略，是中性的，有其存在与发展的合理性。对消费者乃至数字市场既有积极影响，也可能产生消极影响。

1. 个性化定价的积极效应。个性化定价作为一种常见的定价策略，其满足了不同消费者需求的多样性，在一定程度上节省了消费者的信息获取成本，对消费者利益乃至社会公共利益具有一定的积极效应。总的来说，个性化定价可能带来以下三个方面的积极效应。

一是增进社会总需求，扩大产出。在统一定价情形下，由于经营者收取的价格较高，导致一部分有购买产品需求的消费者不再购买，这些流失的交易收益构成了垄断的无谓损失。而通过个性化定价，经营者可以为这部分消费者设置具有吸引力的价格以达成交易，进而消除无谓损失，增进社会总需求。总需求的增长将进一步扩大社会产出，促进社会经济发展。当然，这种促进效果不可能是无止境的，随着经营者对消费者群体进行不断的细分，产出增长的潜力最终将受限于消费者总体数量。① 是以，如果个性化定价不是完美的②，其在一定程度上是有利于消费者的。

二是提高分配效率，实现分配正义。正如前文所述，经营者凭借大数据算法技术对个体消费者基于其支付意愿进行个性化定价。在这种情形下，每个消费者的购买需求都可按照其保留支付意愿得到满足。反之，在统一定价情形下，那些支付意愿较低的消费者的需求可能就得不到满足，导致社会产量减少，并进一步破坏分配效率。由此观点可知，个性化定价从整体上有助于提高分配效率，使不同层次支付意愿的消费者需求均能得到满足。当然，这种情况下分配效率的提高也间接产生了“富人被索取高价，穷人享受低价”的局面，导致前者的福利更差。但是，考虑到不同消费者贫富差距的现实，看似公平的统一定价实质上会加重穷人的负担，并进一步扩大贫富差距③。相比之下，以“满足不同层次支付意愿”为经营逻辑的个性化定价却能够减少贫富差距的不平等，赋予消费者事实上的实质性平等。

三是降低进入门槛，促进竞争。只要拥有用户数据和算法，经营者即可大幅节约定价成本，

---

① 参见喻玲、兰江华：《算法个性化定价的反垄断法规制：基于消费者细分的视角》，载《社会科学》2021年第1期。

② 考虑到经营者掌握消费者个人数据的有限性和大数据算法技术的局限性，算法定价无法充分“预测”消费者个人的支付意愿，实现完美的个性化定价即一级价格歧视。

③ 如同一件商品，卖1000元对富人和穷人来说是相同的形式成本，但实质成本（又称替代成本，即人们为了支付这个价格必须放弃的所有其他东西）却完全不同。就替代成本而言，统一价格对社会中的穷人比对富人更昂贵。

获得进入新市场所需的定价策略。换言之，个性化定价能帮助市场新进入者快速了解市场定价方式，方便其进入。同时，当经营者可以实施个性化定价时，意味着其可以识别不同消费者的支付意愿，经营者可以设定更低的价格以吸引消费者；当竞争对手也采取相同策略时，个性化定价将导致整个行业价格降低。① 从此意义上来说，个性化定价有助于降低整体价格，导致更激烈的竞争。

2. 个性化定价的消极效应。个性化定价可能产生的消极效应主要体现在以下两个方面。

一是直接损害消费者利益。经营者实施个性化定价，最直观的可能损害后果就是对消费者收取高价，造成消费者利益的直接损失。例如，在统一定价情形下，某一商品定价 100 元，高支付意愿消费者的保留价格为 120 元，经营者通过个性化定价对这一部分消费者定价 115 元，那么高支付意愿消费者直接损失 15 元。质言之，经营者利用个性化定价导致部分消费者被迫支付更高的价格，从而直接损害消费者利益。同时，个性化定价可能会进一步引发消费者对在线市场定价机制的信任问题，而这将会导致搜索成本增加、市场运行效率降低。② 此外，经营者欲实施个性化定价，必然涉及对大量消费者个人信息的收集和挖掘，在这个过程中，可能侵犯消费者的隐私权。而个性化定价基于大数据分析和定价算法对消费者支付意愿作出预测，也可能导致歧视性、偏见性的预测结果。③

二是损害竞争对手，影响竞争秩序。如前文所述，虽然个性化定价可能促进竞争，但是个性化定价也可能有助于经营者增强其市场力量，从而抑制竞争。一方面，具有市场支配地位的经营者可以利用个性化定价直接损害竞争对手，例如对潜在消费者提供低价，从而排挤竞争对手。另一方面，假如经营者不具有市场支配地位，但是相比其他经营者，其具有大数据优势地位，这本身就会形成市场进入门槛。当企业普遍采取个性化定价时，因为其他潜在竞争对手囿于缺乏数据和技术支撑，不能进行个性化定价，那么这就使得市场可能会集中于大数据优势的经营者，有助于经营者将数据优势转化为竞争优势。这种市场力量的集中也可能不利于公平的市场竞争秩序。

三、 核心要义： 个性化定价的利益冲突

个性化定价涉及消费者、经营者及其竞争对手三方利益主体，这些主体各自身处不同环节，

---

① See Corts, Third - Degree Price Discrimination in Oligopoly: Al - Out Competition and Strategic Commitment, 29 Rand Journal of Economics 306 (1988), pp. 306 - 323.

② See T. Miettinen&R. Stenbacka, Personalized Pricing Versus History - based Pricing: Implications for Privacy Policy, 33 Information Economics and Policy 56 (2015), pp. 56 - 68.

③ See B. Mittelstadt, P. Allo, M. Taddeo, et al.. The Ethics of Algorithms: Mapping the Debate. Big Data & Society, 2016, pp. 1 - 2.

具有不同的利益诉求，客观上必然会产生利益冲突。事实上，从某种程度而言，围绕个性化定价的广泛争议或质疑，也可归因于其所带来的种种利益冲突。

（一）市场主体之间的利益冲突

1. 消费者与经营者之间的利益冲突。从个性化定价的外观来看，其潜在的最直观利益冲突就是经营者利益和消费者利益之间的冲突。基于经济利益的考量，经营者与消费者之间存在天然的利益矛盾——经营者往往希望能够更好地实现其商品的经济利益，获得最大化的经济回报；相反，花费最小的代价获取商品则是消费者最理想的选择，如此双方的利益追求冲突在所难免。虽然双方之间存在天然的信息不对称问题，但是传统工业经济时代，经营者并没有足够的信息来准确区分每个消费者的产品或服务价格，只能通过统一定价来满足大多数消费者的需求。因此经营者在追求市场利益的同时保留了一定的消费者剩余，经营者市场利益与消费者利益之间得以共存。而在数字经济时代，基于经营者的数据优势与技术优势，经营者与消费者之间的信息不对称问题被无限放大。经营者利用大数据算法技术对消费者进行个性化定价，一定程度上可以实现“千人千面千价格”，在满足消费者需求的同时使消费者剩余最大限度向经营者转移，实现其市场利益最大化[①]。尽管通过个性化定价能够提升交易数量，增进社会总福利。但是也有学者指出，这部分增加的福利将以利润的形式流向经营者，而支付意愿较高的消费者原本在统一定价下可享有的消费者剩余不复存在，消费者整体受到损害。[②] 简言之，个性化定价直接导致了经营者和消费者之间严重的利益冲突，具体表现在经营者市场利益和消费者剩余利益之间的冲突。

此外，为实现个性化定价，经营者必然要大量收集和挖掘消费者个人信息。在这个过程中，也会带来经营者的大数据算法自主决策权与消费者的隐私权、个人信息价值挖掘与个人主体信息自决权等基本权利之间的冲突问题。同时，经营者的个性化定价自主定价权还可能与消费者知情权、公平交易权产生冲突。

2. 经营者之间的利益冲突。虽然不同经营者其经营策略及运作方式可能略有不同，但是争夺更多消费者以促成更多交易，扩大自身竞争优势是各经营者的主要争点所在。因此，数字经济时代，各经营者之间的利益冲突主要表现在对消费者（用户）的争夺上。理论上来讲，在争夺的过程中，各经营者之间虽然存在利益冲突，但正如前文所述，个性化定价一定程度上也有助于增加提供特定产品经营者的数量，导致更激烈的竞争。因此，这种个性化定价所带来的利益冲突

① 例如，对忠诚消费者收取高价来获取高额利润，对部分潜在消费者收取相对低廉的价格来获取最大销量，实现市场利益，而被大数据算法判断为“忠诚”等级的消费者却因此而付出高价。

② See Ramsi Woodcock, Personalized Pricing as Monopolization, 51 Connecticut Law Review 311 (2019), pp. 311 – 373.

可能不仅不会导致不良后果，反而有助于消费者自主选择能够提供更低定价的交易主体，有助于刺激市场的竞争，最终有助于数字经济的发展、有助于消费者福利的提升。然而，在不同经营者市场力量不同的影响下，各经营者之间的利益冲突也可能产生消极影响——产生排斥竞争对手的效果，进而破坏市场的公平竞争秩序。例如，对于某一在线旅游产品，高支付意愿的消费者可以接受最高3000元的价格，而低支付意愿的消费者只可以接受最高2000元的价格。如果存在一个具有垄断地位的在线旅游平台可以实施个性化定价，那么其就可以在保障高支付意愿的消费者黏性情况下吸引到更多低支付意愿的消费者，原本那些在统一定价下可能流失的低支付意愿消费者就不会流失①，产生排斥潜在竞争对手的效果。同理，假如该在线旅游平台不具有市场支配地位，但是相比其他经营者，其具有数据优势地位，能够利用大数据技术对消费者进行个性化定价，而其他潜在竞争对手囿于缺乏数据和技术支撑，不能进行个性化定价，那么这就使得拥有数据优势的经营者可以将其转化为竞争优势，同时也加重了其他经营者进入该市场的壁垒，从而排斥其他经营者的竞争，引发“第一线损害”② 的效果。

在“贫者愈贫，富者愈富”的马太效应影响下，这种排他效果在数字市场中愈发显著。具有市场垄断地位的经营者能够获取更多信息，从而形成数据优势而更好地进行差别定价，无形之中形成了新的市场壁垒，加大了其他经营者进入相关市场的困难，甚至无法进入。而“数字市场竞争的正向网络效应和特殊的用户归属策略会进一步提高消费者的转换成本”③，对消费者产生锁定效果，进而加重其他经营者的进入障碍。

（二）个体与公共之间的利益冲突

就直观而言，个性化定价涉及的利益冲突一般表现为个体利益间的冲突，但从深层次矛盾来看，这种个体利益冲突实际上反映了个体利益与公共利益的冲突。有研究表明，当经营者实施个性化定价时，消费者剩余和社会福利既可能同时增加，也可能同时减少，还有可能使消费者剩余减少，而社会福利增加。④ 因此，个性化定价涉及个体利益与公共利益的冲突主要体现在以下

---

① 因为如果禁止对消费者采取个性化定价策略，那么经营者要么对两类消费者均以2000元的价格销售，要么就定价3000元，但只有高支付意愿消费者会买。此时，如果经营者统一定价的利润最大化价格是3000元，则其针对不同消费者实施的个性化定价就会产生排斥竞争对手的效果。因为在原本统一定价的情况下，经营者为实现利润最大化定价3000元，那么只愿意付2000元的消费者会找其他经营者购买。而如果垄断者可以进行个性化定价，那么这些支付意愿低的消费者就不会流失，潜在的市场进入者也会由于缺乏足够的激励而被排除在市场之外。

② 价格歧视的买方之间的竞争关系称为第二线竞争，卖方之间的竞争关系称为第一线竞争，所以相应的损害分别称为第二线损害、第一线损害。第二线损害、第一线损害是价格歧视反垄断评价的专有名词。

③ 周围：《人工智能时代个性化定价算法的反垄断法规制》，载《武汉大学学报（哲学社会科学版）》2021年第1期。

④ See Dirk Bergemann & Benjamin Brooks & Stephen Morris, The Limits of Price Discrimination, 105 American Economic Review 921 (2015), pp. 921 – 957.

两点。

其一是部分受歧视消费者的利益与社会整体利益之间的冲突。例如，某一商品原本统一定价为1500元，高支付意愿消费者群体的保留价格为2000元，低支付意愿消费者群体的保留价格为1000元。此时，如果经营者实施个性化定价对前者定价2000元，对后者定价1000元，那么每个消费者都可以其支付意愿的保留价格购得其所需产品，社会产量增加，配置效率提高，社会总福利增加[①]。但是对于在原本统一定价下可以以1500元购得商品的高支付意愿消费者而言，其多付出了500元的利益。是以，在个性化定价情形下，支付意愿较低的消费者（常常是贫困群体）福利可能更好，而那些支付资源较高的消费者福利则可能会更差，造成后者的利益与社会总福利之间的冲突。[②]

其二是经营者的市场利益与消费者公众利益乃至促进数字经济发展的社会整体公共利益的冲突。例如，某一商品原本统一定价为30元，高支付意愿消费者群体的保留价格为40元，低支付意愿消费者群体的保留价格为35元。此时，如果经营者实施个性化定价对前者定价40元，对后者定价35元，那么消费者剩余严重减损。因为在此情形下，相比于统一定价，个性化定价只是将消费者剩余以利润的形式全部流向经营者，消费者整体利益受到损害。[③] 但是，经营者利润的增加不意味着社会总福利的增加。相反，因为消费者整体利益受到损害，个性化定价反而可能导致消费者普遍失去对经营者的信任，对社会经济产生不利影响，[④] 甚至阻碍数字经济的良性发展。

四、 个性化定价法律规制的平衡进路

针对数字经济的规制，应该把握好个性化服务带来的经济福利增加和消费者剩余保护之间的平衡问题。[⑤] 承上所述，个性化定价的利益冲突，意味着其可能产生一定的消极影响，有必要进行规制，但这并不说明要否定乃至禁止个性化定价。这是因为尽管个性化定价可能带来一些消极影响，但是与此同时，个性化定价也具有许多积极效应，有其存在的合理性与必要性。故对待数字经济时代的个性化定价，关键是要关注如何更好发挥其积极效应，预防和缓解其消极影响，妥善化解经营者与消费者，经营者之间以及个体与社会公共之间的矛盾，实现个性化定价的多方利益平衡。总体上，现有针对以“大数据杀熟”为代表的个性化定价的法律规制往往出现

---

① H. R. Varian, Intermediate Microeconomics: A Modern Approach, New York: W. W. Norton & Company, 2006.

② 参见喻玲：《算法消费者价格歧视反垄断法属性的误读及辨明》，载《法学》2020年第9期。

③ See Ramsi Woodcock, Personalized Pricing as Monopolization, 51 Connecticut Law Review 311 (2019), pp. 311 – 373.

④ See UK OFT, Online Targeting of Advertising and Prices: A Market Study, OFT1231, 2010, pp. 32 – 33.

⑤ 参见李建培、廉涛、张晚烛：《差别定价院最新研究进展及政策启示》，载《管理学刊》2021年第2期。

“打地鼠式”的规制困境，缺乏系统性的协同规制。对此，应秉持包容审慎的规制理念，注重保护创新，在遵循现有法律框架前提下，通过法律的调整适用，辅以多元化的监管措施，构建一个系统性的利益平衡机制，使得个性化定价模式中不同主体之间的利益冲突得以消弭，重新达成一个平衡状态。

（一）制度选择：现有法律制度的调适

有学者指出，“价格歧视本质上是一种基于垄断地位实施的限制竞争行为，因此各国和有关国际组织在对价格歧视的立法规制上都采用将其置于反垄断法或限制竞争法的立法体例”①。通过考察我国现行关于价格歧视的法律规定可知，除了《价格法》将价格歧视作为经营者不当价格行为之一作一般性规定外，其他立法以价格歧视排除与限制竞争、侵害竞争秩序为基点，不是泛泛地将经济意义上的价格歧视全部作为规制对象。如果经营者不具有垄断地位而实施了价格歧视，其最多属于价格法上价格歧视而不属于竞争法意义上的价格歧视。对此，应区分垄断和非垄断不同状态下的个性化定价，进行不同的处理。

1. 垄断状态下反垄断法的适当介入。承上所述，只有当经营者具有垄断地位时，其实施的个性化定价行为才可能由经济学意义上的价格歧视转化为反垄断法意义上的价格歧视。在此情形下，个性化定价涉及的利益冲突部分会体现在个性化定价实施者的限制竞争行为。申言之，保护市场公平竞争是反垄断法的立法目的之一，而经营者实施限制竞争行为以谋取垄断利益势必会影响市场竞争秩序，可能会损害市场公共利益。倘若此消极影响逾越了法律的界限，那么就需要反垄断法予以介入，以对数字经济领域的个性化定价行为施以必要规制，进而平衡好经营者的个体利益与市场公共利益。当然，反垄断法本身并不禁止个性化定价行为，反垄断法的介入须是在个性化定价涉及的利益冲突产生反竞争效果时，以事后救济的方法来促使各方利益恢复至平衡状态。

总体上，就当前引起社会广泛热议的“美团杀熟”等事件来看，要判定相关事件是否违反反垄断法存在较大困难，特别是应如何认定相关当事人是否存在市场支配地位。而这也解释了为什么实践中“大数据杀熟”的例子很多，但司法、执法案例一个也没有。针对垄断状态下个性化定价可能带来的反竞争效果，反垄断法的介入应当始终秉承适度规制、审慎规制的基本原则，确保在经营者的垄断利益与促进公共竞争的公共利益可能或已经发生冲突时介入，以防止对于公平竞争利益的过度保护反过来侵害经营者的合法垄断利益，破坏个性化定价模式本身的利益均衡状态。这就要求在适用反垄断法规制个性化定价时需要充分考量数字经济领域的特殊性，如数字市场中市场份额的计算、数据的使用方式对市场支配地位的影响、技术工具对市场支配地位的影响等，以便更科学地认定经营者的市场支配地位。当然，通过反垄断法路径化解个性

---

① 郭宗杰：《价格歧视立法问题研究》，载《暨南学报（哲学社会科学）》2003 年第 5 期。

化定价中的利益冲突问题，如何解决数字经济领域的相关市场边界模糊、市场支配地位认定难等困境，仍需进一步思考。不过，这并不意味着面对个性化定价，反垄断法需要畏首畏尾、投鼠忌器。在相关利益平衡机制尚不完善的情况下，反垄断法更应确保及时、有效发挥作用，才能真正平衡个性化定价模式中各方主体利益，避免该定价模式产生消极影响。总之，考虑到个性化定价的两面性，动用反垄断法规制个性化定价仍须遵循《反垄断法》的基本分析框架，以经济效果为依据，坚持竞争导向、立足个案事实、结合经济分析、开放福利选项，以包容审慎的态度维护自由公平的市场竞争秩序。

2. 非垄断状态下法律的调整适用。依据我国现行《反垄断法》，如果经营者不具有垄断地位而实施了个性化定价行为，那么该行为就无法落入反垄断法规制范畴。在此情形下，对于个性化定价利益冲突产生的不良后果，更多地应从经营者利用大数据技术手段实施的价格违法行为方面进行规制。如前文所述，个性化定价的实现有两个基本要求：一是获取分析消费者的个人数据；二是差别定价。

首先，对于消费者个人数据获取和利用的规制，可以《个人信息保护法》中的个人信息处理规则为依托，对个性化定价的利益冲突进行协调。就个性化定价而言，其核心是对数据的收集和利用，在这一过程中可能引发诸如前文所述的侵犯消费者个人隐私权、个人主体信息自决权等利益冲突。对此，应切实规范个人信息收集、处理、利用活动，用法律武器切实保障好公民个人信息，促进个人信息合理利用。虽然我国《个人信息保护法》明确规定了处理个人信息应当具有“明确、合理目的”的必要原则，但“明确、合理目的”等应如何理解，还需以利益平衡为理念进一步细化落实，避免在强调对消费者个人信息保护的同时，扼杀了经营者的创新空间。这是因为外部干预对市场虽有吹糠见米之成效，但却也可能带来非即时性的不良后果。如果不赋予经营者适当的创新空间，个性化定价行为极易被误判，其有可能带来的好处会为社会所忽略。是以，在适用个人信息保护法时，不能僵化不变，而应结合情势变化灵活发挥作用，辨明个性化定价对经济生活的具体影响，为经营者处理和利用个人信息留下适当空间，平衡好信息共享与隐私保护、个人信息价值挖掘与个人主体信息自决权等之间的利益冲突。协调好信息流通与保护的关系，使技术进步真正带来社会福祉。

其次，对于差别定价，鉴于差别定价是经营者一种常见的价格策略，符合市场规律，是经营者利益和消费者利益的博弈结果。从经济利益角度出发，经营者与消费者之间存在天然的利益矛盾，因此如何平衡二者的利益冲突向来是消费者保护的中心话题。而《消费者权益保护法》和《电子商务法》可以说是为平衡经营者利益与消费者利益而作出的制度安排，意在规范经营者经营行为和推进消费者保护之间达成一个平衡状态。为实现这一目标，《消费者权益保护法》主要选择了基于保护弱势消费者之需求赋予消费者适当权利的方式，而《电子商务法》则出于规范电子商务行为的考虑选择了对经营者施加一定义务的方式。这些制度设计一定程度上促进和维护了消费者与经营者之间的利益平衡，也在一定程度上有效遏制了经营者损害消费者利益的现象。不过总体而言，这些制度设计目前并不能防止和消除个性化定价的消极影响，这也意味着可能需要对消费者和经营者的权利义务边界进行调整，以在各方之间实现理想的利益平衡。

对此，一方面，或许可以通过对《消费者权益保护法》第十条规定的“价格合理”施以合理的立法或司法解释，激活“公平交易权”，规范有失公平、有违诚实信用的“大数据杀熟”乱象，以缓和消费者与经营者之间的利益冲突，防止个体利益冲突结出“恶之果”。另一方面，鉴于我国《电子商务法》本就是应运而生的法律，顺应了数字经济的新特点与诉求，较好地对数字经济灵动性风险作出了有效回应，特别是该法第十八条第一款的“定制搜索结果”直接与个性化精准服务相关。对此，是否可以通过对《电子商务法》第十八条第一款规定的“定制搜索结果”施以合理的法律解释，将价格明确纳入定制搜索结果①，以消释其适用的模糊性与不确定性问题。激活消费者的“知情权”，以更好满足保护消费者合法权益之立法目的。② 当然，为实现利益平衡之目的，我国不管是在对消费者的公平交易权还是消费者的“定制搜索结果”作出解释时，都应充分权衡相关利益主体的不同诉求，并在此基础上达成充分的利益博弈。

当然，关于非垄断状态下个性化定价法律的调整适用的讨论同样也适用于垄断状态下个性化定价的法律规制，只是处于垄断状态下的个性化定价可能违反反垄断法，需要反垄断法的特别介入，与一般法律适用处于竞合关系。

（二）措施建构：多元平衡措施的协同规制

通过立法规制个性化定价固然重要，但科技是不断进步发展的，立法不可能时刻反映技术变化，便出现了立法的滞后性，这是不可避免的。囿于立法的滞后性，相比于立法改进的烦琐和巨大成本，采用监管性的措施更具灵活性和及时性。

1. 个性化定价之信息平衡，解决“数字鸿沟”问题。个性化定价的高技术性和不透明使经营者与消费者乃至监管者之间形成了“数字鸿沟”。因此，个性化定价规制的一个重要手段就是提高个性化定价决策的透明度，让政府和社会公众对算法决策行为进行有效监督，以矫正个性化定价自动化决策过程中出现的信息失衡。

第一，加强算法审查与算法透明。算法决定了经营者动态定价的决策结果，为避免在算法训练和运行过程中产生歧视性后果，经营者有必要以公平性为标准进行算法审查。对此，我国可以

---

① 一般而言，经营者应消费者请求向其提供的搜索结果往往包含对商品或服务的相关描述，包括但不仅限于商品的质量和大小、服务的时长与种类，等等，而价格作为消费者考量的重要因素也应涵盖在其中。参见付丽霞：《大数据价格歧视行为之非法性认定研究：问题、争议与应对》，载《华中科技大学学报（社会科学版）》2020 年第 2 期。

② 参见葛江虬：《解释论视角下〈电子商务法〉定制搜索结果　条款的规范目的及限制适用》，载《法律科学（西北政法大学学报）》2021 年第 3 期。

借鉴域外相关制度经验①，要求经营者可以自行或者聘请第三方机构进行算法审查，具体审查范围上兼顾对算法本身及对应数据集②，以预防算法歧视。此外，鉴于算法的技术性和复杂性，还应明确算法有限度的公开，包括大数据算法采集的具体信息和运算规则，实现对算法监管透明化。需要指出的是，这里强调的有限度的公开是指仅对监管机关公开，以消除监管者信息的不对称。尽管有学者提出，针对个性化定价，应增加大数据算法对消费者的透明度。③ 但是考虑到大数据算法的技术性和复杂性，消费者很难识别出纷繁复杂的算法结果，而且大多数算法作为经营者的商业秘密，并不适宜对外公开。④ 当监管机构要求经营者公开其算法时，监管机构应采取严格的保密措施，确保相关算法的公开对象仅限于监管者，把握好算法“透明”与“不透明”之间的平衡，以在公共利益保护与商业秘密利益乃至科技创新之间达成平衡。

第二，提高个性化定价透明度。从实践来看，个性化定价早已存在于保险、航空等行业，以三级价格歧视形式惠及弱势消费者类别，并已被“受歧视”消费者普遍接受。⑤ 尽管如前文所述，早期卖方没有足够的信息来把握每个消费者的产品或服务保留价格，只能将消费者细分为不同的群体，但实质上这种差别定价与个性化定价是近似相同的。有所区别的是，对于早期这些领域的“价格歧视”，消费者并未强烈反对是因为他们知道歧视的原因，这被认为是社会可以接受的。相比之下，在数字市场中，消费者可能不知道个性化定价考虑的参数，即使收取的价格实际上可能使消费者的福利最大化。如果消费者至少在某种程度上参与了价格制定机制，他们更可能接受各种形式的价格歧视。⑥ 换言之，消费者本身并不反对价格歧视，他们不喜欢的是价格设定机制缺乏透明度，而个性化定价则缺乏透明度。对此，出于平衡“数字鸿沟”的考虑，经营者在实施个性化定价策略时，应提示消费者其所提供的价格是个性化的，公开其定价的规则，

---

① 例如美国计算机协会发布的《关于算法透明性与可责性的声明》即主张建立算法可审计原则，由第三方独立机构对算法进行预先审查，要求从事算法活动的企业必须如实记载算法模型、基础数据和决策环节，便于第三方机构审查。See ACM US Public Policy Council, Statement on Algorithmic Transparency and Accountability, 12 January 2017, Retrieved May 30, 2021 from https: //www. acm. org/binaries/content/assets/public - policy/2017_usacm_statement_algorithms. pdf.

② 参见李成：《人工智能歧视的法律治理》，载《中国法学》2021 年第 2 期。

③ 参见郑智航、徐昭曦：《大数据时代算法歧视的法律规制与司法审查——以美国法律实践为例》，载《比较法研究》2019 年第 4 期。

④ 参见朱建海：《“大数据杀熟”的法律规制困境及其破解路径》，载《重庆邮电大学学报（社会科学版）》2021 年第 1 期。

⑤ See Marco Botta1&Klaus Wiedemann, To discriminate or not to discriminate? Personalised pricing in online markets as exploitative abuse of dominance, 50 European Journal of Law and Economics 381 (2020), p. 388.

⑥ See TJ Richards, J Liaukonyte & NA Streletskaya, Personalized pricing and price fairness, 44 International Journal of Industrial Organization 138 (2016), pp. 138 - 153.

并对主要的定价参数进行说明，且消费者应该能够在个性化定价和非个性化定价之间进行选择。① 监管机构也可以要求实施个性化定价的经营者进行合理性说明，具体方式上可采取约谈或者出台相关文件的形式，以提高消费者议价能力和市场参与度。

2. 个性化定价之行为救济，避免权利失衡格局。如前文所述，个性化定价的利益冲突可能对消费者产生消极影响，而这种不良影响之所以会发生，实质上是经营者滥用权利所导致的经营者权利与消费者权利之间出现失衡，对消费者权利造成侵害。对此，可以考虑通过以下两种措施矫正经营者与消费者之间的权利失衡格局。

第一，规范数据收集和利用，防止经营者权利滥用。如前文所述，个性化定价的核心机制通过收集大量用户数据，借助数据分析技术区分其客户。对于数据的收集和利用，虽然我国法律明确要求必须经过授权，但是囿于“隐私悖论”② 和经营者“同意或退出”式强制性做法，实践中消费者对经营者所给予的授权选项往往是予以接受的。这种做法最直观的法律风险就是可能造成消费者的个人数据被经营者不当收集，经营者的数据自主挖掘权与消费者隐私权、知情权产生冲突。对此，为更好平衡经营者的数据收集和利用行为可能带来的利益冲突，监管机构应对经营者予以必要的引导和教育，特别是对于个性化定价，应督促经营者采用更为明显的方式告知消费者数据收集情况，更好保障消费者的知情权。以期能够取得消费者普遍的理解和信任，促进大数据市场的良性发展。此外，考虑到通过数据融合，经营者即使是访问匿名数据也可能足以实施个性化策略，推断“少量”客户群的预订价格，并使用此信息来区分其客户。③ 因此，欲更为有效地对数据收集和利用进行规范，监管机构还应进一步权衡数据的最终使用效果，而不是简单地仅将数据类型作为考量因素。

第二，完善消费者选择退出机制，以维护消费者的自主权和独立性。承上所述，经营者在进行个性化定价时，应向受个性化定价策略影响的消费者进行明确的、有意义的、突出的提示，消费者“选择进入”。当然，仅强调经营者的透明度义务可能还不够，为避免经营者因消费者“不知情同意”授权而永久获益，经营者还需提供“选择退出”的选项——若消费者在此过程中认为受到不公平歧视，可以随时选择退出个性化定价，要求经营者提供不针对其个人特征的选项。④ 换言之，消费者不仅有权在受到某种形式的价格歧视时被告知，而且，如果愿意，他们也

① See Oren Bar - Gill, Algorithmic Price Discrimination When Demand Is a Function of Both Preferences and (Mis) perceptions, 86 University of Chicago Law Review 217 (2019), pp. 217 - 254.

② “隐私悖论”指的是尽管人们高度关注隐私，大多数人还是愿意用他们的个人信息来换取可感知的利益。See Spyros Kokolakis, “Privacy At titudes and Privacy Behaviour: A Review of Current Research on the Privacy Paradox Phenomenon”, Computers and Security, 2017, 64 (C), pp. 122 - 134.

③ Paul Ohm, “Broken Promises of Privacy: Responding to The Surprising Failure of Anonymization”, UCLA Law Review, 2010, 57 (6), pp. 1701 - 1778.

④ 参见李丹:《算法歧视消费者：行为机制、损益界定与协同规制》,《上海财经大学学报》2021 年第 2 期。

有权得到统一定价。这样的权利不会暗示消费者总是可以以非个性化的价格购买。这只是意味着，如果经营者希望向按下“退出按钮”的消费者提供要约，那么它就必须是非个性化的价格要约。单击“退出”按钮将向经营者发送信号，邀请他们提出这样的报价。经营者有兴趣收到这样的通知，因为这是有价值的反馈。总之，完善消费者选择退出机制，可以督促经营者在个性化定价的每个环节都注重合理、合法使用个人数据，主动避免个性化定价消极影响的发生，也可以使消费者从其首选经营者提供的更具吸引力的非个性化报价中受益，更好平衡消费者与经营者之间的利益。

五、 结语

关于数字革命及其如何影响人类生活的讨论通常落入两个极端之一。乌托邦极端主义描绘了光明的未来，其中个人将摆脱模拟世界的许多无意义的琐事，从而将时间花在生活中比起更换洗涤剂更重要的事情上。反乌托邦的视线进入另一个层面，呈现出一个黑暗的未来，其中个体由一些超级强大的平台企业进行远程控制。本文的目的是在讨论个性化定价时避免这两个极端。毫无疑问，个性化定价所带来的利益冲突，意味着其可能产生一些消极影响，损害消费者福利及社会利益，但这并不是说要一味地禁止个性化定价。对此，应以利益平衡为理念，妥善化解围绕个性化定价所产生的利益冲突，发挥其积极效应，减少其消极影响，在技术进步与个体利益及公共利益之间寻找一个平衡点。

为达此目的，要脱离单维度规制路径，鼓励规制的多元共治，从宏观法律制度的调适和微观监管措施的协同两个层面构建一个系统性的利益平衡机制。具言之，一是可以从《消费者权益保护法》《电子商务法》《反垄断法》《个人信息保护法》四个方面，结合情势变化予以适当调适，对个性化定价进行利益平衡。二是以更具灵活性的监管措施实现对个性化定价的协同治理，从加强算法审计与算法透明、提高个性化定价透明度、规范数据收集和利用、赋予消费者退出选择权四个方面对个性化定价予以必要引导和规范，在推动数字经济更好发展的同时维护消费者基本权益和社会公共利益，更好地让技术赋能经济，造福社会。

保险业个人信息保护的价值衡量与规范路径

——以《个人信息保护法》为背景

■ 田宇申*

摘要：我国《个人信息保护法》出台后，确立了个人信息保护的一般规则。保险业具有公共属性，其大数法则等保险技术及内含的权义规则可能会导致个人信息保护通用规则适用的困境，需要通过保险业规章进行更加针对化的设计。其一，严格解释保险个人信息中敏感信息的外延，尤其将金融信息和健康信息进行分类处理。其二，细化个人信息匿名化处理规则，以兼容保险精算的非识别性和准确性。其三，严格限制知情同意豁免情形在保险业的适用。其四，将个人信息处理告知义务融入保险说明义务。其五，将自动化决策中的算法解释权进行细化明确。

关键词：个人信息保护　敏感个人信息　知情同意原则　如实告知义务　保险说明义务

一、 引言

《个人信息保护法》（以下简称《个保法》）施行后，对于金融行业信息收集利用带来诸多影响。如正在征求意见的《金融产品网络营销管理办法》第二十八条明确强调网信部门应与电信、金融部门联合监管个人信息保护情况，体现金融行业对于《个保法》的贯彻落地。长期以来，基于投资者适当性规则指引和资金安全维护的需要，金融行业中证券业及银行业对消费者的个人信息保护较为重视，相关规则较为完善，尤其体现在《中国人民银行金融消费者权益保护实施办法》（以下简称《实施办法》）不仅对于金融信息进行定义，且对于银行、支付机构处理金融信息的基本原则、义务及消费者权利进行了明确。虽然保险业为金融行业的重要分支，但由于其对于信息处理的依赖程度更高，基于费率厘定等保险精算的需要及如实告知义务的要求，保险业个人信息保护立法长期处于缺位状态。虽然这更加便捷保险机构开展业务，有效发挥保险分散社会风险的积极作用，但保险机构过度收集处理个人信息的情形也普遍存在，尤其体现在敏感信息之中。因此《个保法》作为规范个人信息处理的"基本法"，对各行业个人信息处理

* 田宇申，北京航空航天大学法学院博士研究生。

的行为均具有规制作用。然而，由于保险业个人信息收集和利用会受到保险精算技术及如实告知义务、明确说明义务等保险法特设义务的影响，如对《个保法》不加以解释地直接援引，势必会造成具体应用场景下的适用困境。因此，保险业应当在明确个人信息保护基本价值的基础上，根据个人信息保护与保险法规则的适配性，进行特别法上更加细化性且针对性的设计。

二、 保险业在个人信息保护中的利益衡量

（一）倾斜保护原则与适度保护原则的平衡

《个保法》兼具公法和私法的属性，与《保险法》兼具商法和经济法双重属性相类似，不仅负担维护经济社会平稳运行的责任，更肩负保障公民私权利的重任。在保险业，投保人与保险机构处于显著不对等地位，如以意思自治原则介入，追求形式平等的同时易导致保险机构利用自身强势地位侵害投保人利益。譬如利用优势地位强制缔约，无正当理由拒绝履行合同义务等。倾斜保护原则关注投保人作为保险消费者的弱势地位，通过加强保险机构法定义务，强化投保人权利救济，以维系保险交易公平性，实现社会实质正义。同时，倾斜保护并非意味着为投保人完全牺牲其他各方利益，这种倾斜保护本身为法益权衡后的决断。投保人权益保护的同时应兼顾保险市场创新活力以及市场交易的效率价值。适度保护原则即为避免矫枉过正，纠偏倾斜保护下带来的实质不公。

保险业在个人信息的处理中，也应坚持倾斜保护原则与适度保护原则的平衡。一方面，保险业个人信息类型多样，错综复杂，其中不乏对个人具有直接、重大影响的敏感信息。敏感信息一旦泄露会对人格尊严和财产利益带来不可逆的损害，在保险业更应注重严格保护。另一方面，个人信息的处理在协助保险人控制风险和拟定费率中发挥重要作用，保险较一般商事活动更强调信息处理对于业务开展的有效支撑，此乃保险业赖以生存和运营的基础。互联网信息技术的发展模糊了信息收集的边界并加重信息保护难度，但也不应因此否定其对于保险营销便捷性和效率性的提升。适度保护原则要求注重保险业信息处理的特殊性，在《个保法》基础上进行针对性的制度构建。

（二）保险商业利益与个体人格权益保护的平衡

早在《民法典》人格权编立法讨论时，有观点指出，对个人信息进行过于严格的确权保护，赋予信息主体任意打断信息传播的权利，信息处理者深陷花费不合理成本进行权利侵害认定的窘境，[①] 这会影响互联网信息流通所带来的商业价值且阻碍互联网信息技术的自由发展。[②] 我国

① 参见黄薇：《中华人民共和国民法典人格权编解读》，中国法制出版社2020年版，第219页。

② 参见丁晓东：《个人信息保护：原理与实践》，法律出版社2021年版，第1页。

作为互联网产业较为发达的国家，大数据的利用为企业带来了核心竞争力。[①]《个保法》不仅应考虑信息所有者人格利益的保护，也应将互联网机构的商业利益纳入衡量。此外，保险本身即为依信息而生的产业，信息收集的精确度越高，保险机构经济损失的概率越低，保险商业利益越得到实现，保险业的繁荣度便越强。而保险业越发达，社会潜在风险就更加可控，社会稳定趋向性则更为显著。由此可见，互联网业与保险业在信息的收集上具备同等需求，信息利用效率对于社会发展也会起到正向作用。

因而，在"互联网+"引导信息技术革命的同时，信息自由流通速率加快，保险科技也强调通过大数据和云计算等技术，实现精准营销和自动化决策，增加用户黏性，促进保险业稳定和发展。在互联网行业与保险业互融，尤其是当大量互联网机构通过获取金融资质开启保险业务之时，无论基于互联网所带来的商业利益，抑或保险营销的商业价值，均需以信息自由流通为依托，个人信息的保护应当在为商业利益留有必要余地下进行。

（三）保险社会公共秩序价值与私人信息自由价值的平衡

保险机构为商业机构，但同样具备准公共机构属性。保险业收集利用个人信息，既考虑保险精算之商业利益的需要，也考察基于分散风险以实现维护损失共担的公共利益之必要。这种社会风险控制的要求既来源于保险的内核，也与信息化时代个人信息保护的基础性目的保持一致。况且个人信息本身即具备公共性价值，个人金融信息和健康信息的公共属性则更加突出。[②] 这不仅体现在保险业，放宽视角于整个金融行业也足以体现共性，即金融隐私披露或消费者对于自身金融隐私的让渡为金融契约得以建立的前提条件[③]。因此基于保险的公共性，个人信息的处理不应仅考虑信息主体信息利用的自由，更应考虑个人信息保护在何种情况下，应为保险社会风险管理和社会保障管理作出必要让步。

一方面，从《个保法》规定来看，无论知情同意的实质要求抑或个人信息处理机构的保障义务均较其他国家和地区更加严格，且我国赋予个人信息主体较为宽泛的权利。这不仅体现了我国对于个人信息保护的高规格要求，且诠释了私主体对于自我信息控制的自由价值。另一方面，《个保法》也未明确医疗、金融等负担维系社会公共秩序价值的准公共机构在个人信息处理的特殊规则，个人信息利用的公共目标和功能存在被个人私益保护的进路所消解的危险。[④] 当

① 参见郭江兰：《个人信息保护制度的反思与改进：以主体利益冲突与衡平为视角》，载《科技与法律》2021 年第 6 期。

② 参见朱芸阳：《个人金融信息保护的逻辑与规则展开》，载《环球法律评论》2021 年第 43 卷第 6 期。

③ 参见朱宝丽、马运全：《个人金融信息管理：隐私保护与金融交易》，中国社会科学出版社 2018 年版，第 2 页。

④ 参见梅夏英：《社会风险控制抑或个人权益保护——理解个人信息保护法的两个维度》，载《环球法律评论》2022 年第 1 期。

然，从其第三十二条等条文规定来看，国家有意将特殊规则交由各行业通过规章文件制定，银保监会应在《个保法》所确立的基本规则基础上，根据保险业个人信息处理的特殊性出台对应的实施细则。

三、《个保法》对保险业个人信息处理的影响

（一）敏感个人信息界定对于保险业承保风险的影响

在保险业承保风险的考量中，保险机构主要将个人健康信息与金融信息纳入风险测评的指标，通过对投保人上述信息的建模，提供面向投保人精准化的保险产品，以此发挥保险以较小支出获取较大经济保障的效用。但无论健康信息抑或金融信息均对投保人基本人身权利和财产权益产生重大影响，上述信息的泄露和滥用也会带来大规模侵犯人权行为的风险。[①] 因此，以健康信息和金融信息为代表的敏感信息承载更高位阶的法益，需在与一般个人信息划定边界的基础上进行更加严格的保护。就我国立法现状来看，《个保法》并未采用《民法典》所确立的一般信息+隐私信息的二元规制路径，而采用了一般个人信息和敏感个人信息的二元规范进路。根据其第二十八条对于敏感个人信息的概括+列举式定义，个人健康信息、金融信息均被纳入敏感个人信息受到特殊规范。敏感个人信息的界定对保险业的影响在于，虽然立法要求保险机构应对于个人信息进行类型化的区别保护，看似增加了互联网保险网页设计的难度，但对于个人信息保护进行梯度化设计也降低了保险机构的合规成本，保险机构可对信息处理行为的合法性进行提前预测，[②] 更有利于减少潜在的监管风险和诉讼风险。

另外，我国《个保法》第二十九条至第三十二条在界定敏感个人信息的基础上，对该类型信息的处理规则进行了更加严格的设置。主要表现在《个保法》不仅对敏感个人信息知情同意规则进行单独同意的从严要求，对保险人说明义务的范围也进行了必要扩张。上述规则在保障投保人知情权的同时，对保险机构线上经营行为同样会产生影响。在互联网经营模式下，无论知情同意抑或说明义务的履行主要通过保险人于投保页面中设置客观呈现的文字形式进行。实践中保险机构在对投保界面进行设计时，也通过强化阅读指引引导投保人按预设流程完成投保操作。这种普适性的投保流程设计，一改传统线下领域中保险人说明义务差异化的履行方式，在提升效率的基础上也削弱了对于上述义务的履行要求。然而，保险机构说明和确保投保人知情同意义务的减轻意味着投保人阅读义务的加重，投保人可能陷入迷失在众多保险条款中的困境。

---

① See Christopher Kuner, Lee A. Bygrave, Christopher Docksey eds, The Eu General Data Protection Regulation (GDPR): A Commentary, Oxford University Press (2020), p. 367.

② 参见程啸：《论中国个人信息保护法中的个人信息处理规则》，载《清华法学》2021年第15卷第3期。

根据权利义务对等原则，保险机构应承担更规范、更直观的说明义务，[①] 这就需要其在投保界面的设计上投入更高成本并尽更严格的注意义务，以确保将敏感个人信息等内容以突出形式加以呈现。就目前多数保险机构的投保界面来看，无论是投保人主动点击确认的按钮设置还是加框链接导入内嵌式网页的设计，均为强化投保页面形式化设计的体现。在《个保法》第二十九条和第三十条的影响下，就形式来看，保险机构不仅应当对于个人信息保护政策中敏感个人信息的内容通过单项页面独立呈现，更应避免设置概括授权或默示确认的知情同意形式，以满足符合特定目的性的要求。[②] 就内容而言，保险机构应将敏感个人信息处理的特定目的性、充分必要性以及对投保人的影响纳入说明义务之中。如对住院病历和体检报告等资料反馈出来的健康信息，保险人不仅应如实披露收集此类信息的种类和内容，更应强化对信息处理目的、用途和后果的告知，以保障投保人自主理性作出授权[③]的决定。

（二）个人信息“可识别性”对保险精算费率厘定的影响

从《个保法》第四条对个人信息概念的抽象界定来看，其采用概括定义模式，与《民法典》所明确的概括 + 列举定义方式存在差异。然而，该条将“可识别性”作为个人信息重要的判断标准，显然延续了《民法典》的立法精神。在我国《数据安全法》在先出台之后，《个保法》也有意区分去标识化、匿名化以及脱敏化三项概念，突出体现我国信息 + 数据区分立法的基本原则。依“识别特定自然人”为判断基准，去标识化与匿名化最大的区别在于，前者虽然独立评价不具备可识别性，但无法排斥与其他要素结合下的识别化，甚至可以通过信息技术的复原恢复至足以识别特定自然人的状态。后者在无法识别的基础上，突出强调不可复原性。因此，经过匿名化处理后不具再识别风险的个人信息可成为数据，归属于企业财产权范畴，在脱离《个保法》保护范围的同时，也与《数据安全法》形成有效衔接。

在保险业，保险精算中的费率厘定受到大数法则的影响。大数法则强调伴随样本数量不断增加，通过对样本实际观察结果的统计，使该结果与客观结果之间存在的差异趋向于零，以此计算未来事故发生的概率。通过事故发生的概率则可以进一步预测未来损失发生的程度，从而确定合理的保险费率基准。[④] 因此，保险精算费率厘定的科学性需要以足额样本为依据，保险业信息收集的目的并非仅为实现个体保险赔付的公平性，而应着眼于整个社会的风险抵御能力。由此来看，基于保险精算需求的信息收集不同于如实告知义务的要求，前者面向整体，具备社会公

---

① 参见曹文兵：《网络营销模式下保险人的说明义务》，载《人民司法》2005 年 4 月。

② 参见田宇申：《互联网场景中保险人明确说明义务的法律调适》，载《北京航空航天大学学报（社会科学版）》，网络首发时间：2022 - 06 - 08。

③ 参见王利明：《敏感个人信息保护的基本问题——以〈民法典〉和〈个人信息保护法〉的解释为背景》，载《当代法学》2022 年第 1 期。

④ 参见马天柱：《被保险人利益保障法律机制研究》，法律出版社 2017 年版，第 135 页。

益属性，后者面向个体，主要解决个人的私权保障问题。

在《个保法》出台之前，保险业通行做法为：纵使合同终止或被解除，保险机构尚可不加任何处理地保有私主体个人信息，以增加保费费率计算的样本总量。但实际上，保险精算依托的信息样本并不要求具备可识别特定自然人这一要素，保险机构存在“以公益为名，行私益之实”的信息滥用之嫌。《个保法》强调个人信息的可识别性，有利于限制保险机构基于精算需要处理个人信息①权利的无限扩张。

（三）个人信息处理规则对于如实告知义务履行的影响

《个保法》第十三条对信息处理者个人信息的收集利用进行规范，其第一款为知情同意规则，第二款至第七款为不受该规则约束的例外情形。在保险业，为确保双方当事人信息充分对等，如实告知义务要求投保人应在缔约阶段将自己所知悉的有可能影响保险人决定是否同意承保或以何种保险费率承保的重要信息披露给保险人。② 无论从其义务来源（最大诚信原则）抑或履行阶段（订立合同前）来看，该项义务作为先合同义务③并非保险合同的组成部分，但其作为一项投保人所负担的法定义务④直接影响保险合同的成立。从该角度来看，基于如实告知义务项下多数个人信息的处理应当纳入《个保法》第十三条第二款“为订立、履行个人作为一方当事人的合同所必需”这一例外情形进行规范。即对于多数个人信息的处理无须经过投保人知情同意，而这会导致知情同意规则适用范围受到极大程度的限缩。

不仅如此，这种知情同意规则的弱化还体现在个人信息撤回同意权的运用。个人信息撤回同意权主要体现在《个保法》第十五条，根据该条，只有在基于个人同意处理个人信息的前提下，其享有撤回同意的权利。结合该法第十三条的规定，如信息处理者处理个人信息为基于订立、履行合同所必须，便不受个人信息撤回同意权的约束。在如实告知义务规则的“保护”下，即使保险合同解除，投保人无法行使个人信息撤回同意权，保险机构依然可以近乎不加限制地处理投保人个人信息。因此在保险业，一旦将如实告知义务规则与个人信息处理规则进行融合，知情同意规则存在被架空的风险。

（四）个人信息处理告知义务对保险说明义务的影响

《个保法》第十七条明确了信息处理者的告知义务，问题在于，保险说明义务较一般民事合同中格式条款说明义务的要求更甚，《个保法》中所明确的信息处理者告知义务在保险业应达到

---

① Sakharea, Ganars, Anonymization: a method to protect sensitive data in cloud, International Journal of Scientific & Engineering Research5 (2013), pp. 1668 – 1670.

② 参见任自力：《保险法总论原理判例》，清华大学出版社 2010 年版，第 137 页。

③ 参见温世扬：《保险法》（第三版），法律出版社 2016 年版，第 39 页。

④ 参见邹海林：《保险法学的新发展》，中国社会科学出版社 2015 年版，第 204 页。

一般说明义务标准？提示说明义务标准？抑或明确说明义务标准？①

依文义解释，《个保法》中强调以“显著方式，清晰易懂的语言真实、准确、完整的告知”，此处的表述可以解读为提示说明义务标准，即一般情况下仅要求信息处理者对待处理信息达到突出提示的显著呈现标准即可，只有经过投保人主动要求后方可进行解释说明，这种提示说明义务标准与《民法典》第四百九十六条的立法精神保持一致，将两项条文结合即可进一步得出个人信息为“与消费者有重大利害关系事项”的结论。因此，商业机构只需要通过加粗字体、加大字号等方式重点突出个人信息收集的内容即可视为履行告知义务。然而，保险业作为特殊金融行业，其说明义务与《民法典》的设计有所差异。在保险业，保险人应履行两项义务，其一为《保险法》第十七条第一款明确的格式条款一般说明义务（无须提示），其二为《保险法》第十七条第二款强调的免责条款提示 + 明确说明义务。个人信息处理条款虽然可因其预先拟定且重复使用的形式纳入格式条款调整范围，但无法解释为免责条款，在保险业只能依《保险法》第十七条第一款进行规范。至此，《个保法》中的提示说明义务便与《保险法》一般说明义务产生了解释论上的冲突。

（五）自动化决策对于投资者适当性义务的影响

投资者适当性义务强调金融机构应在充分了解金融消费者的基础上，提供与其财产状况、投资能力相匹配的产品和服务。早期因投资型金融产品多集中于证券业，投资者适当性规则也主要应用于该行业。近年来伴随分红险、万能寿险和投资连结险等投资型保险产品的普及，保险业也有意引入投资者适当性规则，要求保险机构应保障保险消费者自身投资水平与保险产品风险等级的动态适配。②

了解客户义务作为投资者适当性义务履行的首要任务，要求保险机构充分知晓消费者个人信息，根据投保人信息推荐适合的保险产品。保险机构在开展业务时，不仅要记录投保人基本信息，也应收集其财产状况、风险偏好、投资经验、投资意向、专业知识等类型的个人信息。传统人工信息收集方式存在效率低下且精度不强等局限，一旦通过云计算技术进行自动化决策，便可通过程序化的自动分析迅速建立用户画像，不仅提高决策效率，也可增强决策精确度。此乃自动化决策对投资者适当性义务履行的正向作用。

智能投顾服务作为投资者适当性义务与互联网自动化决策结合的新型产物，强调通过互联网信息技术手段对于投资者收入状况、固有资产、风险偏好等相关信息进行分析，结合现代投资

① 一般说明义务为信息披露标准，提示说明义务为显著呈现标准，保险人无须主动进行解释说明。但明确说明义务要求最甚，保险业中往往通过保险人主动解释说明并要求投保人签署知情同意书以达到实质呈现标准。

② 就《保险销售指引（征求意见稿）》（2021）第4章规定来看，其在要求保险销售机构建立保险客户适当性制度的基础上，对于市场适当性、渠道适当性、销售方式适当性、人员适当性及需求匹配适当性要求均作出了明确规定。

理论运用数字化算法,[①] 以实现提供投资建议和资产管理的目标。但基于算法的非公开性和复杂性，自动化决策者也可将自己隐藏于算法背后,[②] 利用算法黑箱进行“大数据杀熟”或其他差别待遇行为，侵害保险消费者公平交易权和自主选择权。考虑到智能投顾带来的新型法律风险，2018 年中国人民银行等部门印发的《关于规范金融机构资产管理业务的指导意见》（以下简称《指导意见》）第二十三条明确金融机构报备人工智能模型主要参数、资产配置主要逻辑以及向投资者提示人工智能算法固有缺陷、使用风险等信息披露义务。但上述义务的履行限于算法系统功能，对于通过自动化决策收集利用个人信息的披露却并未提及。结合《个保法》第二十四条，有必要将通过自动化决策履行投资者适当性义务过程中的信息处理问题予以细化，以确保将投资者保护贯穿于保险业务全流程。

四、 保险业个人信息保护的体系解释与规范路径

（一）明晰保险业敏感个人信息的内涵和外延

《个保法》通过列举式规范将保险业利用率最高的两类信息直接纳入敏感个人信息之中，即个人金融账户信息和医疗健康信息。但该规定过于涵括，无法解答如下问题：金融账户的内涵是银行账户还是支付账户？医疗健康信息的内涵是医疗记录还是身体健康状况？此外无论个人金融信息或个人健康信息均为概括性的信息群，是否除金融账户和医疗健康信息外，其他类型金融信息和健康信息就一定无法纳入敏感个人信息的外延？

个人金融信息是否应当被纳入敏感个人信息，《个保法》立法之时就产生过巨大的争议。[③] 从比较法经验来看，欧盟和美国的做法存在差异。欧盟强调敏感个人信息应以承载人格尊严为基本要素，因而将金融信息剔除出敏感个人信息之列,[④] 日本和韩国也采用相同的处理模式。[⑤] 而美国更加重视因金融信息丧失损害权利人重大的经济利益，将之视为公民的敏感个人信息。[⑥] 虽然我国立法模式移植于欧盟、日本等地，但将金融账户纳入敏感个人信息范畴，很显然是将财

① 参见尹若素：《中国智能投顾开展的法律挑战及应对》，载《福建金融管理干部学院学报》2020 年第 3 期。

② 参见钟维：《中国式智能投顾：本源、异化与信义义务规制》，载《社会科学》2020 年第 4 期。

③ 参见胡文涛：《中国个人敏感信息界定之构想》，载《中国法学》2018 年第 5 期。

④ See General Data Protection Regulation Article 9 Processing of special categories of personal data.

⑤ 详见《個人情報の保護に関する法律》第 2 条（定義）、《개인정보 보호법》제 23 조（민감정보의 처리 제한）。

⑥ See Financial Services Modernization Act Article 501.

产损害风险纳入敏感性的判断之中。然而，依场景完整理论①下的动态分析方法，这并不意味着全部金融账户信息均属于敏感个人信息。反之，也并非全部非账户型金融信息就无法纳入敏感个人信息的外延。笔者认为，判断个人信息是否具有高度敏感性，应明确具体的判断要素。虽然学界对于“敏感”要素的判断存在差异，但基本包括客观要素和主观要素两方面，前者包括强权益侵害性、强概率风险性、强工具性、强识别性等，后者包括信息处理者认知能力、信息应用能力等。② 一旦将上述要素融入特定场景进行判断，则应对于金融信息进行更加细致的考察。就客观要素对于信息敏感度的影响来看：除账户信息外，《实施办法》第二十七条列举的身份信息、财产信息、信用信息和交易信息也属于金融信息。此外，《个人金融信息保护技术规范》（JR/T 0171—2020）将鉴别信息归入金融信息，也有学者将预测信息纳入金融信息。③ 其中，鉴别信息、身份信息和信用信息虽然不属于金融账户范畴，但其因分别具有强概率风险性、强识别性和强工具性而具备强敏感性的特征。而金融账户信息中账户余额、开户时间、开户机构等单一信息无法充分识别特定自然人，不具有强识别性，敏感性也较低。但上述信息一旦进行关联后汇聚，则可能会因为识别性的提高而具有强敏感性，此时汇聚后的信息群理应被纳入敏感个人信息外延。主观要素对于信息敏感度影响的判断则要立足于行业特殊性。基于保险精算对于信息的依赖性，保险业普遍对于信息的收集和处理能力较强。而其中，互联网保险机构相比保险机构自营平台具备更加强大的信息处理能力，信息敏感性的判断更应从严进行。因此笔者建议对于《个保法》第二十八条中的“金融账户”进行扩大解释，将鉴别信息、身份信息和信用信息纳入其中。而对于其中本身识别性较弱的账户余额、开户时间、开户机构等其他金融信息，仅注意考察其在特定场景下的应用。

个人健康信息存在类似的问题。我国《个保法》第二十八条将医疗健康信息归入敏感个人信息外延。此处的医疗健康信息也应进行扩大解释，除个人重大疾病史和医疗记录、体检记录外，还应将个人身体和精神信息、生育信息、遗传信息、家庭成员健康信息等纳入其中。当然，对于《信息安全技术——健康医疗数据安全指南》（GB/T 39725—2020）附录 A 所罗列的医疗健康信息，也不应不加以区分地全部纳入敏感信息，对于个人社会史、生活方式、医疗保健服务费用等内容，应强调此类信息存在的状态，只有经过汇聚后满足强权益侵害性、强概率风险性、强识别性和强工具性等要素后才具备敏感属性。

---

① 依美国尼森鲍姆教授所言，隐私保护应与具体场景相关联，因为同一信息的敏感度在不同场景可能存在差异。See Helen Nissenbaum, Privacy in Context: Technology, Policy, and the Integrity of Social Life, Stanford University Press (2009), p. 125.

② 参见宁园：《敏感个人信息的法律基准与范畴界定——以〈个人信息保护法〉第二十八条第一款为中心》，载《比较法研究》2021 年第 5 期。

③ 参见邢会强：《大数据时代个人金融信息的保护与利用》，载《东方法学》2021 年第 1 期。

（二）细化保险精算费率厘定时个人信息匿名化的处理规则

保险精算处理的个人信息不同于《个保法》中规范的个人信息，后者具备更强的人格属性，而前者无须以“可识别特定自然人”为构成要件，应将其作为“数据”这一保险机构的财产由《数据安全法》《网络安全法》等法律调整。一方面，基于保险公共属性项下费率厘定的要求，《个保法》第四十七条所明确的个人信息删除权应当受到限制。一旦保险合同义务履行完毕或因其他原因归于无效、被解除，虽然构成第四十七条所列“处理目的已实现……”“个人信息处理者停止提供产品或服务……”等情形，但保险人依然可以保有信息所有权，不得拒绝投保人个人信息删除权的要求，无须对个人信息进行删除处理。另一方面，为保障公民个人信息自决权，保险费率厘定时处理个人信息同样应当受比例原则约束。上述个人信息删除权的抗辩应当附加前置要件，即保险人须将个人信息进行匿名化处理，转化为数据后方可存储利用。

另外的问题在于，是否将个人信息进行匿名化处理，就必然免除保险机构合规义务？《个保法》第七十三条对于匿名化的概念界定强调“不可识别性” + “不可复原性”两项概括要求。但该标准只是一种理想化状态，匿名化后绝对无法识别且不可复原依现行技术来看无法实现。即便是匿名化的状态，经过互联网海量信息的相互关联，也可存在重新识别个体身份的再识别风险。另外由于匿名化技术种类繁多，且每种匿名化技术带来的识别风险存在差异性。因此，在确定禁止再识别操作原则的基础上，不但需要对匿名化标准进一步明确，而且应对于保险机构的义务进行细化规范。首先，从事前预防角度差异化的设计匿名化组合技术。就比较法视域来看，欧盟“第 29 条工作组”（Article 29 Working Party，Art. 29WP）通过的《关于匿名化技术的意见》将随机化（randomization）和泛化（generalization）视为有效的匿名化方法。其中也可分为噪声添加（noise addition）、差分隐私（differential privacy）、k－匿名化（k－anonymity）、I－多样性（I－diversity）、t－相近性（t－closeness）、置换（permutation）、聚合（aggregation）等多种技术手段。① 但上述技术在保险业中无法不加筛验地全盘适用，在引入的同时应考虑信息匿名化后的可用性，避免定量的信息损失。② 保险业制定匿名化技术指引时应在依据匿名化预期目的、再识别化的损害后果等个案情景的基础上，在引入上述技术进行组合的同时将再识别风险的概率按照指向性（singling out）、关联性（linkability）和推断性（inference）③ 三项评估维度进

① See Article 29 Data Protection Working Party 0829/14/EN WP216. Opinion 05/2014 on Anonymization Techniques，http：//ec. europa. eu/justice/article－29/document－tation/opinion－recommendation/files/2014/wp216_en. pdf.（2022－03－14）.

② 在保险业利用匿名化后的个人信息目的在于保险精算，需要保证数据的绝对准确性，因此诸如强调人为改变数据主体属性的置换等匿名化技术因违背了匿名化的预期目的而无法适用。

③ 参见张涛：《欧盟个人数据匿名化治理：法律、技术与风险》，载《图书馆论坛》2019 年第 39 卷第 12 期。

行分级，以确定经过不同技术处理后匿名信息的披露范围。[①] 其次，优化事中动态防控机制，尤其应当注意严格控制匿名信息的公开化。由于信息公开后无法撤回或撤销，匿名信息公开后的再识别风险无逆向选择的可能，因此匿名化的信息应当以不公开为基本原则。[②] 最后，事后风险评估机制的建立。信息匿名化后依然存在再恢复的可能，在匿名化处理完成后，保险机构应当建立再识别风险防范机制，定期评估匿名信息再识别风险，[③] 一旦由于关联信息新增或应用场景变化导致识别风险提高，保险机构应及时更换技术措施。

（三）严格限制知情同意豁免情形在保险业的适用

就域外而言，欧盟《通用数据保护条例》（*General Data Protection Regulation*，GDPR）第6条对个人信息处理合法性基础同样进行了列举，除知情同意外，该条第2款至第6款对于知情同意的豁免进行了规范。[④] 将该条与我国《个保法》第十三条对比可发现，GDPR 第6条第2款的规制范围有所限缩，仅强调“履行合同所必要”，而将先合同义务排除于知情同意的例外情节。因此在 GDPR 框架下，投保人如实告知义务的履行依然受知情同意规则的限制，保险机构基于投保人如实告知义务下的个人信息处理依然需经投保人同意，其不能依据如实告知义务为合同订立所必需而任意利用信息主体的个人信息。

知情同意的豁免应尽可能地减少，且必须为公众所知晓。[⑤] 因此就豁免必要性而言，GDPR 更具合理性。首先，个人信息的处理目的在于履行保险合同的需要，合同未成立前保险机构既不负担法定也不负担约定履行合同的义务，保险机构排除知情同意规则处理个人信息欠缺正当利益。[⑥] 其次，保险功能的发挥以信息充分对等为前提，信息披露与风险告知义务的履行多存在于合同订立阶段，上述义务的性质大多为先合同义务。因而，保险机构在合同订立阶段获取的投保人信息体量远大于履行阶段，订立阶段收集的个人信息泄露和滥用风险更大，也更有限制同意豁免的必要性。再次，保险业处理的个人信息多为敏感信息，对于投保人人格尊严和财产安全影响更甚。一旦承认知情同意的限制可以“为订立合同所必需”为前置要件，则会带来知情同意规则适用上的逻辑困境，即对于通常意义上的商事行业，机构收集的个人信息强调以信息主体

① 参见王立梅：《大数据视角下的个人信息匿名化规则》，载《云南民族大学学报（哲学社会科学版）》2021年第38卷第5期。

② 参见张建文，程海玲：《“破碎的隐私承诺”之防范：匿名化处理再识别风险法律规则研究》，载《西北民族大学学报（哲学社会科学版）》2020年第3期。

③ 参见韩旭至：《大数据时代下匿名信息的法律规制》，载《大连理工大学学报（社会科学版）》2018年第4期。

④ See General Data Protection Regulation Article 6 Lawfulness of processing.

⑤ The Law Reform Commission of Hong Kong, Reform of the Law Relating to the Protection of Personal Data, The Law Reform Commission of Hong Kong (1994), p. 190.

⑥ 参见程啸：《论中国个人信息保护法中的个人信息处理规则》，载《清华法学》2021年第15卷第3期。

知情同意为前提，但对于保险业，保险机构收集个人信息却可以通过如实告知义务的履行予以同意豁免。这不仅与“举轻以明重”的法律原则相冲突，更违背了倾斜保护的金融消费者保护理念。最后，GDPR 的规定更有利于保护投保人信息自决权。知情同意规则目的在于保障信息主体知情权，此乃信息主体行使其他权利的前提。对知情同意规则的限制会压缩信息主体信息自决权的行使空间，这种限制应极为慎重。保险业一旦承认“订立合同所必需”的豁免条件，投保人不仅无从知晓个人信息的处理情况，更无法通过行使个人信息撤回同意权及时止损，个人信息的事先保护与事后救济同时处于失灵状态，投保人的信息自决权也受会到极大侵害。

未来可能的修正路径为：其一，通过司法解释对于《个保法》第十三条第二款的适用进行目的性限缩，将“订立个人作为一方当事人的合同所必需”的豁免类型在保险业予以剔除。其二，通过制定保险业《个人信息保护实施细则》，对于“订立或履行个人作为一方当事人的合同所必需”中的必需情形进行列举式规范，厘清如实告知义务与个人信息保护义务之间的关系。

（四）将个人信息处理告知义务融入保险说明义务

《个保法》对个人信息处理的告知义务规定宽泛，在保险业应进行限缩解释，依保险说明义务一般原理将个人信息处理内容的披露规则进行梯级设计。表现为在《个保法》有意区分一般个人信息处理规则和敏感个人信息处理规则的前提下，保险说明义务也应根据二者对投保人权益影响程度的差异作出区别对待。对于保险机构个人信息保护政策列明的一般个人信息处理规则，仅需达到通常意义上信息披露的标准。而对于《个保法》第十七条规定的各项与投保人有“重大利害关系”事项，由于《保险法》并未明确，应按照“新法优于旧法”原则依《民法典》第四百九十六条要求保险机构的告知程度达到概括式的显著提示标准，并按投保人要求进行说明，但无须逐项单独提示或主动解释说明，更无须设置强制阅读的必选按钮。而对敏感个人信息处理规则的说明，则需要进一步分析。笔者认为敏感个人信息因对投保人人格尊严和财产安全产生重大影响可纳入保险减责、免责事项之中，除提示义务外，也应要求保险机构主动进行解释说明。原因如下：其一，就说明内容而言，《保险法》第十七条第二款中所谓的免赔率、免赔额等“免责条款”并非传统民法意义上的责任免除条款，而应当理解成保险责任免除条款，由于保险责任的性质为保险义务，因此在保险语境下，保险机构应就免除保险义务的内容予以提示 + 明确说明。敏感个人信息处理规则可通过解释为保险人先合同义务项下的保密义务等纳入广义上的保险义务。根据《个保法》第二十八条，敏感信息以禁止处理为原则，特别处理为例外，因而对于敏感个人信息的处理也可纳入免除保险义务条款。其二，从说明形式来看，《保险法》第十七条第二款将免责条款施加以高标准的主动说明要求，其立法目的在于希望保险机构能够主动承担起协助投保人理解晦涩难懂、技术性较强的保险条款，这与《个保法》中关于敏感信息告知义务的立法设计存在异曲同工之处。依《个保法》第三十条规定，立法者倾向于要求信息处理者尽可能主动说明敏感信息处理的必要性和其对于个人权益的影响。因此，无论是保险责任条款抑或敏感信息处理条款，立法者均有意作出不同于一般条款的说明要求。其三，从说明后果来看，《保险法》第十七条第二款不仅要求保险机构主动承担起解释说明的义务，还要求取得投保人明确同意。线下保险机构一般会选择要求投保人签署风险告知书，而线上保险机构则通过设置单独展示免责条款的强制阅读界面，要求投保人逐项点击按钮确认。《个保法》第二十九条同样要求处理敏感信息应当取得个人的单独同意，由此可见，将敏感个人信息纳入保险人明确说明义务，具备现实上的必要性和逻辑上的可行性。对个人信息处理条款告知要求进行差异化设计，也有利于避免投保人迷失在纷繁复杂的保险条款中，突出重点，明确责任划分。

（五）细化自动化决策在投资者适当性义务中的应用规则

《个保法》第二十四条不仅确立了透明度和公平合理原则，也强调信息处理者为保障自动化决策应履行的义务。但上述规定较为宽泛，可操作性有限，需进行精细化的设计。尤其在保险业，既要考虑完全自动化决策对投保人遭受“大数据杀熟”的不利影响，又要避免千人一面的机械定价，[①] 违背投资者适当性产品推介义务的设计初衷。

首先，应对公平合理原则在投资者适当性义务中进行实质解释。我国《个保法》第二十四条第一款中的公平合理原则强调以平等待遇为原则，差别待遇为例外。有学者认为公平合理原则强调尽可能避免差别待遇的产生，[②] 但《个保法》也肯定作出合理差别待遇的自动化决策的有效性，这一点在投资者适当性义务履行中体现得尤为明显。在投资型保险产品中，并非任何差别待遇均有害于投保人投资利益，实践中投保人普遍缺乏投资知识和投资经验，很难根据有限信息作出正确的投资判断。因此，公平合理原则在投资者适当性义务中应以差别待遇为原则，平等待遇为例外。法院应通过个案衡量，根据双方信息对等程度、保险机构行为手段等内容判断保险机构是否利用自动化决策侵犯投保人自主选择权和公平交易权。

其次，基于自动化决策的算法解释权应进行适度扩张。算法解释权强调个人可要求信息处理者就自动化决策过程中运用的算法内容进行解释。将我国《个保法》第二十四条和第四十八条结合来看，算法解释权应当包括对个案决策依据的个案解释和对算法系统功能的整体解释。[③] 在保险业对算法解释权的运用应进行如下理解：就内容来看，《个保法》第二十四条第三款前半句确立了有限制的算法解释权，[④] 即仅对“关涉个人权益重大影响决策”事项，需要信息处理者

---

① 参见靳毅：《〈个人信息保护法〉对寿险业的挑战与机遇》，载《保险理论与实践》2021 年第 9 期。

② 参见杨立新、赵鑫：《利用个人信息自动化决策的知情同意规则及保障——以个性化广告为视角解读〈个人信息保护法〉第二十四条规定》，载《法律适用》2021 年第 10 期。

③ 参见丁晓东：《基于信任的自动化决策：算法解释权的原理反思与制度重构》，载《中国法学》2022 年第 1 期。

④ 参见张凌寒：《〈个人信息保护法（草案）〉中的平台算法问责制及其完善》，载《经贸法律评论》2021 年第 1 期。

履行说明义务。但由于投资者适当性义务直接关联投保人的投资收益和损失风险，很显然应将其纳入该类事项之中受《个保法》第二十四条第三款调整。当然，信息处理者的说明内容不能仅局限于告知“决策系通过机器算法做出”，还应当如实说明智能投顾决策的指标来源、指标权重及风险系数。如智能投顾以投保人年龄、教育背景、专业知识、职业技能、投资经验、风险偏好等内容为依据制定风险测评指标，且为上述内容设计比重不同的影响因子。此外，结合《个保法》第二十四条、《指导意见》第二十三条等，此处的说明内容不仅包括前述投资者与保险产品匹配的决策依据，还应当包括人工智能算法固有缺陷和使用风险等一般性内容，这样一来，既可以避免《个保法》第二十四条和第四十八条的解释冲突，又可以确保个人受到更加充分保护。而就形式而言，其一，算法解释应通过说明与提示两项行为共同作出。虽然《个保法》第二十四条第三款前半句仅强调信息处理者只有在个人主动要求下方可进行说明，但结合《民法典》第四百九十六条规定，此处保险人除履行被动说明义务外，还应当履行主动提示的义务。其二，算法解释应以人工解释为基本原则。算法解释依形式样态差异可分为交互式的机器解释和非自动化的人工解释。[①] 根据《个保法》第二十四条“有权拒绝……仅通过自动化决策方式作出决定”的表述，似乎隐含信息处理者不能仅以机器解释进行说明的要求。笔者认为，根据场景化理念，此处的算法内容如果涉及算法的系统风险，机器解释足以运用得当。但如果针对的是个案决策依据的个案解释，则应尽可能地排除机器解释的通用性。通过智能投顾履行投资者适当性义务恰恰强调差异化和独特性，在现有技术下机器解释难以实现针对性的解释效果，便需要以人工解释进行必要的替代。而由于相比信息有用性不足的系统风险，个案解释的应用场景更加宽泛，因此算法解释主要应以人工解释为主。

最后，自动化决策中个人退出机制应用场景的扩大。我国《个保法》第二十四条第二款和第三款分别赋予了个人事先拒绝自动化决策手段和事中阻击自动化决策的权利，但上述行权应用场景狭窄，难以有效保障个人权利救济。以事中阻击为例，《个保法》第二十四条第三款并未强调个人拒绝信息处理者通过自动化 + 人工化结合决策的权利，这不仅限缩了个人的行权范围，实则也与《个保法》第四十四条中拒绝权适用场景广泛的立法精神相违背。不管个人信息处理的决定是否仅依据自动化决策作出，不管自动化决策是否对个人权益有重大影响，只要自动化决策与个人信息相关联，个人可随时享有拒绝的权利。在智能投顾场景下，如投保人行使拒绝权并选择退出自动化决策机制，保险机构应单独采取人工化的手段履行投资者适当性义务。此外，算法风险并非单点的静态风险，对算法风险的控制不能仅通过事前防范和事中阻击，事后救济也同等重要。《个保法》第二十四条仅强调个人在自动化决策作出前和作出时的拒绝权，但这种

① 参见丁晓东：《基于信任的自动化决策：算法解释权的原理反思与制度重构》，载《中国法学》2022 年第 1 期。

拒绝权无法面向自动化决策作出后的结果。未来法律应赋予个人在难以通过事前和事中阶段退出之时，享有的免受决策约束权利和程序性的补偿救济权利。①

五、结语

长期以来，我国保险业个人信息保护立法相对滞后，即便是最新出台的《互联网保险业务监管办法》也只是提出个人信息处理应当遵守的合法、正当、必要及知情同意原则，而对于敏感个人信息的界定、个人信息匿名化处理规则、知情同意的豁免情形、个人信息处理告知义务以及自动化决策中的算法解释权等内容均未过多涉及，这种粗糙的立法技术无助于对保险机构提供行为指引。②《个保法》作为规范个人信息处理行为的专门法，设计了全行业通用的一般规则，考虑到各行业对于信息依赖程度、公私属性的差异，对于诸多问题进行了模糊处理。③ 对属于金融行业的保险而言，其兼具私法维持意思自治和公法维护秩序稳定的功能，未来应通过在保险业制定若干规章和自律规则以进行更加细化的规则设计，这也有利于与传统保险法规则相融合，维持保险法律体系的整体性和协调性。

---

① 参见张欣：《免受自动化决策约束权的制度逻辑与本土构建》，载《华东政法大学学报》2021年第24卷第5期。

② 参见田宇申：《互联网保险中个人信息保护的法律规则——以个人信息保护政策为切入》，载《兰州学刊》2021年第9期。

③ 以比较法视角观察，多数进行个人信息统合立法的国家均要求各行业根据个人信息处理的特殊性制定针对性更强的规范指引。如详见《個人情報の保護に関する法律》第53条（個人情報の保護に関する法律）。

Financial Law Forum
金融法苑
2022 总第一百零八辑

法律与新金融

消费信贷产品销售适当性管理的法律设计

■ 刘志伟*

摘要： 新一代信息技术加速了中国消费信贷市场逐步从单一走向多层、多元，消费信贷产品也随之层出不穷，并且其复杂的结构也越来越难以被消费信贷产品的获取者所理解。消费信贷产品结构的复杂、推介销售方式的变化以及相关规则的不完备共同导致消费信贷产品推介销售违法违规问题的集中暴露。在产品结构与推介销售方式上，消费信贷产品与投资类金融产品具有极大的相似性，并且这两者恰好是投资者适当性原则产生的根本原因。有必要且有可能将生成于投资领域的适当性原则拓展适用于消费信贷产品的推介销售中。消费信贷产品与投资类金融产品的差异，则要求消费信贷产品推介销售适当制度的实践设计必须从原则走向规则，并结合消费信贷产品的利率设计、期限转换等内容构建适合于消费信贷产品自身的推介销售适当规则。

关键词： 投资者适当　消费信贷产品　结构化信贷　上门兜售

中国消费信贷市场正逐步由单一向多层、多元转变①，并集中表现为以大数据、云计算、人工智能等新一代信息技术为支撑的互联网消费信贷产品的迅猛发展，但传统以商业银行为主导的消费信贷法律规范的不完备与滞后导致了消费信贷产品的设计、销售等环节问题丛生。其中，新一代信息技术加持下创新型信贷产品的信息披露不实、欺诈交易、过度授信等推介销售问题更为严重。面对上述问题，不由得联想到2001年我国香港地区的卡债危机、2003年日本和韩国的信用卡危机、2005年我国台湾地区的双卡风暴、2007年美国的次贷危机，以及近年来我国“P2P网络借贷”“现金贷”“校园贷”“超利贷”等信贷领域的乱象。对此，我国除须完善个人征信、债务清理、个人破产等法律规则外，或许可尝试将始发于投资领域的“投资者适当原则”拓展适用于信贷产品的推介销售中，以解决消费信贷产品获取者风险承受能力与信贷产品风险

---

* 刘志伟，西南政法大学经济法学院副教授。

① 参见严言：《信贷市场要多层次多元化发展》，资料来源：http：//finance. sina. com. cn/roll/2016 - 06 - 12/doc - ifxszmnz7084294. shtml，2021年2月13日访问。

等级不相匹配的问题。事实上，中国人民银行于2020年10月16日发布的《中华人民共和国商业银行法（修改建议稿）》第七十三条、第七十四条和《关于规范整顿“现金贷”业务的通知》（整治办函〔2017〕141号）已对消费信贷产品销售的适当性管理作出原则性规定。在此语境下，当下急需解决的问题是细化消费信贷领域适当性规则的具体设计，这不仅可保护好创新型消费信贷产品获取者的合法权益，还可在一定程度上避免消费信贷危机在我国多层次消费信贷市场发展中的“粉墨登场”。

一、 消费信贷销售适当性管理的中国语境与域外经验

（一）中国消费信贷市场发展中的信贷销售乱象

在以间接金融为核心的金融体系中，商业银行等银行业金融机构是传统消费信贷服务的主要提供者，而新一代信息技术加持下的消费金融公司、小额贷款公司等消费信贷组织的发展则是最近十来年才发生的事情。尽管新一代信息技术已成为以互联网信贷为代表的多层次信贷市场快速发展的重要助推力量，但从根本上讲还是源于近年来对既往垄断性信贷体制设计的管制缓和。[①] 事实上，管制缓和起始于《国务院关于鼓励支持和引导个体私营等非公有制经济发展的若干意见》的颁行，其“允许非公有资本进入金融服务业。在加强立法、规范准入、严格监管、有效防范金融风险的前提下，允许非公有资本进入区域性股份制银行和合作性金融机构。符合条件的非公有制企业可以发起设立金融中介服务机构”，这意味着对传统正规消费信贷的垄断性、压制性管制理念与方式的转变。以此为基础，包括《关于小额贷款公司试点的指导意见》（银监发〔2008〕23号）《消费金融公司试点管理办法》（银监会令〔2009〕3号）等在内的具体领域的消费信贷规范得以颁行，随之新兴的消费信贷组织也获得了制度上的许可，小额贷款公司、消费金融公司、网络银行等即属此类。

值得关注的是，新一代信息技术的发展，进一步使多层次消费信贷市场的发展“如虎添翼”，同时问题也层出不穷，并“在实践中表现为P2P网络借贷、助贷、联合贷等信贷领域掠夺定价、违规担保、暴力催收以及其他监管套利、监管规避问题的轮番出现”[②]。具体到消费信贷产品的推介销售领域，乱象主要表现在两个方面：一是消费信贷产品推介销售程序的不规范或过于简略，并未做好授信的尽职调查工作，“一些校园借贷平台在个人信息审核方面并不严格，拍照觉得像，并不是本人就能过，协议上采集指纹，只要是手印，不是自己的也能通过”[③]。二

---

① 参见［美］爱德华·肖著：《权力与繁荣》，邵伏军等译，格致出版社2015年版，第107页。

② 参见盛学军：《互联网信贷监管新规的源起与逻辑》，载《政法论丛》2021年第1期。

③ 参见谢伟：《P2P问题平台占比过半　停业、失联、跑路问题依旧》，资料来源：http：//business. sohu. com/20160316/n440570815. shtml，2021年3月16日访问。

是消费信贷产品利率设置与服务收费偏高，“纯 P2P 学生网贷平台年化借款利率普遍在 10% ~ 25%，分期付款购物平台要更高些，多数产品的年化利率在 20% 以上。消费类贷款则较为‘昂贵’，有些分期购物平台的实际年化利率（换算成等额本息还款）可以达到 35% 及以上。”① 值得注意的是，“除了利率口径的确定问题，最不容忽略的一点是：除了借款需要支付的利息，借款人还需要面临滞纳金、逾期罚息、提前还款的罚息等费用。据记者了解，一些平台超过还款日 1 天至 7 天，滞纳金为借款金额的 1%/天；超过 7 天为逾期，逾期费率为借款本金的 2%/天。”②

（二）信贷销售适当性管理：域外治理探索的启示

美国次贷危机的发生原因可谓众说纷纭，如金融自由化过度说、会计标准不当说、经济结构失衡说等，且均有一定的解释力、说服力。只不过，“金融自由化过度说”所涵括的信贷发放标准、信贷质量下降以及信贷资产证券化过度更能明显揭示出次贷危机发生的直接根源。③

在次贷危机发生前，消费信贷产品提供者设计、销售了样式繁多的掠夺性贷款产品，如循环贷款、赎回权剥夺、搭售、可调整利率抵押贷款等，并且这些掠夺性贷款产品结构相当复杂。即使对信贷产品提供者对样式繁多、结构复杂的消费信贷产品进行充分的信息披露，借款人也难以真正理解。更何况“在向中低收入人群广泛提供的次级贷款中，营销过程充满不公平的、欺诈性的掠夺性放贷（Predatory Lending）已是不争的事实”④。对此，美国、澳大利亚等国的学界、业界以及监管层将问题治理的眼光投向了投资领域的“投资者适当原则”，并开始以立法的方式进行回应，如 2010 年澳大利亚发布的《全国消费者信贷保护规范》，对负责任借贷行为予以明确，要求贷款商必须提供诚实、公平和负责任的借贷服务；美国《多德—弗兰克法案》第 1031（d）条规定消费信贷机构不得实质性地干扰消费者理解消费信贷产品或服务的条款或条件的能力，不得不合理地利用消费者对信贷产品或服务的重大风险、成本或条件缺乏了解等。

之所以选择此种治理思路，究其根本在于包括掠夺性贷款在内的创新型消费信贷产品结构的复杂性，与创新型投资产品相类似，并且还可将部分抵押贷款产品划归到具有“票据”属性的证券范围内，此其一；其二是从产品的推介销售方式看，无论是投资类金融产品，还是创新型的消费信贷类金融产品，均都采用包括“上门兜售”在内的多元化的方式进行金融产品的推介销售。申言之，“如果适当性义务适用于面向富人的金融产品（投资类金融产品）的销售之中是

---

① 参见融贝网：《校园贷手续费高昂：利率高于信用卡分期》，资料来源：https：//www. irongbei. com/news/industry/452. html，2021 年 3 月 16 日访问。

② 参见刘筱攸：《一年打开一万亿市场　现金贷规模暴增大起底》，资料来源：http：//epaper. stcn. com/paper/zqsb/html/2017 - 10/23/node_5. htm？openurl = http：//epaper. stcn. com/paper/zqsb/html/2017 - 10/23/content_1052536. htm，2021 年 3 月 16 日访问。

③ 参见胡海峰、罗惠良：《美国次贷危机成因研究述评》，载《证券市场导报》2008 年第 12 期。

④ 参见胡文涛：《普惠金融发展研究：以金融消费者保护为视角》，载《经济社会体制比较》2015 年第 1 期。

适当的，那么将其适用于面向穷人的上门兜售的金融产品（包括次级贷款在内的信贷类金融产品）也是具有适当性的”①，故可将“投资者适当原则”拓展适用于消费信贷领域，尤其是创新型消费信贷产品的推介销售中。

回看我国，莫不与之相似，尽管我国消费信贷产品设计虽未如美国掠夺性贷款一样复杂难解，但被排斥在传统金融服务范围外的资金需求者也不能合理有效理解不同类型消费信贷产品的设计原理、交易结构、利率安排、贷款期限转换、交易成本以及违约后的责任分配等内容。②比如，“分期消费或者分期现金贷款一般是以等额本息的方式还款，表面上看每月偿还的利息相对本金利率不高，但实际上本金每月在递减，如果换算成每月还息到期还本，实际的年化利率‘还是比较高的’”③。另外，随着中国多层次消费信贷市场的建立，消费信贷产品的结构化创新也必然成为趋势。是故，在我国也有必要将“投资者适当原则”拓展适用于消费信贷产品的销售中，以更大程度上保护消费信贷产品获取者的合法权益，并避免消费信贷危机在我国多层次消费信贷市场发展中的发生。

二、 将投资者适当原则适用于消费信贷领域的具体缘由

无论是从消费信贷产品、消费信贷产品销售方式，还是从消费信贷发放标准来看，这都为多层次消费信贷市场建设中消费信贷的非规范性发展提供了可能。“对于这种贷款机构主动提供贷款给那些本来不具有良好信用评级的人的现象，乍一看似乎是在向这个群体的人提供帮助，其实是在一个虚假善意掩盖下对于本来就收入较低的人的剥夺。”④ 创新型消费信贷产品的结构化及其所导致的信息严重偏差与“上门兜售”推介销售方式的结合导致创新型消费信贷金融产品与结构化投资类金融产品的推介销售没有本质差异，均会导致金融产品购买者的风险承受能力与金融产品风险等级不相匹配。是故，有必要且必须将投资者适当原则拓展适用于消费信贷产品的销售领域。

（一）样式繁多、结构复杂的消费信贷产品创新

随着利率市场化、小额信贷、普惠金融等政策的实施与推进，消费信贷产品设计或信贷产品创新已成为多层次消费信贷市场发展不可或缺的一环。在垄断性金融体系设计下，商业银行等

---

① See Kathleen C. Engel & Patricia A. McCoy, A Tale of Three Markets: The Law and Economics of Predatory Lending, 80 Texas Law Review 1255 (2002), p. 1319.

② 参见魏崑等主编：《中国消费金融次贷报告——次贷危机的中国镜鉴》，中国金融出版社 2020 年版，第 60 页。

③ 参见融贝网：《校园贷手续费高昂：利率高于信用卡分期》，资料来源：https://www.irongbei.com/news/industry/452.html，2021 年 3 月 23 日访问。

④ 参见韩祥波：《金融产品销售的适当性法律问题研究》，法律出版社 2013 年版，第 76 页。

银行业金融机构是消费信贷产品的主要提供者，并且受贷款利率上下限严格限定等因素的约束，其提供的消费信贷产品类型也相对单一，并且很难为不同类型信贷资金需求者提供与之匹配的“私人订制”型消费信贷产品。在互联网或大数据时代，金融的深化发展与监管理念的革新使金融行业的竞争性得到空前增强，多层次消费信贷市场逐步建立，随之而来的是消费信贷产品、消费信贷服务的创新——消费信贷产品逐步从单一走向多元、消费信贷服务逐步从线下转到线上，同时也激发了不同类型资金需求者的多样化消费信贷需求。

单独就消费信贷产品创新而言，较之于传统金融机构，新兴消费信贷组织的信贷产品创新更为活跃，此时样式繁多的消费信贷产品类型被设计开发出来，如“平安普惠”的消费信贷产品，可细分为优房贷、寿险贷、车主贷、薪金贷、业主贷、宅 e 贷、现金贷等。就消费信贷产品的利率与期限结构来看，传统的固定利率贷款向可调整利率贷款转变、一般分期偿还贷款向漂浮式贷款转变，如可调整利率贷款的“负摊销”模式，“在货款前几年，借款者的还款金额甚至可以低于应付利息，但未偿还的应付利息部分将会自动计入货款本金。一旦累计的应付利息部分超过货款总额的 15% 或 25%，那么每月还本付息额就要根据新的贷款本金重新计算”[①]，借款人基本上不明白利息的计算方式以及最终其需要偿还本息的总额。就互联网消费信贷的“校园分期”来看，“在借款额度与期限上，各家平台的差别比较大，借款最低是 100 元，最高是上万元甚至几十万元，一般是 1000 元至 1 万元之间；期限上最低是 1 个月。而从分期付款购物平台产生的贷款略有不同，贷款额度除了有上限，还和该平台支持的产品品类有关系。从利息和手续费来看，各家平台也不尽相同，而且不少平台并不提及自己的利息，只是表示根据信用等级由系统评估，或者是免息但直接转换为服务费。”[②] 申言之，随着多层次消费信贷市场的发展，无论从消费信贷产品的提供主体、消费信贷产品的类型，还是消费信贷产品的利率、期限与交易结构来看，创新型消费信贷产品层出不穷、样式繁多，但相应的监管规范却不甚完备，这加剧了消费信贷产品销售的风险暴露，表面上满足了借款者的融资需求，实质上却对借款者的财产安全造成了潜在威胁。究其本质来看，像掠夺性贷款这样的消费信贷产品其应不属于具有“投资合同”属性的证券，而应划归于具有“票据”属性的证券[③]，当然，将其划归于具有“票据”属性的证券的依据，则源于“Reves. v. Ernst & Young”和“Landreth Timber Co. v. Landreth”两案中对

① 参见陈岱松：《美国次贷危机对我国金融法律的警示》，载《法学》2008 年第 4 期。

② 参见融贝网：《校园贷手续费高昂：利率高于信用卡分期》，资料来源：https：//www. irongbei. com/news/industry/452. html，2021 年 3 月 23 日访问。

③ See Jonathan Macey et al. , Helping Law Catch up to Markets：Applying Broker – Dealer Law to Subprime Mortgages, 34 The Journal of Corporation Law 789（2008），pp. 806 – 807.

"票据"内涵与外延的框定[①]。因此，应将生成并兴盛于投资领域的投资者适当原则拓展适用于复杂的结构性消费信贷产品的销售之中。

（二）创新型消费信贷产品推介的"上门兜售"

在多层次消费信贷市场发展中，销售方式随着消费信贷产品创新而作出调整，并且已从原先的卖方市场逐步向买方市场转化，面对激烈竞争，消费信贷服务机构多采用积极主动的"上门兜售"（Peddle）的方式向社会公众，尤其是被排斥在传统消费信贷市场外的人推销其消费信贷产品或服务。"上门兜售"一般是指推销商到居民区挨户兜售商品的行为。消费者可能是在推销商连蒙带骗的诱导下实施购买行为的[②]。"上门兜售"在保险产品的推介销售领域应用非常广泛，现在随着金融产品的创新发展，已经逐步拓展到理财产品、小额信贷等领域。就信贷产品的推介销售而言，既往信贷产品的提供主体主要是垄断性的银行业金融机构，现在随着互联网消费金融公司、互联网小额贷款公司等新兴互联网消费信贷组织的兴起，消费信贷产品的提供主体走向多元，并且随着利率管制的放松，消费信贷产品已经从单一走向多元，而机构之间的竞争、产品之间的竞争已经促使消费信贷产品的推介销售逐步向"上门兜售"或者互联网语境下的"精准推荐"的方式转变。以掠夺性贷款为例，掠夺性贷款始于抵押贷款经纪人与借款人的沟通，而他们彼此得以沟通的机会，即是抵押贷款经纪人采用"上门兜售"的方式向借款人推介销售样式多样的掠夺性贷款产品。值得注意的是，掠夺性贷款的借款人主要是被排斥在消费信贷市场之外缺乏良好信用评级的人，其主要包括少数群体、外来移民及老年群体。长期被排斥在消费信贷市场之外，导致借款人缺乏对消费信贷市场的了解，而对消费信贷市场了解的缺乏又进一步导致借款人与抵押贷款经纪人、贷款人存在信息上的不对称性，即借款人在信贷产品信息获取、阅读和理解上存在弱势。"次贷这种产品的交易与传统的证券产品销售具有相同的本质。然而，当一个投资者因为接受了经纪交易商的推荐或销售的不适当证券造成的损失时，是有获得救济途径的，可如果获得的产品是次级贷款，因此遭受巨大损失时，却没有任何的救济途径，这样的结果正当性是值得追问的"[③]。如果将投资类金融产品销售者的义务类推适用于消费信贷产品的销售中，尤其是投资者适当原则，这将有助于避免将不合适的消费信贷产品推介销售给不符合其风险承受能力的资金需求者。

在我国消费信贷产品领域，"上门兜售"的推介销售方式运用比较广泛，"根据记者统计，仅在山师长清校区内，随处可见的大学生分期与贷款等相关广告，就有15种，总数量高达2630

① See Reves v. Ernst & Young, 494 U. S. 56, 64 (1990) [quoting Landreth Timber Co. v. Landreth, 471 U. S. 681, 692 (1985)].

② 参见刘青文：《德国的消费者撤回权制度》，载《世界经济与政治论坛》2009年第4期。

③ 参见韩祥波：《金融产品销售的适当性法律问题研究》，法律出版社2013年版，第77页。

条。这些广告到处张贴，比如‘爱学贷’，这是一个大学生分期购物平台，也提供小额借款，小广告有930条之多”[①]，并且根据“负责校园贷款业务的宋先生介绍，在校大学生如果需要借款，首先要提供身份证和学生证，确认学籍之后，会有业务员来找你填写合同，随后放款”[②]。值得注意的是，与传统的消费信贷员不同，现在诸多消费信贷产品的销售人员多是兼职人员，并且在校园分期贷款中，诸多消费信贷产品的推介销售人员本身就是校园学生。校园学生长期处于校园之中，经常以各种各样的方式在同学、朋友之间进行推介销售，由于同学、朋友之间的信任与关系密切性质，决定了消费信贷产品的推介销售更加容易，事实上此举深化了“上门兜售”的内涵。更重要的是，新一代信息技术加持下的互联网消费信贷产品之大数据“精准推荐”进一步深化了“上门兜售”的实践意义。本质上，“上门兜售”本身并不存在问题，关键是在消费信贷产品的销售中经常存在信息披露不完备、解释说明不充分，甚至是诱骗欺诈问题，并且“上门兜售”的接受者多属于缺乏持续还款能力的群体。为保护创新型消费信贷产品获取者的合法权益，应在消费信贷产品的推介销售中建立适当原则，因为“如果适当性义务适用于面向富人的金融产品（投资类金融产品）的销售之中是适当的，那么将其适用于面向穷人的‘上门兜售’的金融产品（包括次级贷款在内的信贷类金融产品）也是具有适当性的”[③] 和实践合理性。

（三）传统消费信贷产品销售监管标准的不完备

目前我国消费信贷发放标准是专门针对银行业金融机构消费信贷产品而设计的，遵循了较为严格的监管标准，但在金融深化发展、普惠金融理念推广实施、多层次消费信贷市场建设中，并没有结合消费信贷组织种类的增多、消费信贷产品的创新、消费信贷产品推介销售方式的变化等作出适时调整。更突出的问题是，我国缺乏统一性的银行业法。目前我国间接融资市场主要遵循的是机构或主体监管思路，但消费信贷市场的“主体是不是就只是商业银行是值得考虑的问题，应该利用修订《商业银行法》的机会制定一部《银行业法》”[④]。易言之，我国消费信贷发放标准主要适用于传统的消费信贷主体商业银行等银行业金融机构，但现在的消费信贷组织还包括小额贷款公司、消费金融公司以及以新一代信息技术为依托的网络小额贷款公司等主体，这就导致既有的消费信贷发放标准几乎不能有效适用于除商业银行等银行业金融机构之外的其他消费信贷组织。退一步讲，即使现行消费信贷发放标准可适用于除商业银行等银行业金融机

① 参见张頔、魏新丽：《8成大学生试过分期消费！济南仅一个高校就贴了2630条贷款广告，不让父母知道能贷5万》，资料来源：http：//mt. sohu. com/20160406/n443465083. shtml，2021年3月25日访问。

② 参见张頔、魏新丽：《8成大学生试过分期消费！济南仅一个高校就贴了2630条贷款广告，不让父母知道能贷5万》，资料来源：http：//mt. sohu. com/20160406/n443465083. shtml，2021年3月25日访问。

③ See Kathleen C. Engel & Patricia A. McCoy, A Tale of Three Markets: The Law and Economics of Predatory Lending, 80 Texas Law Review 1255 (2002), p. 1319.

④ 参见方烨：《应该制定一部〈银行业法〉——访中国经济50人论坛成员、全国人大财经委副主任委员吴晓灵》，资料来源：http：//jjckb. xinhuanet. com/2015－12/07/c_134890894. htm，2021年3月25日访问。

构之外的新兴消费信贷组织，但也会出现诸多不适应性。譬如，消费信贷组织在“开展信贷业务时所采取的风险测算体系和信用考核办法都是简单地采用统一标准”①，并未结合处于弱势地位借款人的特殊情况作出特殊处理。需要特别关注的是，除传统的以商业银行为代表的消费信贷组织外，包括小额贷款公司、消费金融公司以及以新一代信息技术为依托的网络小额贷款公司等消费信贷供给主体，其所面向的借款主体更多是被排斥在传统金融服务范围外的资金需求者。如若继续采用简单而缺乏差异性的消费信贷标准，此举将导致被排斥在传统消费借贷服务范围外的人依旧无法获得所需资金，新兴的消费借贷组织、多层次消费信贷市场也将无法得到持续健康发展。

质言之，即使可以将现行消费信贷发放标准适用于新兴的消费信贷组织也会因标准缺乏差异性而产生诸多不适应的症状，甚至可能导致促进多层次消费信贷市场发展的制度设计初衷落空。对于传统消费信贷发放标准不完备性问题的解决，需要在《银行业法》的修订中结合多层次消费信贷市场中不同类型的消费信贷主体、消费信贷产品、消费信贷方式等，制定差异化的消费信贷产品推介销售标准。进一步讲，之所以由消费信贷发放标准向消费信贷产品销售标准转变，根本原因在于消费信贷产品的多元化、结构化、复杂化，并且其利率、期限结构等越来越难以为借款人有效理解，而原先的消费信贷发放标准更多是专门针对传统消费信贷产品所设计。其中，差异化消费信贷产品销售标准与规则的设计，就需要结合资金需求者风险承受能力与消费信贷产品风险等级的有效匹配来展开，此即投资者适当原则核心内容——产品与客户匹配——在消费信贷产品推介销售中的体现。

三、 消费信贷领域金融适当原则走向实践的规则设计

消费信贷产品销售适当原则走向实践的规则设计，当然不能忘却其源起领域及其制度设计。投资者适当制度的设计初衷是“为了平衡保护投资者利益，要求证券市场中介机构（主要指证券经纪商 Broker – dealer）履行审慎选择投资者的义务，将适当的产品销售给适当的客户”②。如若消费信贷产品销售适当原则的引入与规则设计仅是照本宣科，而不顾其背后所隐藏的利益所在与消费信贷产品购买者权利保护的根本旨趣，这必将导致消费信贷产品销售适当原则走向规则的研究、设计徒有其表，甚至沦落为消费信贷产品销售者规避法律责任承担的工具或手段。是故，消费信贷产品销售适当规则的设计必须将消费信贷产品购买者和消费信贷产品销售者各自的权利诉求进行衡量，并注重对消费信贷产品获取者的权利给予倾斜性保护。另外，消费信贷产品销售适当规则的设计，还必须在结合消费信贷产品属性、推介销售行为特征的基础上，积极借

---

① 参见冯果、李安安：《收入分配改革的金融法进路》，法律出版社 2016 年版，第 107 页。

② 参见武俊桥：《证券市场投资者适当性原则初探》，载《证券法苑》，法律出版社 2010 年版，第 131 页。

鉴投资者适当原则的核心内容——了解产品、了解客户、产品与客户匹配——进行符合消费信贷行为自身特质的规则设计。

（一）消费信贷产品销售适当之规则化设计的理由

在投资领域，适当性更多体现为一种原则而非规则，并且学界也更倾向于使用笼统的原则而非具体的规则来设计投资者适当制度①，究其根本在于，投资类金融产品的销售者不需要对投资者的资金支付能力给予过多考量，而只需保证投资者的风险承受能力与投资类金融产品之风险等级有效匹配即可。然而，在创新型消费信贷产品的推介销售中，适当性更为关注消费信贷产品的购买者未来究竟有没有能力去偿付其所借款项，其中涉及消费信贷产品利率、期限结构的设计以及服务费用收取等重要因素。事实上，这也是既有金融法律规范对消费信贷产品之价格设定或管制更为严格的根源，如虽然逐步实现利率的市场化设计，但诸多国家仍然在刑法层面设计了高利贷的罪名。投资类金融产品之价格设定基本上完全遵循市场供需规律，由投资类金融产品的设计者依据其基础资产价值并结合流动性等相关因素进行自由设定。

除传统银行所提供典型消费信贷产品外，创新型消费信贷产品的设计主要是围绕利率、期限、逾期罚息以及上述不同元素的结构化组合展开。以掠夺性贷款为例，掠夺性贷款产品经常包括支付非常高的实际罚息和利率，而不像固定利率贷款那样②，如果不以规则而以原则的方式对掠夺性贷款的利息、逾期罚息进行规定，此时包括传统银行业金融机构在内的消费信贷产品的提供者将担心自己所实施消费信贷产品的销售行为有可能被认定为“不适当”，从而拒绝给那些被排斥在传统金融服务范围外的群体提供消费信贷服务。值得注意的是，消费信贷产品利息、非利息的价格设定经常会附带着担保物价值变现或处置权归属，而原则性的价格设定极有可能为那些投机钻营的高利贷者提供便利，即将缺乏明确性的适当性制度作为消费信贷产品销售者自身规避法律责任承担的手段。另外，还有两点需要注意：一是消费信贷类产品与投资类金融产品不同的关键是，各自产品销售与期限截止时，其资金的流向完全是相反的，消费信贷产品的购买者需要及时偿还消费信贷产品销售者的资金，其中至关重要的是消费信贷产品购买者是否具备持续偿还能力。二是消费信贷产品的购买者经常是被排斥在传统金融服务外的资金需求者，而投资类金融产品的购买者经常是具有一定闲置资金的群体，如若遭受损失对于低收入群体与高收入群体产生的影响将存在非常大的差异，低收入群体极有可能因为无法偿还消费信贷产品销售者的资金而最终走向“赤贫”。是故，唯有在原则的指导下，将消费信贷产品适当原则进行具体性的规则设计，严格监管消费信贷金融产品的结构设计、推介销售行为，尤其是价格的设定，

① See Cass R. Sunstein, Problems With Rules, 83California Law Review953 (1995), pp. 955 - 1021.

② See Jonathan Macey et al., Helping Law Catch up to Markets: Applying Broker - Dealer Law to Subprime Mortgages, 34 Journal of Corporation Law 789 (2009), pp. 806 - 807.

并为其提供明确具体的可操作性标准才可能防止消费信贷产品的生产者、销售者侵害与其进行交易的消费信贷获取者的合法权益。

（二）消费信贷产品销售适当规则核心内容的设计

投资领域的适当性制度涵括了“了解你的产品”“了解你的客户”“数量适当规则”等核心内容，当然消费信贷产品适当规则核心内容的设计也无出其右。转换到消费信贷领域，为保障消费信贷产品获取者的合法权益，首先，必须要求消费信贷产品销售者知晓其所提供消费信贷产品的设计原理、交易结构、利率安排、期限转换、交易成本以及违约后的责任分配，并完备地向其获取者予以真实、准确、完整地披露、说明。其次，消费信贷产品销售者也负有对消费信贷产品获取者的信贷知识、还款能力、风险认知等个人信息进行调查、测试与评估的义务。最后，在明晰并披露其消费信贷产品信息和对信贷产品获取者风险承受能力进行评估的基础上，分别对消费信贷产品进行分级和对消费信贷产品购买者进行分类，继而对消费信贷产品与消费信贷产品获取者进行合理匹配。其中，为保证交易的公平性，消费信贷销售者不得进行非法欺诈或欺骗的贷款、要求借款人放弃有益法律救济的贷款、贷款歧视以及在服务提供中进行权利滥用等。尤为值得注意的是，消费信贷产品适当规则核心内容的设计除要遵循适当性原则之共性内容外，还要结合消费信贷产品自身的特点而进行设计，尤其是要结合消费信贷产品的购买主体、产品结构、是否允许自我放弃适当原则的适用作出差异化的制度安排。

一是就消费信贷产品的获取主体而言，消费信贷适当的可适用主体主要是那些被排斥在传统消费信贷服务范围外的资金需求群体。当然，也包括商业银行依据借款人的实际还款能力、还款意愿等因素进行贷款质量的五级分类之次级、可疑、损失等级的消费信贷产品获取者。直言之，适当性的适用主体主要是历史上根本没有、现在也没有机会在商业银行等传统金融机构获得资金的资金需求者，以及那些虽已经或曾经在传统金融机构获得过消费信贷资金，但由于还款能力的下降而可能被限制继续获得消费信贷资金的资金需求者。之所以如此确定，究其根本在于上述信贷消费产品获取者的信息获取能力、议价能力、选择能力始终处于弱势地位，消费信贷产品提供者极易利用信贷消费产品获取者在选择或使用消费信贷产品或服务时无法保护自己利益的困境而误导销售、滥用优势。①

二是消费信贷产品的结构设计直接决定了消费信贷适当性的适用，结构简单、利率固定的典型贷款不适用该适当性，而对于那些综合利息率、逾期罚息、服务费过高的创新型消费信贷产品则必须适用适当性。2020 年 8 月 18 日发布的《最高人民法院关于审理民间借贷案件适用法律若干问题的规定》以中国人民银行授权全国银行间同业拆借中心每月 20 日发布的一年期贷款市

---

① 参见吴晓晨：《消费信贷产品监管的路径与机制研究——基于美国〈多德—弗兰克法案〉1031（d）条款的评析》，载《金融监管研究》2020 年第 7 期。

场报价利率（LPR）的4倍为标准确定民间借贷利率的司法保护上限。不无遗憾的是，目前尚没有任何规定对创新型消费信贷产品，尤其是传统金融机构贷款利息率的临界值或触发点进行规定。事实上，这对于创新型消费信贷产品是否适用适当原则非常重要。因此，应明确规定不同层次信贷市场、不同金融机构之利息率、逾期罚息与服务费等的不同层级阈值或触发点，以备确定适当原则适用的消费信贷产品的具体类型。

三是对于是否允许自我放弃适当性的适用而言，可以分为两种情况，一种是在消费信贷产品获取时，消费信贷产品需求者的自主选择权问题；另一种是拥有消费信贷产品获取权而是否选择适用消费信贷适当性的问题，当然这都需要结合消费信贷产品的结构与消费信贷产品的需求者进行分析。对于前者而言，前提是消费信贷产品的获取者只能获得与其自身相符合的产品，而禁止其申请与其未来持续还款能力严重不匹配的创新型消费信贷产品。原因在于，如果借款人不能偿还其所借款项，低收入群体极有可能因为无法偿还消费信贷产品销售者的资金而走向“赤贫”，并且由于无法偿还可能会影响到存款类金融机构之消费信贷产品销售者的存款客户的财产安全性。对于后者而言，消费信贷产品需求者拥有产品获取权是否选择适用消费信贷适当性的问题，具体要结合消费信贷产品风险等级与消费信贷产品获取者风险承受能力等级的排列组合予以确定，比如，对于那些风险承受能力高却获取了风险级别相对较低的消费信贷产品的组合可以放弃消费信贷适当性的适用，而对于那些风险承受能力低却获取了风险级别较高的消费信贷产品的组合则不允许放弃消费信贷适当性的适用，当然这涉及消费信贷交易格式合同效力、事后纠纷问题的解决等事项，更大程度上是适当性义务的违反而言的。总之，消费信贷产品适当性原则走向规则的实践性设计，要以消费信贷销售者对消费信贷产品获取者的适当性义务为主线，强调消费信贷产品销售机构义务的单方面性，并需要结合消费信贷产品自身的特点对消费信贷产品适当性规则进行具体设计。

户用光伏纠纷拆解及其法律治理路径

■ 尚博文*

摘要：分布式光伏行业在过去几年迎来快速发展。不同于地方政府、国企主导下的“整县推进”模式，户用光伏中的诸多新问题逐渐引起各方关注。经过对101份判决书进行分析，可以总结出户用光伏案件的画像、政策与商业逻辑。实证分析反映出的首要问题是发电量难以达标，应当引入“划定红线、参考同类”的标准，规制远未达到额定功率的情形，并将符合特定条件的光伏宣传认定为要约。通过分析案件中的贷款流向，发现“光伏贷”是驱动此类商业交易的动力，也是引发虚假宣传等问题的根本缘由。对于“光伏贷”，最关键的是变革现有担保方式，倒逼企业长期规范经营，还需强化银行对光伏贷款的审查，加强对安装公司这一合作对手方的审查与管理。

关键词：户用光伏　虚假宣传　发放贷款　贷款审查

一、 引言

“国家政策补贴，投资0成本，轻松坐享收益20年！”

正是乍暖还寒时，老万刚回村口就被光伏安装公司的宣传所吸引。工作人员笑着解释：“万伯，俺们这是国家扶贫项目，政策上还有光伏贷款，只用一万块钱就能装上机器。机器装上之后只需每隔几天清理清理，大的维修给老弟打电话，俺们来弄就中，发电量和机器质量俺们给保障20年！”老万见对方虽并非是政府工作人员，有些犹豫。工作人员趁热打铁拿出一箱酒、一台电饭煲，当场作为“签字费”送给了老万。眼见其出手“豪阔”，端的是古道热肠，老万心中甚是欢喜，没隔几天就让工作人员带着自己去办了贷款、在屋顶装了光伏板。

随后的故事就非一言能尽。光伏板好生娇贵，春夏的灰尘雨水、秋冬的落叶飞雪，都能让发电效率大打折扣，老万不得不爬上爬下每天清理；几个月后，老万发现光伏板发电量根本未达到销售人员的承诺，实际发电量还不到宣传的一半……好不容易捱过一年，其中几块板无法发电了，老万

* 尚博文，北京大学法学院博士研究生。

打电话给“热心肠”的老弟维修，电话那边却已经换了一家公司，说原来的公司已经注销了……老万怒从心中起，誓要拿着合同去法院“讨个说法”，谁料法院不听老万百般辩解，判决老万败诉草草结案。诉中老万遇到相似遭遇之人，了解到自己拿到的光伏板远高于市场价格，变卖恐也难覆成本……银行多次打电话催老万还款，还说不还款就要把老万的房子拿了去抵……

这正是：本欲贷款购光伏，未料电财皆为空。

以上虽是戏说，却可能是发生在农村地区大小村落中的真实故事。从2014年起，国家通过农户借“光伏贷”低成本安装光伏板、国家依据发电量予以度电补贴的方式发展清洁能源，助力扶贫脱贫。光伏市场中存在多种模式，国企、地方政府主导下的“整县推进”模式交易较为安全且收益稳定；而发生在单个农户和安装公司之间的户用光伏交易，虽仍被后者冠以“扶贫”之名，却存在较大的交易风险。安装公司轻松“套贷”成为驱使此类交易不断发生的根本动力，且暴露出发电量不足导致农户难以偿还贷款的现实问题。

此类案件在户用光伏市场中数量众多，2021年10月以来，多家媒体相继报道这一市场乱象。[①] 受此影响，邓州市、常德市、曲阜市等十余地更是开始陆续发文暂停屋顶光伏备案工作。[②] 这类案件虽由一个个农村家庭吞下苦果，其背后隐藏的制度原因却值得深思。

二、户用光伏的政策与商业交易逻辑

（一）户用光伏的政策逻辑

发展光伏产业在调整能源结构、推进能源生产和消费革命等方面具有重大的战略意义。[③] 财政部等多部门在2009年联合开展了“金太阳”示范工程，[④] 通过财政补助的方式支持光伏发电项目的发展。“金太阳”示范工程的事前补贴模式导致许多企业通过“跑审批、拖工期、以次充好”等方式骗取补贴，[⑤] 致使该项目实际接入电网并长期发电的项目占比不到50%，最终于2013年结束工程。[⑥] 自2013年起，我国政府为应对美国、欧盟“双反”调查，颁布了多项光伏

① 凤凰网、搜狐网、知乎平台自媒体等，如凤凰网：《困在光伏里的农民：免费的阳光为何让我欠了银行20万》，资料来源：https://finance.ifeng.com/c/8AoIUYAlEJ6，2021年12月28日访问。

② 如邓州市发改委下发的《关于暂停我市部分屋顶光伏项目工作的通知》；常德市发改委下发的《关于暂停新增光伏发电项目备案的通知》。部分新闻媒体对这一事件进行了报道，如《经济日报》：《全国已有超过10个县市暂停光伏项目备案》，资料来源：https://www.guancha.cn/politics/2021_12_23_619582.shtml，2022年1月3日访问。

③ 《国务院关于促进光伏产业健康发展的若干意见》（国发〔2013〕24号）。

④ 《关于实施金太阳示范工程的通知》（财建〔2009〕397号）。

⑤ 樊荣等：《浅谈光伏发电项目的电价与补贴政策》，资料来源：https://mp.weixin.qq.com/s/THw6ziHJYP4HnMYDzyJ-Lw，2021年12月28日访问。

⑥ 《财政部关于清算金太阳示范工程财政补助资金的通知》（财建〔2013〕117号）。

补贴政策，光伏产业进入度电补贴的高速发展时代①。

光伏电站的发展从集中式走向分布式是一种必然趋势。② 分布式电站有其相对集中式的独特优势，第一，也是最突出的一点就是低能耗。分布式光伏处在用户侧，“就地并网”能有效减少对电网供电的依赖，减少线路损耗。③ 第二，推广分布式光伏诚然不如集中式迅速，但因门槛较低、屋顶众多，其市场潜力巨大。第三，“碳达峰”“碳中和”等目标决定了未来分布式光伏发展的必要性，实现2030年前碳达峰、争取2060年前碳中和的目标任务艰巨，更决定了持续推动新能源转型政策的方向。④

因此，政策目标决定了继续推进光伏市场发展的大趋势，而在集中式光伏易于安装但高能耗的劣势下，拥有独特优势、适合持续推广且潜在市场极为广阔的分布式光伏便成了首要目标。如此，对户用分布式光伏市场中的问题加以规制则更显必要。

分布式光伏仍然包括许多类别。如图1所示，由国企、央企带头推进的集中式光伏，以及分布式光伏中的工商业模式均非本文讨论范围；户用光伏下还存在“整县（村）推进”模式，⑤ 自2014年起由地方政府牵头，国企、央企为投资主体。⑥ 这类模式的目标是建立扶贫收益分配管理制度，原则上保障每位扶贫对象获得年收入3000元以上；⑦ 同时，安装设备所需资金投入由县财政统筹与银行信贷帮扶，往往还会建立县财政倒贷基金。⑧ 这种“整县推进”的光伏扶贫项目计划由于选用的光伏板质量过关、流程正规，存在的风险较少，能够正常地赚取收益还本付息，目前正在逐步推广。⑨

---

① 参见吕鑫，祁雨霏等：《2020年光伏及风电产业前景预测与展望》，载《北京理工大学学报（社会科学版）》2020年第22期。

② 集中式指充分利用荒漠地区、荒山、塌陷矿区丰富和相对稳定的太阳能资源构建大型光伏电站和水上光伏电站，接入高压输电系统供给远距离负荷；分布式指主要基于建筑物表面，包括村镇居民住房屋顶太阳能电站和工商企业屋顶光伏电站，就近解决用户的用电问题和资源利用问题，通过并网实现供电差额的补偿与外送，以及企业和居民的自用电，资料来源：https：//mp. weixin. qq. com/s/BSCHd1ELHVWXifH070C1DQ，2021年12月28日访问。

③ 东吴证券研究报告：《户用专题报告：户用如日方升，星辰大海》。

④ 《关于引导加大金融支持力度促进风电和光伏发电等行业健康有序发展的通知》（发改运行〔2021〕266号）。

⑤ 国家能源局《关于报送整县（市、区）屋顶分布式光伏开发试点方案的通知》。

⑥ 《光伏扶贫工程工作方案的通知》（国能新能〔2014〕447号）、《关于实施光伏发电扶贫工作的意见》（发改能源〔2016〕621号）。

⑦ 《关于实施光伏发电扶贫工作的意见》（发改能源〔2016〕621号）。

⑧ 廖伟生：《光伏扶贫新模式的实践与思考》，资料来源：https：//www. financialnews. com. cn/ll/gdsj/201608/t20160822_102442. html，2021年12月28日访问。

⑨ 目前已进行至第四批，且已颁布“整县推进”最新政策（《关于报送整县屋顶分布式光伏开发试点方案的通知》）。如第一批：本批下达14个省（自治区）、236个光伏扶贫重点县的光伏扶贫项目，共8689个村级电站，总装机规模4186237.852千瓦，扶持对象为14556个建档立卡贫困村的710751户建档立卡贫困户。

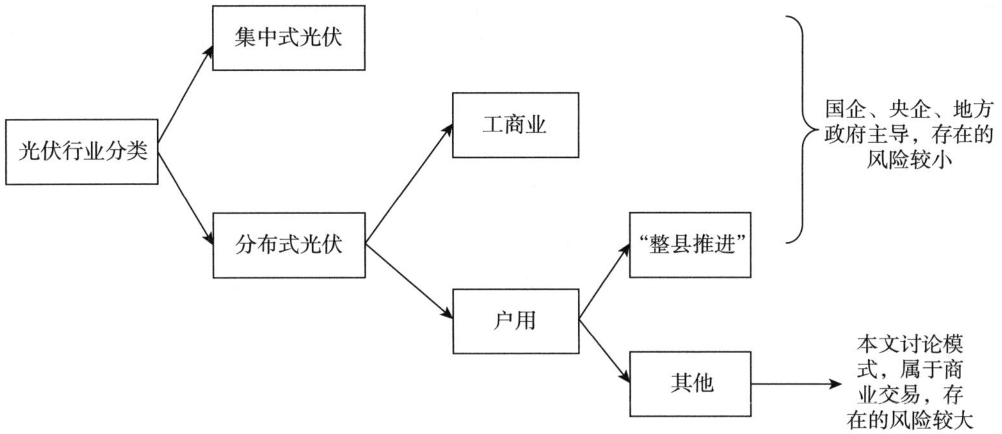

图1　光伏行业分类

（资料来源：笔者自制）

实践中出现问题较多，也是本文要集中讨论的，是"整县推进"模式之外的户用光伏模式。这类模式大多存在从银行借"光伏贷"购买光伏的行为，兼具能源与金融属性，其发展相较于"整县推进"模式更偏市场化，也更加迅猛。

（二）户用光伏的商业逻辑与经济性测算

限于光伏安装需要较大面积、较多光照等因素，户用光伏的主要市场集中在农村，其商业模式涉及一整条产业链。如图2所示，和买方农户对接的是光伏安装公司的推销员，而沿着此条生

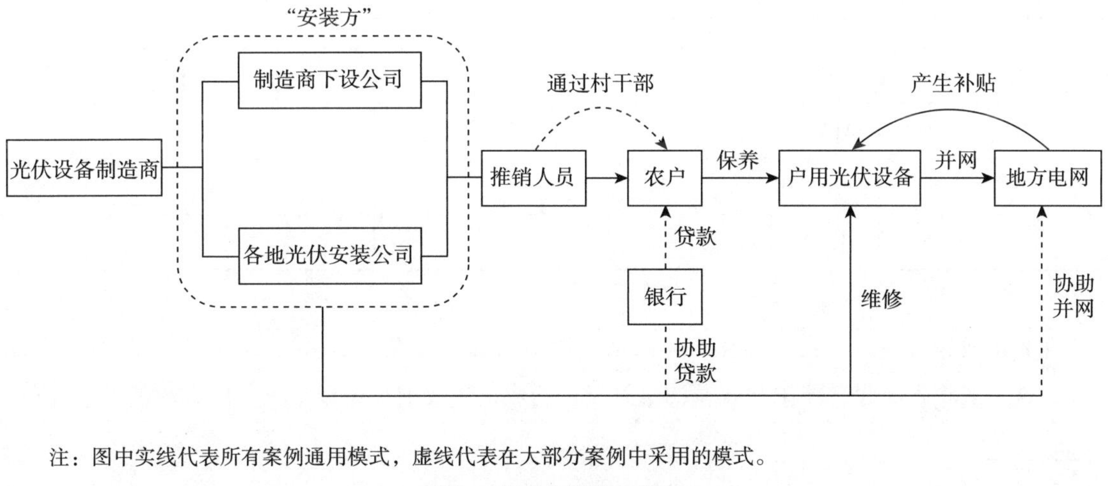

注：图中实线代表所有案例通用模式，虚线代表在大部分案例中采用的模式。

图2　户用光伏商业模式

（资料来源：根据所研究司法判例及相关新闻稿总结）

产线向上游追溯则是大型光伏设备制造公司。“轻资产模式”下，各地渠道商、安装公司扮演起“中间商”的角色，招揽大量未经过系统培训的光伏推销员，运用统一的话术和营销手段，深入各个乡镇之中直接或是通过村干部与农户对接。

若装机功率为5kWh、装机成本4.5元/W，在政策补贴足额持续发放20年、设备能够得到正常维护的情况下，采用全额上网方式来计算其经济性收益结果如表1所示。①

表1 政策逻辑下户用光伏的经济性收益测算

单位：元；年有效光照（h）；年实际发电（度）；上网电价（元/千瓦时）

运行年份	1	2	3	4	5	6	……	19	20
初始投资	22500								
贷款总额	15750								
综合损耗系数	100%	97.0%	94.0%	91.0%	88.0%	85.0%	……	46.0%	43.0%
年有效光照时间	1000	1000	1000	1000	1000	1000	……	1000	1000
年实际发电量	5000	4850	4700	4550	4400	4250	……	2300	2150
脱硫燃煤标杆电价	0.35	0.35	0.35	0.35	0.35	0.35	……	0.35	0.35
补贴电价	0.32	0.32	0.32	0.32	0.32	0.32	……	0.32	0.32
发电收益	3350	3250	3149	3049	2948	2848	……	2730	2170
维护支出	500	500	500	500	500	500	……	500	500
支付利息合计	1653.61	0							
总收益	47905								
总支出	34153.61								
净收益	13751.39								
净收益率	61.12%								

资料来源：笔者自制。

在光伏政策补贴下，农户会在5年内利用发电收益还清贷款，并在20年内获得稳定收入。然而，这一兼顾发展绿色能源与收益的愿景能否达成，还要取决于以下三个因素：其一，补贴是

① 假设条件如下：平均有效光照时间1000小时；系统寿命20年，包括每年衰减率在内的综合损耗系数每年递减3%；脱硫燃煤标杆电价、补贴电价分别为0.35元/kWh、0.32元/kWh；年维护费用0.1元/W；贷款比例70%；贷款期限5年等额本息，贷款利率4%。

否能够在保证价格不发生重大变动的情况下持续20年;[①] 其二，是否能达到每年预期发电量；其三，在如此长的持续期间内，安装公司所谓的后续服务与保证若无法完成，会造成虚假的20年质量保障期，设备得不到及时维护将对预期收益造成重大影响。从实证案例来看，除了补贴能否持续这一涉及政策自身之外，其余两个问题已然显现。

三、 从101份判决书拆解户用光伏交易

尽管行业政策为非“整县推进”模式下的户用光伏商业模式留有足够利润空间，但市场中乱象频出。探究如何规制的应然问题之前，有必要对近年来涉及户用光伏的司法判决进行梳理和分析。本文以法院判决书为研究样本，在“中国裁判文书网”与“北大法宝”两大数据库进行了检索，经筛选得出与本文相关的有效判决共101份。[②]

（一）类案呈现较为统一画像

此类案件中原被告双方均为公司，或双方均为当事人的情况较少，通常是一方当事人为光伏安装公司，另一方当事人为在屋顶安装光伏设备的一方（下称自然人或农户）；存在多组案件为同一地区同一安装公司作为当事人的情形；[③] 在98件显示双方当事人所签合同总价款的案件中，合同总价不超过5万元的有33件，超过5万元以上10万元以下的有35件，二者占所有显示合同总价案件的69.4%；此外，所有案件均未发生在年等效利用光照时间高于1600小时的I类资源区；[④] 发生在II类资源区的也仅有3件；共有98件发生在三类资源区中，其中又以河南、

---

① 投入运营时的补贴价格一旦确定，就会与后续补贴价格变化脱钩：例如甲的光伏设备于2017年投入运营时补贴价格为0.42元/kWh，即使2021年补贴价格降为0.03元/kWh，甲仍按照原有价格获得补贴。这里有一个问题：根据2013年出台的《关于发挥价格杠杆作用促进光伏产业健康发展的通知》，光伏补贴价格自投入运营之日起“期限原则上为20年”，这20年中补贴价格若变化则也会对收益产生相当大的影响，但因其为政策原因，本文并不深入讨论。

② 具体检索方式及检索理由如下：首先，通过阅览相关典型案例，确定以“分布式”“光伏”“发电”作为全文检索限定词，限定范围为“判决书”，将绝大部分无关案例排除在外，得出4576份判决书；其次，考虑到《关于2018年光伏发电有关事项的通知》（以下简称“531新规”）对光伏行业产生的重大影响，将审结时间跨度限定在了2019年1月到12月，范围限缩至1151份判决书；根据《民事案件案由规定》，2019年间涉及户用光伏项目主要存在买卖合同、借款合同、承揽合同、建筑工程合同等五项案由，这其中又以买卖合同、承揽合同为最，因此决定将适用普通程序审理的案件限定在买卖合同、承揽合同两类案由之中；由于案件涉案金额小、事实情况较为清楚，适用简易程序审理的案件数量非常多，决定将适用简易程序审理的案件限定在承揽合同案由之中，范围限缩至359份判决书。最后，由于光伏所涉刑事案例较少，且与本文讨论的内容关联不大，且审判监督程序所涉案件极少，因此将案件类型限定为民事案件，并将审理程序限定为一审、二审，剔除了其中的重复案例。

③ 如开封碧罗天电子商务有限公司、西安龙威新能源科技有限公司、安徽博弘太阳能科技有限公司、南通启程新能源有限公司、云南东涵新能源科技有限公司、浙江禹工环保科技有限公司等。

④ 国家发展改革委于2013年出台了《关于发挥价格杠杆作用促进光伏产业健康发展的通知》，该通知明确将全国分为三类资源区，三类资源区的划分实际上是因年等效利用小时数划分的，而年等效利用时间直接决定了光伏发电量的阈值。

山东为最。这与实证统计之初构想及案件自身属性相吻合：多存在公司与自然人双方主体；发生在基层乡村，案件数额不大。

（二）发电量不足成自然人普遍主张

从实证数据来看，如表2所示，101项司法判决中自然人主张与安装公司前期宣传或承诺不符的有68件，占案件总数的67.3%，成为最突出的问题。而这其中，自然人主张发电量未达宣传或合同约定的有40件，占案件总数的39.6%。

表2　农户主张发电量不足成突出问题

	普通程序		简易程序（买卖纠纷）	合计	占比
	买卖纠纷	承揽纠纷			
自然人主张与安装公司前期宣传或承诺不符	23	9	36	68	67.3%
自然人主张发电量未达宣传或合同约定	16	4	20	40	39.6%
案件涉及银行贷款	8	4	16	28	27.7%
因光伏板品牌调包、质量、后期维修、效率衰减费用引发纠纷	11	5	19	35	34.7%
案件总量	101				100%

（三）自然人较高败诉率体现交易问题

从原被告主体看，如表3所示，被告为光伏安装公司的案件数量有23件，占比为22.8%；被告为安装光伏自然人且未按合同约定支付价款的情形占比为77.2%。在所有案例中，被告安装方败诉案例有83件，占比高达82.2%。

表3　户用光伏案件原被告身份及胜诉率分布

	普通程序		简易程序（买卖纠纷）	合计	占比
	买卖纠纷	承揽纠纷			
被告为光伏安装公司	15	1	7	23	22.8%
被告为安装光伏自然人且未按合同约定支付价款	20	15	43	78	77.2%
自然人败诉	25	13	45	83	82.2%
合同被认定为合法有效	101				100%
案件总量	101				100%

既然发电量不足成自然人的普遍主张（占比67.3%），其高达82.2%的败诉率又因何而起呢？与另一数据结合来看：当事人所签合同均被法院认定为真实意思的表示，不违反法律、行政

法规的强制性规定，合同合法有效的情形占比100%。因此，法院的整体裁判思路是认定合同有效，并严格按照合同约定内容来判决。

一方面，从实证分析表象来看，自然人普遍主张与极高败诉率之间的冲突，体现出安装公司前后“言行不一”的问题。数据之间的对比可以反映出，实践中存在一些情况，使得当事人认为设备发电量能够到达某一数值，但最终却未达标，而法院判决并未对当事人的这一信赖利益进行保护。法院这种做法并未遵循政策驱动下光伏市场的原有逻辑，且其对宣传广告的判决存在错误之处。更进一步，发电量达标之争仅为表象，表象之下的“光伏贷”既是驱动安装公司持续进行商业行为的根本动力，也是安装公司敢于虚假宣传、提供劣质光伏板的背后原因。

四、 法院裁判存在的问题及修正思路

通过对101份判决书的分析，发现安装公司的“言行不一”是此类交易中最为突出的问题。“言行不一”是指光伏板未达原有宣传发电量或合同约定功率，可以依发电量从少到多分为两类：一类是实际发电量远低于合同约定设备功率（额定功率量），另一类是光伏设备发电量难以达到前期宣传量。

（一）“言行不一”的普遍性与危害

光伏发电并非“一锤子买卖”，在安装方宣传中可见回本期间较长，至少是5年以上。了解光伏发电原理，并对发电阈值进行必要实证考察，再回归案件中检验其宣传是否实质虚假，往往能更有助于厘清所析问题。光伏发电站上网电量可按以下公式计算，① 其中综合效率系数K取75%～82%这一经验数值。②

$$E_p = H_A \times \frac{P_{AZ}}{E_S} \times K$$

本文所分析案例中，部分案例清晰地写明了宣传单或合同中（大部分在宣传单中）的光伏发电量。对这些案例进行汇总，并依照国家标准公式，对每千瓦时光伏发电量阈值范围进行再计算，如表4所示。③

---

① 《GB50797—2012光伏发电站设计规范》，详见“6.6发电量计算”一章。其中HA为水平面太阳能总辐照量（kW·h/m^2，峰值小时数）；E_p为上网发电量（kW·h）；E_S为标准条件下的辐照度（常数=1kW·h/m^2）；P_{AZ}为组件安装容量（kWp）。

② K为综合效率系数，包括光伏组件类型修正系数、光伏方阵的倾角等。经查阅各类光伏领域网站、文章，本文将K范围定为75%～82%。

③ 如前所述，本文所筛选案例98%均来自Ⅲ类资源区，该类资源区也是户用光伏推广的主要对象，选用该类资源区最高、最低光照时间具备合理性。

表4　三类资源区预期发电量阈值　　　　单位：元/千瓦时（含税）

<table>
<tr><th rowspan="2">判例号</th><th>宣传年发电量</th><th>设备实际发电量</th><th>光照时间</th><th>预期最小发电量</th><th>预期最大发电量</th><th rowspan="2">结果</th></tr>
<tr><th>E_{p0}</th><th>E_{p1}</th><th>t</th><th>E_{p3}（$K=75\%$，$t=1200$）</th><th>E_{p4}（$K=82\%$，$t=1400$）</th></tr>
<tr><td>（2019）豫 02 民终 2372 号</td><td>1584. 1</td><td>959. 9</td><td rowspan="10">最低 1200h
最高 1400h</td><td rowspan="10">900</td><td rowspan="10">1148</td><td rowspan="10">$E_{p3}<E_{p4}<E_{p0}$</td></tr>
<tr><td>（2019）皖 10 民终 414 号</td><td>1250</td><td>—</td></tr>
<tr><td>（2018）鲁 13 民终 9930 号</td><td>1642. 5</td><td>—</td></tr>
<tr><td>（2019）赣 08 民终 340 号</td><td>1200</td><td>—</td></tr>
<tr><td>（2019）豫 0928 民初 134 号</td><td>1600</td><td>—</td></tr>
<tr><td>（2019）闽 0722 民初 2032 号</td><td>1500</td><td>900</td></tr>
<tr><td>（2019）苏 0282 民初 10511 号</td><td>2370</td><td>1203</td></tr>
<tr><td>（2019）豫 0222 民初 342 号</td><td>2040</td><td>1181. 1</td></tr>
<tr><td>（2019）皖 1024 民初 293 号</td><td>1250</td><td>906. 5</td></tr>
<tr><td>（2019）浙 1022 民初 1633 号</td><td>1946. 7</td><td>973. 3</td></tr>
</table>

资料来源：根据所选取的司法判例自制。

注：判决书中发电量时间单位为年、月、日，为统一对比，此处统一为 1 千瓦时设备、1 年情况下的发电量。

依照上述实证研究可得：宣传年发电量 Ep0 远远大于预期最大发电量。即使是在该类资源区最高光照时间（1400h）、最高 K 系数（82%）的情形下，预期年最大发电量 Ep4 为 1148 千瓦时，远低于各类宣传中的数值，遑论最低光照时间（1200h）、最低 K 系数（75%）的情形下的

900 千瓦时。在最优、最理想情形下，上述披露具体数据案例中的实际年发电量都远远无法达到宣传中规定的额度。

可以见得，这种“言行不一”发生频率高，且一旦法院作出判决维护处于信息优势的安装公司的权益，整个案件就会呈现“一边倒”的趋势，给当事人造成巨大损害。由前述可见，户用光伏的回本期和使用期极长，因此发电量对总收益的影响很大，任何与当事人信赖利益相歧的差异都将直接导致预计收益的大幅降低，且在有贷款的交易中更会产生杠杆效应，导致收益空间被大大压缩，使农户陷入恶性循环。[①] 典型如（2019）闽 0722 民初 2032 号中，宣传发电量保证在 15000 度以上，实际发电量一年不到 9000 度，而法院认为“发电量和电价并未在合同中约定，且宣传广告并不是合同组成部分”，导致预期收益减少近 40%。

（二）法院现有裁判思路

针对未达宣传发电量和未达合同约定额定功率量的两类“言行不一”，分别来看法院现有裁判思路。在未达合同约定额定功率量的情形中，地方法院会首先看合同是否约定了发电量。但由于安装公司与农户签订的一般均为格式合同，仅仅约定光伏设备的额定功率，故法院对光伏产品是否合格的判断标准仅仅局限于其质量检测报告。而且即使实际发电功率仅有合同约定的 52%，甚至是仅达到 34%，[②] 法院仍然认为发电量应当“充分考虑全年天气、环境、季节等因素”[③]“受各地光照、天气等各种因素影响”，[④] 甚至是以“太阳能光伏发电作为新兴产业，技术水平不完善，发展本身处于探索阶段”为由认为是所谓“客观技术限制”，不会认为未达发电量判定违约[⑤]。

在未达宣传发电量的情形中，法院主要有两种裁判思路：一是主流观点，将前期宣传内容排除在合同之外。这一思路又可分为“直接排除”与“要约邀请”两种路径。“直接排除”在将宣传单、用户手册等前期宣传材料认定为并不是合同组成部分的“宣传广告”，[⑥] 认为相关宣传承诺不会产生任何法律后果，对其直接排除在合同之外。又如安装方口头承诺的情形，因自然人一方缺乏留证意识和行为，不能提供证明口头宣传承诺的录音、录像等证据，法院通常认为其提供的证据不足以证实主张，由此判决严格按照合同内容履行。[⑦]“要约邀请”路径下，法院认定原告的广告宣传单涉合同内容未具体明确，未有只要受要约人承诺、要约人即受广告内容约束

① 若每千瓦时下降 0.3 元，按照 10 块光伏板、每块年发电量 1000 千瓦时来算，每年的收入就会减少 3000 元。

② （2019）浙 01 民终 7332 号，（2019）苏 0282 民初 10511 号。

③ （2019）豫 02 民终 2374 号。

④ （2019）桂 10 民终 2156 号。

⑤ （2019）苏 0282 民初 10511 号。

⑥ （2019）豫 02 民终 2372 号。

⑦ （2019）浙 0681 民初 5100 号。

的明确表示，因此属于要约邀请而非要约。① 第二种裁判思路在现有实践中鲜有遵从，即根据原《中华人民共和国合同法》第十四条、第十五条的规定，考察宣传页内容对合同的标的、数量、价款及报酬等是否有详细载明，是否体现被告欲与广大公众订立合同的意愿，以将这一商业广告纳入合同范围，并判令未按宣传单内容履行合同的安装方承担违约责任。②

（三）现有裁判存在的问题

法院针对两种“言行不一”问题的判决都难以实现“接近正义”，更有违合同目的及合同背后的政策逻辑。首先是未达额定功率的情形。需要确认的是，额定功率的测试值是在标准条件下测试得到的理想数值。受限于设备组件的电缆、开关、接头等线路损耗，逆变器、变压器等设备损耗，尤其是灰尘、遮挡、阴影等，光伏设备输出功率很难达到额定功率的100%。③ 但即便如此，“是否接近合同明确约定的额定功率”仍然应当是此类裁判参考的核心因素，忽视这一因素的裁判逻辑是一条歧路。

其一，忽视额定功率的裁判逻辑与国家政策逻辑背道而驰。光伏是国家未来重点发展的新能源行业，以现有技术不完善为理由，判决农户实际承担发电量不足的损失，这本就是一种不公平；政策目的是扶贫、脱贫，安装公司也往往正是借助这样的宣传才能推动合同订立，本就是“取之”于政策，到头来却未“用之”于原有政策目标，可谓是本末倒置。天气、光照、季节、安装角度等因素，尤其是新兴行业本身技术不完善的客观因素，绝不应当是法院维护安装公司利益的理由，反而应在推广光伏过程中注重保障农户利益，如此方能使产业政策更易被推广和接纳。扭曲的裁判逻辑会引起“劣币驱逐良币”的恶果，给分布式光伏推广带来更大阻力。因此，若仅仅安装几天适逢连续阴天，这种情况未达额定功率尚可解释为天气、光照等因素；但对于农户已举证证明安装几个月后仍未达额定功率的，法院就不能以此种理由搪塞了。

其二，实际发电量远低于额定功率，本质上是产品质量不达标的体现。《产品质量法》第二十六条规定，生产者应当对其生产的产品质量负责（第一款）；产品质量应当具备产品应当具备的使用性能，应当符合在产品或者其包装上注明采用的产品标准，符合以产品说明、实物样品等方式表明的质量状况（第二款）。对此条进行法律解释，这里“应当具备的使用性能”体现在两个方面：一是在产品标准、合同、规范、图样和技术要求以及其他文件中明确规定的使用性能。

① （2019）桂10民终2156号；（2019）粤0605民初16377号。

② （2019）闽0982民初1841号；（2019）豫09民终1515号。

③ 与其说是额定功率，不如说是在额定电压下的“最大功率”。小型分布式电站，其系统输出最高功率可能只有组件额定功率的90%~95%；至于安装在屋顶的分布式光伏，因其维修保养较为烦琐、不同品牌等原因，效率可能会在一个较电站功率更低的范围内不等，暂以前文对综合效率系数K的取值范围内80%这一经验数值论。

二是隐含需要的使用性能。[①] 具体在本案中，本类案件中的光伏设备质量应当属于“明确规定的使用性能”范畴，至少应符合在产品中注明的产品标准，也即额定功率；若在一般情形下（考虑到线路等损耗）无法接近产品中注明的额定功率，则是与购买冰箱无法制冷至特定温度、购买茶杯无法盛定量的水无区别，都是产品质量不达标的体现。

对情形一的分析同样能够适用于情形二。视宣传页中示明的发电量不见，有违合同签订目的，对当事人信赖利益造成了重大损害。光伏设备交易的合同目的并非是买一台设备机器，而是为了“发电”，特定发电量既是卖方安装公司的主要宣传点，也是买方在信赖国家政策的心理因素下选择购买的理由，可谓双方之合意，本就需要对这一合意进行特别的保护。安装公司在这种合意的推动下与当事人达成交易，却在现有裁判中仅因合同未约定发电量，就逃过这一合意的约束，可以说是对当事人签订合同目的的直接违反。倘若宣传页中没有明确标明发电量，当事人自然不会受其诱导，可能会更加注意、审慎地签订合同以考量是否能达到发电量。因此，虚假宣传的内容因未写进合同，而在判决中被法院认定不属于合同内容的做法，给当事人信赖利益造成重大损害。

（四）光伏交易裁判逻辑的修正思路

针对“言行不一”的两类情形，应当对裁判逻辑及方式分别予以修正。情形一中，现有未按额定功率裁判逻辑忽视了产品质量法对光伏设备质量的要求，既与行业存续依赖的政策引导方向背道，又有违双方合同目的，可谓是一条歧路。但既然额定功率往往是无法达到的，法院又该如何判断个案中安装公司提供的光伏设备是否达到应具备的性能？本文认为，“划定红线、参考同类”的标准较为适宜。

划定“红线”是指考虑到现实情况中各类装置、线路损耗下的综合效率系数，针对额定功率的折扣设定一条“红线”，如图 3 所示。如前文所述，经查阅各类光伏行业研究报告，本文中综合效率系数 K 范围定为 75% ~82%；因“红线”为兜底性最低标准，可以适当降低至 60%，实际发电功率低于这一数值的情形均视为产品质量不达标，依照《产品质量法》第四十条由安装公司负责修理、更换、退货。

有一衍生问题随之出现：“红线”之上、额定功率之下的部分该如何判定，“参考同类”的方法可以解决这一问题：对于农户认为光伏设备发电量不达标的主张，由法院综合考察该市域或县域内的，尤其是同厂商、同规格光伏发电系统的日均发电量。根据实际相差数额，判定其是

① 中国人大网：《中华人民共和国产品质量法释义》，资料来源：http：//law. foodmate. net/show - 179832. html，2021 年 12 月 25 日访问。

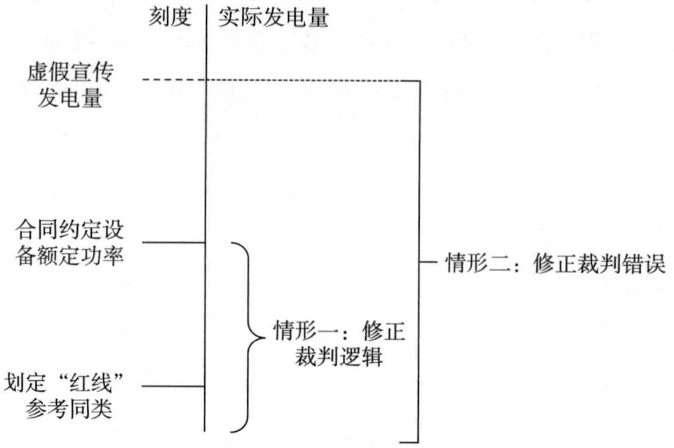

图3　不同情形下的法院判决纠错与逻辑修正

否应当承担《产品质量法》第四十条的义务，或是酌定农户方可以减少支付价款。①

在情形二中，虚假宣传给当事人信赖利益造成重大损害，法院应当在遵循《民法典》第四百七十二条、第四百七十三条规定，② 对要约条件进行非机械化认定，保护广大群体的信赖利益，维护光伏市场的正常交易秩序。

具体来讲，应当在满足以下两项要件情形下修正现有审判思路。要件一是表述方式：要求户用光伏宣传广告的说明与允诺“具体确定”。要件二是影响衡量：要求宣传广告对光伏买卖合同订立及价格确定有重大影响。当代社会“说明与承诺”外延不断延伸，承载形式日益革新，从纸质宣传页到微信文章、H5 动画、网站宣传等，均应当结合其实质是否为厂商宣传广告来判定。③ 要件一的重点是内容“具体明确”标准，这一标准虽由法官结合社会生活经验，站在一般理性人的视角判断，但仍需对实践中几类重点现象予以说明：第一，对于明确承诺年月日等单位时间发电量、承诺光伏板使用年限的，即使合同中未有或相关规定不清晰的，也应当认为宣传广告内容达到“具体明确”。尤其是在宣传广告中已承诺光伏板寿命、承诺维修年限的，若按照格式合同来看，农户一方因光伏板保养、维修仍需支付较多费用的，应确定该内容也属明确具体，并按照不利于安装方的方式解释合同。

第二，对于宣传广告中发电量、实际功率存在“约”“平均”或是以范围进行表述的，相关

---

① 实务中已有法院延此逻辑进行裁判，判定原告安装的光伏发电设备未能达到同类型、同规格光伏发电系统的日均发电量，酌定被告可以减少支付价款，见（2019）豫 0222 民初 342 号。

② 原《合同法》第十四条、第十五条。

③ 参见陈琳：《商品房降价补差广告：要约，抑或要约邀请》，载《天津大学学报（社会科学版）》2014 年第 16 期。

表述仍然应属于明确具体，而裁判者在判定时需考虑到宣传内容与实际内容的个案差异。户用光伏往往宣传回本期间较长、投资额相对购买群体较高，与宣传广告内容的细小差异将直接导致预计收益的大幅降低，在部分涉及银行贷款的案例中更是陷入恶性循环。因此，应当充分考虑和评估个案中的表述与具体情况，确定实际情况与要约中列示的约数、范围差异，以认定是否构成违约。

对于宣传广告中明确说明且具体确定的内容，即使是原似属于存在一定商业风险属性的部分，在此类交易中也应当构成要约，纳入交易合同本身。例如补贴价格明确下降之后，当事人仍以下降之前价格宣传的，由于补贴价格在一定期间是固定的，当事人对其宣传产生信赖利益，根据此价格售电必然会达不到预期回报，当然构成“虚假宣传”，这一点在现有判决中也得到了承认。①

五、“光伏贷”的作用分析及其治理进路

通过修正法院裁判思路对合同进行解释和救济，虽对此类交易乱象有所规制，但仅局限于个案处理层面，且许多案例很可能因各种原因根本未进入诉讼程序。深入分析，“光伏贷”在光伏交易中占比极高，赋予了此类交易能源属性之外的金融属性，能否“套贷”更是推动此类交易发展的根本动力，虚假宣传等问题也是因贷而起。因此，只有通过加强银行对贷款的审查，才能从根本上解决这一制度性问题。

（一）贷款特征与流向

观察现有109家银行的贷款产品介绍，落地于全国各地村镇银行、信用社的“光伏贷”具备相似产品特征。名称为“光伏贷”“绿能贷”“屋顶贷”等；贷款对象为有需求购买、安装光伏发电生产物资的自然人；② 贷款条件往往具备区域性，要求贷款人为无不良信用记录、具备稳定收入及还款能力的本地常住人口。额度通常以5000元为起点，10万元为上限，有些项目还要求不超过光伏发电项目总造价的一定比例。贷款期限因各地、各行条件不等，上限通常为10年，部分项目可达15年。各地“光伏贷”通常以农户自身信用或自有财产进行担保，担保方式包括自然人保证、信用、抵（质）押等。

“光伏贷”的贷款实际流向如图4所示，在一项“变质”的户用光伏贷款中，安装公司售给农户的设备质量很可能未达市场标准、价格更是远远高于市场价格的。③ 待农户以信贷、抵押等担保向银行贷款后，贷款资金表面从银行流向了农户，实际上从银行直接流向了安装公司。安装

① 如（2019）闽0982民初1841号等。

② 如临沭民丰村镇银行“绿能贷”项目，资料来源：http：//www.weixinyunduan.com/weiweb/402224/355964a14c1b4d023b27ac38.html，2021年12月28日访问。

③ 世经未来：《光伏贷再度走热，银行仍需防范信贷风险》，资料来源：https：//mp.weixin.qq.com/s/IbDi15Mc24onxN8roH_h9w，2021年12月28日访问。

公司以此种方式套用足够多的信贷资金后便准备“跑路”，留下的是基本没有变现价值的光伏设备；而设备无人维修更使得发电量无法得到满足，致使农户背负贷款难以还本付息。①

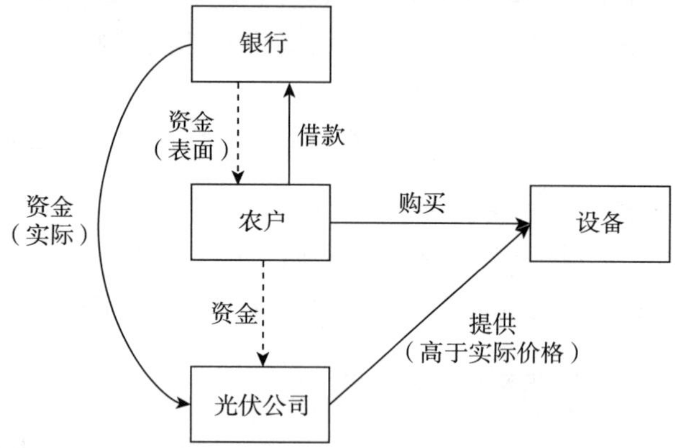

注：虚线代表资金表面流向，实线代表资金实际流向。

图4　户用光伏贷款实际流向

（二）“光伏贷”：户用光伏交易的根本动力

追溯“光伏贷”的实际流向能够看出，能否快速“套贷”乃是推动户用光伏交易的根本动力。户用光伏并非是“一锤子买卖”，其基本交易模式必然包含5年左右的回本期，以及额外20年的质量保障期。对于安装公司来说，若有一条捷径能尽量降低交易成本、无须对后续质量保障期负责，其逐利性必然会选择这条路径。

相应地，只要安装公司能够毫无牵制地快速回收资金，将自己抽离出交易之外，其逐利性必然会引发交易中的其他风险：其一，在宣传端产生前述虚假宣传的行为，以极高的宣传发电量来骗取农户信任，促使农户产生投机心理并推动其贷款。其二，光伏太阳能板的质量分为多种档次，本就是需要国家专业检测单位才能检测分类。躲在信息不对称的壁垒后，安装公司当然会选择质量差、发电量低的设备以大幅降低交易成本。其三，做高单次“套贷”数额，要比开拓新光伏客户成本更低，故会有激励做高项目单价以多申请贷款。其四，虚假的“20年质量保障期”。所套之贷一旦达到特定数额，安装公司就会选择“跑路”，因此在前期宣传与合同订立中，也会制造维修期较长而实际根本达不到的“泡沫”。设备无人维修还会形成恶性循环：光伏本就是需要日常保养、及时维修的设备，无人维护会使发电量和使用年限大幅降低，导致农户陷入实

① 仍假设光伏实际设备成本4.5元/瓦，合同签订价格为12元/瓦；以5千瓦的功率来算，企业获利成本在3.75万元。由于用户贷款时是按照合同总价来贷，假设贷款比例限定在合同总价的70%，那么安装公司一次性能够套得4.2万元的贷款，减去其进货成本2.25万元，一次“套贷”的净收益可达1.95万元。

际发电量无法付息、设备持续加速折旧、变卖设备难以回本的求助无门境地。

行业发展现实情况也佐证了这一问题。截至 2018 年，已经有 19 个省份 109 家银行开展了“光伏贷”业务，这一数字随着户用光伏市场的渗透在逐年提升。① “光伏贷”的使用在户用光伏交易中占比达到70% ~80%，随着户用光伏补贴的退坡和投资资金的紧张，“光伏贷”使用比例更会逐年提升。② 相对地，截至2018 年底，我国已注销光伏企业达2744 家，平均寿命2. 6 年，且消亡企业多处于光伏产业链下游。③

“套贷”可谓既是推动交易达成的根本动力，也是户用光伏交易中的最大风险点，而如何在“光伏贷”中堵住安装公司的“套贷”之路便成为规范此类交易的逻辑。

（三）治理光伏贷款问题的现实进路

“光伏贷”既是根本动力，也是交易中最大的风险点。其背离初衷的原因是贷款模式下安装公司享有最大权利，却几乎不用承担任何义务。

此问题的应对之策，最关键的是变革现有担保方式，倒逼企业长期规范经营。光伏需要长期持续足额发电，一旦公司套够贷款后注销，光伏设备得不到维修与保养，可能的收益期限就会被无限拉长，故从银行端牵制企业经营才是解决之道。原有依靠农户信用保证、自然人保证或是农户资产抵押的保证方式，仍然仅将风险分配至了农户与银行两端。而在“合作单位担保”模式下，银行与安装公司展开合作，或是要求安装公司在银行开立存款及保证金账户，或是要求其支付贷款金额一定比例、一定期限的保证金。若安装公司服务的农户无法按时还款，则银行从保证金账户中扣划贷款本息。此项变革可以直接将未还本付息的风险部分转移至安装公司，倒逼其规范、长期经营。

此外，商业银行如何履行审查义务同样关键。要求银行审查义务的正当性有两方面：其一，在构建绿色金融体系、碳达峰与碳中和目标下，中国人民银行推出了诸如碳减排支持工具等类型的结构性货币政策工具，向金融机构提供低成本资金，引导金融机构在自主决策、自担风险的前提下发放贷款。④ 故光伏贷从优惠政策而起，金融机构能够通过发放此类贷款获取利润。

其二，央行信贷等多项政策也已将金融机构支持光伏扶贫纳入政策导向，光伏贷业务的开展是金融机构考察、评级的重要内容。⑤ 农户购买光伏的行为本质上将对国家政策的信任转移至

---

① 户用光伏网，《19 省市 109 家开办“光伏贷”业务的银行以及申请流程》，资料来源：https：//mp. weixin. qq. com/s/99MrKU7dHa05k3OE8Z8r4Q，2021 年 12 月 28 日访问。

② 安信证券研究报告：《机械行业周报：循促消费 + 基建主线，布局工程机械、汽车拆解等板块》。

③ 华夏能源网，中国光伏企业消亡 2744 家，平均寿命 2. 5 年，资料来源：https：//mp. weixin. qq. com/s/DMwVW9I_atsx3boXO6zkHg，2021 年 12 月 28 日访问。

④ 人民银行推出碳减排支持工具，资料来源：http：//www. pbc. gov. cn/redianzhuanti/118742/4357176/4357209/4384182/index. html，2021 年 12 月 28 日访问。

⑤ 《关于实施光伏发电扶贫工作的意见》《实施光伏扶贫工程工作方案》《2014 年信贷政策工作意见》等。

了安装公司，很容易不加辨别地按照其引导申请贷款。“光伏贷”本就是一种产业政策引导的贷款方式，因此银行更有责任依照《商业银行法》加强对借款人的审查。①

具体来讲，银行在审查贷款时，应揭示可能的收益情况与项目风险，并将无法足额发电甚至还本付息后的财产执行安排如实告知借款人，发挥借款人与投资品之间一定的“隔离带”功能，从源头引导借款人理性审视光伏交易合同的公平性。银行自身也需要掌握设备价格成本的变化，才能有专业能力对风险作出相应判断。这一审查并非是介入并干预商事交易，而是履行银行金融机构的基本义务。在贷款批复后，银行还需定期审核“光伏贷”用户是否存在变更售电收入账户的情形。②

在单笔贷款之外，银行还需要加强对合作对手方光伏安装公司的审查与管理，并建立风险补偿机制。安装公司在一定辖区内并非只做一次交易，考虑到设备运输、人力安装、后期维修等因素，均希望在固定时间内针对辖区内农户集中推广，是辖区内市场中的“反复博弈者”。借此，辖区内的银行可以与安装公司签订合作协议、建立合作名单与黑名单等方式，规范安装企业自身的行为。银行还能够要求合作光伏企业统一为借款人购买光伏产品质量险、财产险，③ 建立相应的风险补偿机制。

欲达上述变革，需要建立一定的激励约束机制。要求银行加强审查与管理，银行业务人员自身要具备一定光伏产业知识，注意光伏材料的价格变化大致趋势，并付出一定的管理成本。虽然是光伏政策下银行应然行为，也是银行自身控制坏账、保障存款人合法权益的应有之行为，但缺乏适当的激励机制恐会沦为空谈；此外，规范银行自身发放贷款以满足考核要求的行为，也需要建立一定约束机制。一方面，地方银行应与市场监督管理部门、地方金融监督管理部门形成合力。地方市场监督管理部门发挥其“统一管理标准化工作”职能，④ 套用当地统计近五年年最低、最高光照时间，及辖区内经常使用的或是大品牌光伏板型号，推动出台建立地方光伏有效发电量标准文件，明确阈值标准；由地方市场监督管理部门统一对辖区银行进行培训讲解，提升辖区银行光伏行业专业知识。另一方面，银行、地方各部门可以会同村委会，联合对潜在借款人加强光伏扶贫政策讲解与宣导，对安装公司规范宣传口径，合力打击以发电量明显超过地方阈值、保证收益、免费安装为口号的虚假宣传行为。

---

① 《商业银行法》第三十五条：商业银行贷款，应当对借款人的借款用途、偿还能力、还款方式等情况进行严格审查。

② 世经未来：《光伏贷再度走热，银行仍需防范信贷风险》，资料来源：https：//mp. weixin. qq. com/s/IbDi15Mc24onxN8roH_h9w，2021 年 12 月 28 日访问。

③ 世经未来：《光伏贷再度走热，银行仍需防范信贷风险》，资料来源：https：//mp. weixin. qq. com/s/IbDi15Mc24onxN8roH_h9w，2021 年 12 月 28 日访问。

④ 《国家市场监督管理总局职能配置、内设机构和人员编制规定》。

六、结语

本文对非“整县推进”模式下的户用光伏纠纷进行拆解，通过分析101份法院判决书、研究交易中的贷款实际流向，总结出户用光伏案件的“画像”。发现了设备发电量未达标这一突出问题，认为应当引入“划定红线、参考同类”的标准规制，并认为应将符合特定条件的光伏宣传认定为要约。深入分析发现，户用光伏交易中的问题是一个制度性问题，“光伏贷”是推动交易发生的根本动力；相应地，只要安装公司能够毫无牵制地快速回收资金，将自己抽离出交易之外，其逐利性必然会引发如虚假宣传这类其他风险。因此，堵住安装公司的“套贷”便成为规范此类交易的逻辑，其中最关键的是变革现有担保方式，倒逼企业长期规范经营，还需强化银行对光伏贷款的审查，加强对合作对手方安装公司的审查与管理。本文所述之问题已引起媒体、地方政府的关注，政策方面也在逐渐用更加规范的“整县推进”模式替代推广。但中间商深入基层乡村、对接厂商与农户的掮客模式，在从前各类工程中便有，户用光伏也并非是最后一个。本文所提出“套贷”及虚假宣传问题的治理方式，也会对未来各类乡村政策、项目工程有所启示。

合同法语境下 ISDA 主协议终止净额结算之性质认定

——以上海市首例石油掉期合约纠纷为例

■ 朱林啸*

摘要： 张家口联合石油化工有限公司诉渣打银行（中国）有限公司金融衍生品种交易纠纷案是上海市首例石油掉期合约纠纷，也是上海金融法院评选出的2020年度十大典型案例。在该案例中，法院将“终止净额结算条款”定性为“交易双方对具体违约责任触发交易提前终止的合约安排，实质上属于继续性合同的约定解除”；将“提前终止款项”定性为“交易违约方在合同解除后对非违约方应承担的违约责任，也就是赔偿非违约方因交易提前解除而遭受之损失”。然而，从交易实质出发，ISDA 主协议项下的终止净额结算和我国合同法语境下的“继续性合同的约定解除”与“违约损害赔偿”等概念的要件和效力并不一致。本文建议宜以其交易目的与交易惯例中的通常含义为依据，结合我国合同法制度，认定其性质为“合同义务的加速到期条款与兑现合约价值的结算条款”，据此认定其行为的效力。

关键词： ISDA 主协议　场外金融衍生品　终止净额结算　合同解除　合同损害赔偿

张家口联合石油化工有限公司（以下简称张家口石化）与渣打银行（中国）有限公司（以下简称渣打银行）金融衍生品种交易纠纷案（以下简称张家口石化与渣打银行纠纷案）系上海市首例石油掉期合约纠纷，入选上海金融法院2020年度十大典型案例及2020年度上海法院涉外金融纠纷典型案例。该案件核心争议焦点即在我国合同法语境下，ISDA 主协议框架下终止净额结算款项是否具有可执行性。对此，上海金融法院在二审判决中将“终止净额结算条款”认定为“交易双方对具体违约责任触发交易提前终止的合约安排，实质上属于继续性合同的约定解除”，并确认了终止净额结算条款在我国合同法上的有效性，为终止净额结算条款相关问题在中国法上的解决迈出了勇敢的一步。

可能囿于裁判文书篇幅所限，法院未就“终止净额结算条款”的性质展开合同法语境下具体的分析与论证。本文受其思路启发，希望从我国合同法角度审视 ISDA 主协议下终止净额结算

* 朱林啸，北京大学法学院法律硕士。

条款，为《期货和衍生品法》第三十五条语境下的“终止净额结算”的性质辨明作出一定努力。

一、 案件概述

（一）背景介绍：“布伦特原油－买入绩效互换交易”与原油价格异动

1. 张家口石化与渣打银行之间的布伦特原油－买入绩效互换交易。张家口石化为主要从事成品油批发零售的民营石油企业，其主营业务即在现货市场上进行成品油的采购和零售，并在高速公路服务区加油站通过零售卖出。[①] 石油价格是其运营成本的主要组成部分，油价越低，批发价越便宜，零售的利润就越高。

自2011年起，张家口石化开始与渣打银行进行“布伦特原油－买入绩效互换”交易。2011年9月15日，渣打银行与张家口石化签订了ISDA2002主协议及其附件。2012年3月至2013年10月，双方进行了三次原油互换，2014年双方进行第四次互换，并于2014年3月7日签订3月份《布伦特原油－买入绩效互换》及相应《交易确认书》，约定双方就布伦特原油于2014年8月1日至2015年2月28日开展7期互换交易。[②]

在第四次互换交易中，张家口石化与渣打银行约定：在2014年8月1日至2015年2月28日之间的每个公历月之间，若相关计算期间内每个商品营业日英国洲际期货交易所布伦特原油价格（OIL－BRENT－ICE FUTURES）的未加权算数平均值在93美元以上，由渣打银行向张家口石化每个月支付2万美元；若布伦特原油均价在93美元以下，则由张家口石化向渣打银行支付差价。[③] 在此交易结构之下，当布伦特原油价格上涨，张家口石化经营成本增加，但可收取渣打银行支付的固定金额作为补偿；当原油价格下跌，张家口石化要向渣打银行支付差价，但其在现货市场上可以获利。通过该互换交易，张家口石化将原油价格上涨的风险适当转移至渣打银行，并通过现货市场交易对冲风险，实现了风险管理。[④]

---

① 参见天眼查关于张家口联合石油化工有限公司的简介，资料来源：https：//www. tianyancha. com/company/27140997，2022年6月25日访问。

② 案情介绍结合了上海金融法院官网案例介绍、一审二审裁判文书原文及上海金融法院综合审判一庭法官孙倩法官（本案承办法官）于2021年6月6日在北京大学所作的演讲“场外衍生品交易纠纷的司法审查要点及裁判规则”的案件介绍内容。

③ 本案涉及的交易性质为国际原油商品互换。商品互换属于衍生交易互换的一种，其实质为交易双方为了管理商品价格风险，交换与商品价格有关的现金流，主要是指固定价格与浮动价格的商品价格互换。参见［美］兹维·博迪、罗伯特·C. 莫顿：《金融学》，中国人民大学出版社2000年版，第278－279页。

④ 衍生交易最基本的目的是套期保值，即通过签订远期交易：直接买入未来需要的标的物提前锁定价格；将远期交易作为现货交易的对冲，用经营者可以用衍生品合约下结算的盈利或亏损来抵销实际经营的损失或成本节约，从而将成本控制在可接受的范围内。参见：刘燕、楼建波：《金融衍生交易的法律解释——以合同为中心》，载《法学研究》2012年第1期，第62页。

表1　张家口石化与渣打银行之间的交易安排①

交易安排	具体内容
交易日	2014 年 3 月 7 日
终止日	2015 年 2 月 28 日
计算期间	2014 年 8 月 1 日至 2015 年 2 月 28 日之间的每个公历月
每一计算期的名义数目	2 万桶
执行价格	93 USD/bbl（即每桶布伦特原油 93 美元）
评估价格	在相关计算期间内每个商品营业日英国洲际期货交易所布伦特原油价格（OIL – BRENT – ICE FUTURES）的未加权算数平均值

2. 布伦特原油价格的巨幅波动。如图 1 所示，2011—2013 年，布伦特原油价格始终处于一个较高的水平，大部分均在 100 美元/桶以上，2014 年 3 月 7 日双方签订交易互换时，布伦特原油执行价格为每桶 109. 00 美元，因而双方在 2014 年 8 月 1 日至 11 月 1 日进行前三次衍生品交易时，石油的评估价格均在 93 美元以上。因此，在前三次交易中，张家口石化并未亏损，反而是渣打银行向张家口石化给付每期 2 万美元的合约费。

图 1　布伦特原油期货价格变动（2011—2022 年）

（资料来源：Investing. com 网站②）

① 参见上海金融法院（2020）沪 74 民终 533 号民事判决书中一审法院事实认定部分。

② 数据来源：https：//cn. investing. com/commodities/brent – oil – historical – data，2022 年 6 月 25 日访问。

然而，从2014年10月末开始，石油价格突然开始一路暴跌，2014年10月31日收盘价跌至85.96美元。按照双方的互换合约约定，张家口石化需要向渣打银行支付收盘价与执行价格（93美元）的差价，由此张家口石化在此期互换交易中开始出现亏损。但是，双方仍在2014年11月1日完成了当期互换，对此张家口石化并未作出任何反应。直至2014年11月11日，布伦特原油价格下跌到收盘价81.25美元，按照93美元的执行价格，在2014年10月、11月进行的互换交易中，张家口石化需要支付26万多美元的差额给渣打银行。直到此时，张家口石化方才后知后觉地发现亏损范围已经远远高于预期，随后发出《关于终止布伦特原油－买入绩效互换函》，要求提前终止并解除互换交易。①

收到张家口石化的终止函后，渣打银行向张家口石化发出《提前终止交易确认》作为回应，并且指定2014年12月2日为主协议项下所有未完成交易的提前终止日，而该日收盘价跌至71.04 USD/bbl（即每桶布伦特原油71.04美元）。嗣后，渣打银行依据ISDA主协议相关规定发出《终止金额计算报告》，要求张家口石化向其支付提前终止的结算款项及利息145万多美元。然而，张家口石化一直未支付相应结算款项，因索赔未果，渣打银行诉至法院。②

（二）案例核心与特殊性分析：在中国法语境下解读终止净额结算条款

根据上文案情分析可知，本案交易实质是在ISDA主协议框架下，双方签订ISDA2002主协议及其附件以及《布伦特原油—买入绩效互换》及对应的《交易确认书》而进行的场外衍生品交易，案件的核心在于ISDA主协议项下的终止净额结算条款的性质和效力确认。

一般而言，在ISDA主协议签订后，双方会约定准据法为英国法或美国纽约州法，如光明食品香港有限公司诉德意志银行股份有限公司（Deutsche Bank AG）金融衍生品种交易纠纷一案中，双方当事人在主协议中便约定准据法为英国法。③ 此时，法院依据外国法来决定双方的权利义务关系，ISDA主协议条文适用则不涉及与我国合同法的冲突。

张家口石化与渣打银行纠纷案的特殊之处即双方在主协议中并未约定准据法为英国法或纽约州法。在司法实践中，涉外合同准据法采用“最密切联系原则”，若双方并未约定准据法，此

---

① 发函开头为“今年2月18日我公司与贵行签署‘布伦特－买入绩效互换’存在以下问题……”；结尾为“鉴于上述问题，我公司要求提前终止该协议，终止日期为2014年11月10日，我公司只认同2014年11月10日以前的合约约定”，后双方当事人对其解除的合约为何展开争辩。资料来源：上海金融法院综合审判一庭孙倩法官于2021年6月6日在北京大学授课内容“场外衍生品交易纠纷的司法审查要点及裁判规则”。

② 参见《权威发布丨上海金融法院2020年度典型案例》，载微信公众号“上海金融法院”，2021年3月16日访问。

③ （2016）沪01民初454号民事裁定书。

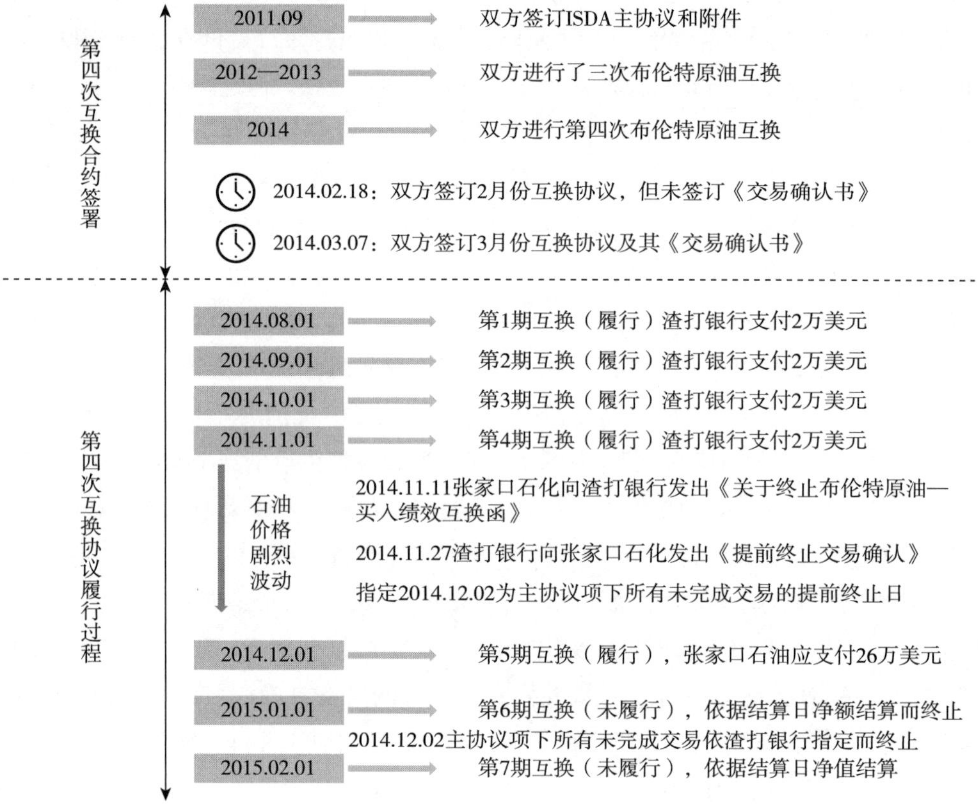

图 2　张家口石化与渣打银行第四次互换协议履行过程

时应当适用与该涉外合同有最密切联系的法律，也即合同签订、履行地的法律。[①] 本案诉争合同显然签订、履行于中国，且该争议属于合同争议，因此主要涉及的是我国合同法的有关规则的适用，此时问题的关键即 ISDA 主协议的终止净额结算的性质和效力能否在我国合同法中找到合适的确认路径。迄今为止，在我国法律规定中，并未对适用于场外金融交易的净额结算制度进行规定。[②] 此种制度的缺失，也让司法适用中当事人双方对净额结算制度产生不同的理解，而此种困

① 对于涉外合同未约定准据法的适用规则探讨，主要法律依据为《合同法》第一百二十六条，其规定："涉外合同的当事人可以选择处理合同争议所适用的法律，但法律另有规定的除外。涉外合同的当事人没有选择的，适用与合同有最密切联系的国家的法律。"此外《涉外民事关系法律适用法》第二条规定："涉外民事关系适用的法律，依照本法确定。其他法律对涉外民事关系法律适用另有特别规定的，依照其规定。本法和其他法律对涉外民事关系法律适用没有规定的，适用与该涉外民事关系有最密切联系的法律。"

② 陶修明：《国际金融衍生交易终止净额结算法律制度研究》，对外经贸大学 2007 年博士论文，第 123 页。

惑与混淆又进一步导致了双方对于权利义务关系的理解产生分歧。①

（三）问题的提出：上海金融法院对终止净额结算条款的定性

在案件二审过程中，上海金融法院以“一锤定音”的方式结束了双方对于“终止净额结算条款”的意见分歧。对于张家口石化与渣打银行之间进行的终止净额结算的性质和效力问题，上海金融法院观点可以梳理为以下层次：首先，上海金融法院引用了主协议第6(e)(v)条约定：“按第6(e)条支付之款项系对亏损之合理预先估计而非违约金。支付该数额之目的系为补偿交易之未能实现及保障未来损失之风险”，似乎将主协议第6(e)(v)条作为终止净额结算款项的定性依据。其次，上海金融法院提出：“掉期交易中，交易双方对具体违约责任触发交易提前终止的合约安排实质上属于继续性合同的约定解除”，将合约安排定性为“继续性合同的约定解除”。最后，上海金融法院对结算金额的性质进行界定，认为“违约事件下提前终止应付额包括终止款项和未付款项两部分，其中未付款项的清偿属于对已发生并确定之债务的履行，而提前终止款项即为交易违约方在合同解除后对非违约方应承担的违约责任，也就是赔偿非违约方因交易提前解除而遭受之损失”，由此将提前终止款项定性为“违约损害赔偿”。② 此外，上海金融法院还引用《合同法》第一百一十三条关于可预见规则的条文，认为该提前终止款项应当受到违约损害赔偿中的可预见规则的调整，并以“ISDA主协议的出台为场外衍生品交易提供了适用于国际市场的标准化合约，并作为国际惯例和国内行业规则在衍生品交易实践中被广泛采用并为交易参与方所熟知。因此，若交易协议中实际采用了ISDA主协议的相关规定，则应当认为交易各参与方对协议中所列违约责任的承担具有一定的预期”为由，认为该损害赔偿符合可预见规则的要件与要求。

实际上，张家口石化与渣打银行纠纷案入选上海金融法院2020年度典型案例的一个重要理由，即为“法院充分遵循金融衍生品交易的自身特性和国际惯例，确认了提前终止净额结算条款的性质和效力，对类案裁判具有一定指引作用”。③

上海金融法院作为专门法院，首次在司法实践中确定了终止净额结算条款的性质和效力，其先行者的态度固然值得肯定。然而，当我们将终止净额结算机制的运行机制以及场外衍生品的交易目的纳入考量范围，并在合同法语境下重新审视法院认定的“终止净额结算条款构成继

① 关于终止净额结算条款的案例，可参见花旗银行（中国）有限公司诉上海金环球国际贸易有限公司等金融衍生品交易纠纷案（上海市浦东新区人民法院（2015）浦民六（商）初字第S2958号判决书）；花旗银行（中国）有限公司诉樱达生活电器（中山）有限公司合同纠纷案（上海市浦东新区人民法院（2014）浦民六（商）初字第S3800号判决）；星展银行（中国）有限公司天津分行与天津市聚龙贸易有限公司金融衍生品一案（天津市高级人民法院（2017）津民终584号民事判决书）；嘉兴市乍嘉苏高速公路有限责任公司与中国工商银行股份有限公司上海市外滩支行金融衍生品交易一案（上海市高级人民法院（2013）沪高民五（商）终字第5号民事判决书）等。

② （2020）沪74民终533号民事判决书。

③ 参见《权威发布｜上海金融法院2020年度典型案例》，载微信公众号“上海金融法院”，2021年3月16日访问。

续性合同的约定解除”以及“终止款项为交易违约方在合同解除后对非违约方应当承担的违约责任”等结论时，可能会发现上述解释结论存在一些问题：比如，在非违约方指定结算终止日后，虽然交易客观上存在终止，但是能否认为“终止净额结算”构成继续性合同的约定解除条款？若认为其构成合同解除，应当如何判断该衍生品合约解除的要件、时点、效力？另外，能否认为场外衍生品的终止净额结算的提前终止款项属于违约方应付的违约损害赔偿？其与违约损害赔偿制度是否产生矛盾与冲突？这样的安排是否会影响结算终局性和有效性？本文认为，对于终止净额结算条款的性质认定直接关系着对终止净额结算时双方权利义务的安排的理解以及终止净额结算制度在中国法上执行力的确定，下文将结合上述问题展开文章的具体论述与分析。

二、 ISDA 主协议的终止净额结算条款解读

（一）ISDA 主协议项下违约事件引发的终止净额结算条文解析

2002 年 ISDA 主协议项下终止净额结算条款主要规定于 2002 年 ISDA 主协议的第 6 条，该条标题为提前终止与终止净额结算（Early Termination；Close－out Netting），由第 6(a)～6(f) 共计 6 款内容组成，主要规定了两种情形下的终止净额结算，一种为违约事件下引发的终止净额结算，其中违约事件包括未能付款或交付（未履行合同项下到期主给付义务）、违反协议其他义务（未履行合同项下附随义务）、否认交易（期前违约）、信用支持违约、特定交易下违约、交叉违约、破产；另一种为终止事件下引发的终止净额结算，其中终止事件包括交易违反特定法律（而不能继续进行）、不可抗力、税务事件等。在违约事件引发与终止事件引发的不同情形下，终止净额结算的事由、履行方式、结算金额计算均存在区别。

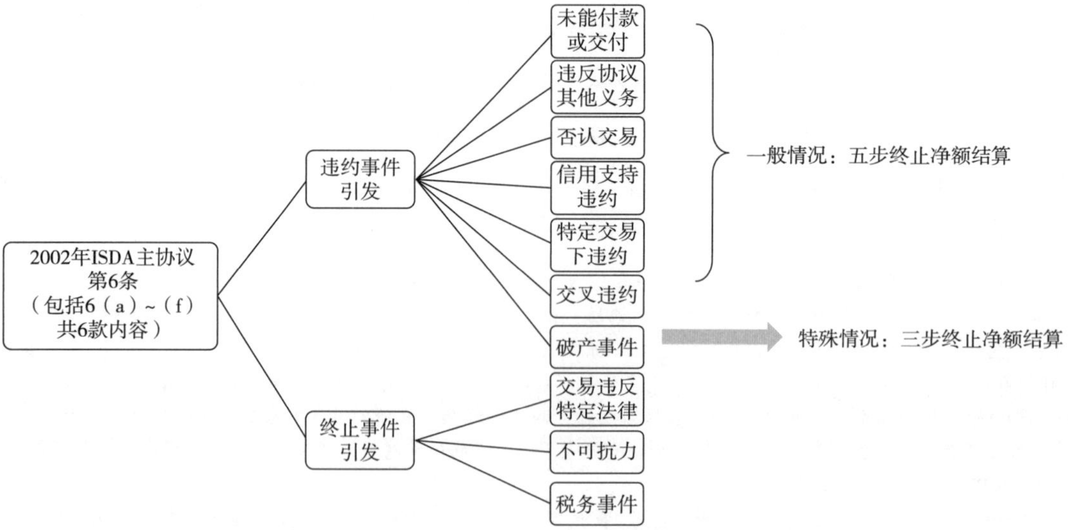

图 3　2002 年 ISDA 主协议中违约事件和终止事件引发的概括

对于违约事件而言，终止净额结算的条款主要规定于 6(a)～(f)条，ISDA 主协议第 6 条相关条款原文以及对应中文翻译陈列如表 2 所示。①

表 2 ISDA 主协议第六部分原文摘录以及中文翻译

英文原文	对应中文翻译
6. Early Termination; Close – Out Netting (a) Right to Terminate Following Event of Default. If at any time an Event of Default with respect to a party (the "Defaulting Party") has occurred and is then continuing, the other party (the "Non – defaulting Party") may, by not more than 20 days notice to the Defaulting Party specifying the relevant Event of Default, designate a day not earlier than the day such notice is effective as an Early Termination Date in respect of all outstanding Transactions. If, however, "Automatic Early Termination" is specified in the Schedule as applying to a party, then an Early Termination Date in respect of all outstanding Transactions will occur immediately upon the occurrence with respect to such party of an Event of Default specified in Section 5(a)(vii)(1), (3), (5), (6) or, to the extent analogous thereto, (8), and as of the time immediately preceding the institution of the relevant proceeding or the presentation of the relevant petition upon the occurrence with respect to such party of an Event of Default specified in Section 5(a)(vii)(4) or, to the extent analogous thereto, (8).	6. 提前终止与终止净额结算 (a) 违约事件发生后的终止权利。 如果在任何时候，一方（"违约方"）的违约事件已经发生并持续，另一方（"非违约方"）可在不超过 20 天的时间内通知违约方，说明相关违约事件，并指定不早于该通知生效之日的日期作为所有未完成交易的提前终止日。 但是，如果附表中规定"自动提前终止"适用于一方，则该方发生第5(a)(vii)(1)、(3)、(5)、(6)条规定，或第5(a)(vii)(8)条规定项下类似的违约事件时，或在该方发生第 5(a)(vii)(4)条所规定或第5(a)(vii)(8)条规定之类似之违约事件后提出有关诉讼或法律程序之前，有关所有未完成交易的提前终止日立即生效。 注：上述条文中提及的违约事件对应如下——第 5(a)(vii)(1)、(3)、(5)、(6)条：解散、破产和解、就解散、官方接管、清算通过决议、指定破产管理人及其类似人员接管破产财产；第5(a)(vii)(4)：有关主体通过司法途径申请破产或有关部门裁定破产；第5(a)(vii)(8)条：兜底条款，产生所有破产相关法律效果的类似法律程序。
(c) Effect of Designation. (i) If notice designating an Early Termination Date is given under Section 6(a) or 6(b), the Early Termination Date will occur on the date so designated, whether or not the relevant Event of Default or Termination Event is then continuing. (ii) Upon the occurrence or effective designation of an Early Termination Date, no further payments or deliveries under Section 2(a)(i) or 9(h)(i) in respect of the Terminated Transactions will be required to be made, but without prejudice to the other provisions of this Agreement. The amount, if any, payable in respect of an Early Termination Date will be determined pursuant to Sections 6(e) and 9(h)(ii).	(c) 指定的效力。 (i) 如果按照第 6(a) 或 6(b) 条发出通知指定提前终止日，则不论相关违约事件或终止事件是否持续，该提前终止日将于指定之日期生效。 (ii) 在提前终止日期发生或有效指定后，无须根据第 2(a)(i)条或第 9(h)(i)条就终止的交易进行进一步的付款或交付，但不影响本协议的其他条款。就提前终止日期应付的金额（如有）将根据第 6(e)和 9(h)(ii)条确定。 注：上述条文中提及的第2(a)(i)条：双方应按各确认书的规定为各项付款或交付；第9(h)(i)条：有关交易发生或有效地指定提前终止日之前发生的补偿和赔偿；9(h)(ii)条：提前终止时未付款项的支付义务。

① 该部分翻译参考了 ISDA 2002 主协议的繁体翻译版本，参见 ISDA：Chinese Translation of 2002 ISDA Master Agreement (For Educational Purpose only) – Traditional Chinese (Unbound Copy Only)，具体内容按照本文理解进行了适当修改。

续表

英文原文	对应中文翻译
(d) Calculations; Payment Date. (i) Statement. On or as soon as reasonably practicable following the occurrence of an Early Termination Date, each party will make the calculations on its part, if any, contemplated by Section 6(e) and will provide to the other party a statement (1) showing, in reasonable detail, such calculations (including any quotations, market data or information from internal sources used in making such calculations), (2) specifying (except where there are two Affected Parties) any Early Termination Amount payable and (3) giving details of the relevant account to which any amount payable to it is to be paid. In the absence of written confirmation from the source of a quotation or market data obtained in determining a Close – out Amount, the records of the party obtaining such quotation or market data will be conclusive evidence of the existence and accuracy of such quotation or market data. (ii) Payment Date. An Early Termination Amount due in respect of any Early Termination Date will, together with any amount of interest payable pursuant to Section 9(h)(ii)(2), be payable (1) on the day on which notice of the amount payable is effective in the case of an Early Termination Date which is designated or occurs as a result of an Event of Default and (2) on the day which is two Local Business Days after the day on which notice of the amount payable is effective (or, if there are two Affected Parties, after the day on which the statement provided pursuant to clause (i) above by the second party to provide such a statement is effective) in the case of an Early Termination Date which is designated as a result of a Termination Event.	(d) 计算与付款日。 (i) 报告。 在提前终止日或其后合理可行之最短时间内，各方应按第6(e) 条之规定计算其账目，并向对方提供一份报告： (1) 合理详细地说明此等计算（包括计算中使用之任何报价、市场数据或内部信息）； (2) 说明任何应付的提前终止款项（在有两个受影响方的情况除外）； (3) 详细说明其应收款项应存入的有关账户。 在确定结算款项的过程中，就一项报价或市场数据无法自其来源得到书面确认，则获取该报价或市场数据的一方的记录将成为该报价或市场数据存在及正确性的确凿证据。 (ii) 付款日。 就提前终止日应付的提前终止款项将连同依据第9(h)(ii)(2)条应付的利息款项应当按照下列日期支付： (1) 因违约事件指定提前终止日时，应于付款通知生效当日支付； (2) 因终止事件指定提前终止日时，应于付款通知书生效日后的第二个当地营业日支付（或如有两个受影响方，则于第二方根据第（i）款所提供的报告生效日之后支付）。

续表

英文原文	对应中文翻译
(e) Payments on Early Termination. If an Early Termination Date occurs, the amount, if any, payable in respect of that Early Termination Date (the "Early Termination Amount") will be determined pursuant to this Section 6(e) and will be subject to Section 6(f). (i) Events of Default. If the Early Termination Date results from an Event of Default, the Early Termination Amount will be an amount equal to (1) the sum of (A) the Termination Currency Equivalent of the Close – out Amount or Close – out Amounts (whether positive or negative) determined by the Non – defaulting Party for each Terminated Transaction or group of Terminated Transactions, as the case may be, and (B) the Termination Currency Equivalent of the Unpaid Amounts owing to the Non – defaulting Party less (2) the Termination Currency Equivalent of the Unpaid Amounts owing to the Defaulting Party. If the Early Termination Amount is a positive number, the Defaulting Party will pay it to the Non – defaulting Party; if it is a negative number, the Non – defaulting Party will pay the absolute value of the Early Termination Amount to the Defaulting Party. ... (v) Pre – Estimate. The parties agree that an amount recoverable under this Section 6(e) is a reasonable pre-estimate of loss and not a penalty. Such amount is payable for the loss of bargain and the loss of protection against future risks, and, except as otherwise provided in this Agreement, neither party will be entitled to recover any additional damages as a consequence of the termination of the Terminated Transactions.	(e) 提前终止的付款。 如提前终止日发生，就提前终止日应缴付的款项（如有）（以下简称提前终止款项）将根据第6(e)条确定且须遵守第6(f)条之规定： (i) 违约事件 如提前终止日因违约事件产生，提前终止款项 = (1) – (2)： (1) 等于 (A) 项与 (B) 项之和： (A) 为未违约方就每一项终止交易或一组终止交易（视情况而定）决定的结算款项（无论是正数还是负数）；(B) 为积欠未违约方之未付款项。 (2) 非违约方欠违约方的未付款项。 注：上述金额均以终止货币为计量单位，结算款对应终止货币金额。 如该提前终止款项为正数，应由违约方向未违约方支付；如该提前终止款项为负数，未违约方应向违约方支付该金额之绝对值。 …… (v) 预先估计。双方同意，按第6(e)条支付的款项是对亏损的合理预先估计，而非违约金。支付该数额的目的是为了弥补交易未能实现的损失与保障未来风险的损失。除本协议另有规定外，任何一方均无权因终止交易的终止而主张任何额外的损害赔偿。

续表

英文原文	对应中文翻译
(f) Set – Off. Any Early Termination Amount payable to one party (the "Payee") by the other party (the "Payer"), in circumstances where there is a Defaulting Party or where there is one Affected Party in the case where either a Credit Event Upon Merger has occurred or any other Termination Event in respect of which all outstanding Transactions are Affected Transactions has occurred, will, at the option of the Non – defaulting Party or the Non – affected Party, as the case may be ("X") (and without prior notice to the Defaulting Party or the Affected Party, as the case may be), be reduced by its set – off against any other amounts ("Other Amounts") payable by the Payee to the Payer (whether or not arising under this Agreement, matured or contingent and irrespective of the currency, place of payment or place of booking of the obligation). To the extent that any Other Amounts are so set off, those Other Amounts will be discharged promptly and in all respects. X will give notice to the other party of any set – off effected under this Section 6(f). For this purpose, either the Early Termination Amount or the Other Amounts (or the relevant portion of such amounts) may be converted by X into the currency in which the other is denominated at the rate of exchange at which such party would be able, in good faith and using commercially reasonable procedures, to purchase the relevant amount of such currency. If an obligation is unascertained, X may in good faith estimate that obligation and set off in respect of the estimate, subject to the relevant party accounting to the other when the obligation is ascertained. Nothing in this Section 6(f) will be effective to create a charge or other security interest. This Section 6(f) will be without prejudice and in addition to any right of set – off, offset, combination of accounts, lien, right of retention or withholding or similar right or requirement to which any party is at any time otherwise entitled or subject (whether by operation of law, contract or otherwise).	(f) 抵销。 在出现违约方……等情况时，一方（“付款人”）应向另一方（“收款人”）支付的任何提前终止款项将按未违约方的选择（暂定称为 X 方，X 方无须事先通知违约方）下用于扣减抵销收款人应向付款人支付的任何其他款项（以下简称其他款项）（无论其是否基于本协议所产生、到期的或或有的，也无论该债务之币别、支付地点或债务入账之地点）。若任何其他款项以此方式抵销时，此等其他款项的付款义务将被立即全部解除。X 方将通知另一方根据第 6(f) 条进行抵销。 为此项的目的，X 方得以善意依合理之商业程序购得相关数额该种货币时的汇率将提前终止款项或其他款项（或此款项之相关部分）兑换成另一币别的金额。 若一项债务尚未确定，X 方得以善意预估该债务并就该预估数目进行抵销，唯该债务确定后应由相关交易方对交易他方为相关入账。 第 6(f) 条的规定不具有设定负担或其他担保权益的效力。第 6(f) 条不受影响，并且额外存在于任何一方得随时享有（不论系依法律、合同或其他规定）任何抵销权、抵充权、账户合并权、留置权、保留权或预扣或类似的权利或要求。

资料来源：本文摘抄翻译。

在上述条文中，ISDA 主协议关于违约情形下的终止净额结算的基本义务履行步骤也被分为两种情形：一般情况下，违约事件发生与交易终止出现分离效果，此时终止净额结算的履行可分为“违约事件发生”“非违约方通知违约事件”“非违约方指定交易提前终止日”“双方计算提前终止日应给付的款项”“违约方支付终止净额结算款”五个环节；特殊情况下（主要是与破产事件紧密相关的违约事件发生时，双方在交易确认书（Schedule）中约定适用自动终止条款），违约事件发生，交易立即终止。

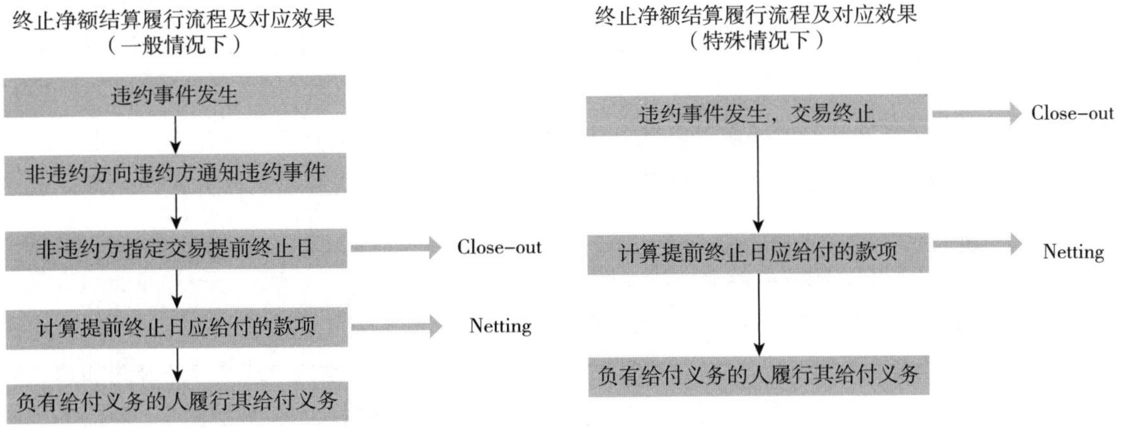

图 4　终止净额结算履行流程及对应效果

（资料来源：本文总结）

表 3　一般情况下终止净额结算的五个环节梳理

环节	具体事项
第一环节	违约事件发生：即违约方出现未能付款或交付（协议下主给付义务）、违反协议其他义务（协议下从给付义务）、否认交易（期前违约）、信用支持违约、特定交易下违约、交叉违约、破产等违约事件，触发终止净额结算条款［主协议第 6(a)条］
第二环节	非违约方向违约方通知违约事件：通知时间应该在违约事件发生的 20 天内，通知自到达时生效［主协议第 6(a)条］
第三环节	非违约方指定交易提前终止日：交易提前终止日应当不早于通知生效的日期［主协议第 6(a)条］
第四环节	计算提前终止日应给付的款项：此时各方应该于提前终止日或其后合理期间内计算其账目，并提供给对方一份报告［主协议第 6(d)条］，有关提前终止日应支付之款项（如有）将按第 6(e)条和第 9(h)(ii)条之规定决定［主协议第 6(e)条与第9(h)(ii)条］
第五环节	负有给付义务的人履行其给付义务：根据双方当事人轧差计算的结果，负有给付义务的人履行其给付义务，使得终止净额结算机制得以最终实现［主协议第 6(e)条与第 6(f)条］

资料来源：作者总结。

（二）终止净额结算条款的商业逻辑与功能

终止净额结算的商业逻辑与其法律上的定性并不是“先有鸡还是先有蛋”问题中“鸡和蛋”的关系，而是属于“目标和工具的关系”——实际上，衍生品交易中的复杂操作并不是为了迎合其未来在诉讼中可能出现的争议而设置，而是具有独立的经济功能，背后蕴含着复杂的商业逻辑；而对其进行法律层面的解读只是司法实践中希求处理争议而人为创设出来的解释，无论法律界对其性质吵得多么不可开交，也丝毫不能动摇商业世界中场外衍生品的交易主体对交易惯例的遵循。在此语境下，欲求探寻该条文的真意，应当直接从其商业逻辑出发，如此才能摒弃形式主义的怪圈，直击其商业实质，方可妥帖理解商业世界的安排，不至于造成脱离交易实质的解释结果。

1. 终止净额结算的交易层面解读。实际上，终止净额结算方式属于市场创新的产物，由于各国对终止净额结算并无统一的法律定义，市场参与者更多的是从商业运作方式的角度对其进行约定俗成式的理解。①

从终止净额结算的实施效果来看，终止净额结算主要由三个层面组成②：一为非违约方义务终止履行（Termination），即当违约或终止事件出现时，非违约方的义务终止履行；此外，净额结算协议项下的交易由非违约方发出通知终止，或在某些情况下自动终止③。二是合约加速到期与估值（Acceleration & Valuation），即违约或终止事件出现时，所有未到清偿期的合约债务均视作已到清偿期，此时非违约方有权对所有合约及相应担保品进行估值，即运用事先约定的某种估值方法对被终止/加速到期的合约债权/债务及相应担保品估值，以确定其于违约或终止事件发生时具有的公允价值。三是净额计算（Determination of Net Balance），根据单一协议，将前述的估值结果转化为交易各方相互间的金钱支付义务，无论原有合约标的物的种类/品质存在何种不同，均可跨越存在的差异将相互间的支付义务结合各自可能向对方缴付的交易担保品轧差相抵后，计算出一笔净额，由处于净支付方地位的交易者交付给处于净收入方地位的交易者。④

2. 终止净额结算条款的功能。实际上，终止净额结算（Close – out Netting）是由两个词语组成：终止（Close – out）和净额结算（Netting）。终止和净额结算包括两项独立但相关的权利，代表了该机制最为核心的运作原理：（1）非违约方在特定条件下单方面终止交易的权利（终

---

① 郑晖：《终止净额结算特别立法保护：国际比较及若干借鉴》，载《金融监管研究》2012 年第 6 期。

② ISDA, 2018 ISDA Model Netting Act and Guide Oct15, p. 1.

③ 对于终止的效果，ISDA Model Netting Act 与 ISDA 关于终止净额结算条款的研究报告中的解释不太一致，前者侧重交易的终止；后者侧重对于一方义务的终止履行。参见：ISDA, 2018 ISDA Model Netting Act and Guide Oct15, p. 1；ISDA Research Notes – Number1, The Importance of Close – Out Netting, 2010, p. 3。

④ ISDA Research Notes – Number1, The Importance of Close – Out Netting, 2010, p. 3；David L. Mengle Close – Out Netting and Risk Management in Over – the – Counter Derivatives, p. 3.

止)；（2）在确定最终义务时，同一交易对手之间的个别合同终止时抵销到期金额的权利（结算)。[①]在衍生品交易中，尽管经常使用组合术语“终止净额结算”，但终止和净额结算具有不同的经济功能。[②]由此，终止净额结算条款的主要功能和价值可围绕“终止”与“净额结算”的经济功能分别展开。

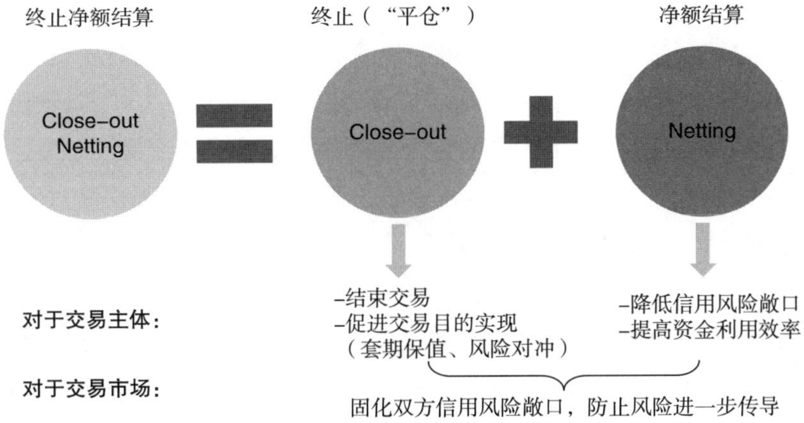

图5　终止净额结算条款的功能图示

（资料来源：作者总结）

（1）终止（Close - out）对交易主体的经济功能：结束交易，促进衍生品合约交易目的实现。虽然终止净额结算包含着使合约终止的效果，但是终止净额结算中的终止（Close - out）并非我国合同法中的合同解除、合同终止概念。实际上，它的意思特指衍生品交易中交易头寸的消除（Close a Position），也即交易中俗称的“平仓”。[③]对于违约方而言，这里的终止（Close - out）更像是一个自行设定的止损指令（Stop - losses），即交易价格达到指定水平时，通过该机制自动对价差交易头寸（空头或多头）进行平仓。

对于交易主体而言，金融衍生品作为重要的风险管理工具，大量地被国内外机构用于对冲外汇风险和利率风险，并锁定融资成本。一般而言，国内外机构投资者多以衍生品作为套期保值或风险对冲的工具，来管理和对冲风险敞口，在此语境下，终止净额结算中的“终止”功能是

① Robert R. Bliss & George G. Kaufman, Derivatives and Systemic Risk: Netting, Collateral, and Closeout, 2 Journal of Financial Stability 55 (2006), p. 58.

② Robert R. Bliss & George G. Kaufman, Derivatives and Systemic Risk: Netting, Collateral, and Closeout, 2 Journal of Financial Stability 55 (2006), p. 3.

③ Steven L. Schwarcz, Derivatives and Collateral: Balancing Remedies and Systemic Risk, 2 University of Illinois Law Review 699 (2015), p. 700.

金融机构等交易主体实现套期保值（Hedging）等交易目的的重要组成部分。[①]这是因为衍生品套期保值和风险对冲功能的实现有赖于合约项下的收益得到完全兑现，而终止净额结算条款的实质即兑付合约的全部价值机制。[②] 如互换交易中，对于专门将交易对手聚集在一起以转移风险的掉期交易商而言，终止净额结算条款的存在使得其可以对冲交易风险，成为风险中介（Risk intermediation）。[③]换言之，每次交易商与交易对手进行交易时，交易商都会承担转移的风险，终止净额结算使得其可以通过复杂的金融计算，转移风险敞口，使得其避免不必要的市场风险，从而实现其风险中介的核心作用。

（2）净额结算（Netting）的经济功能：降低信用风险、提高资金利用效率。概言之，净额结算（Netting）主要服务于市场参与者的需求：它们促进了市场风险和交易对手信用风险管理，它们允许扩大交易商活动，提高衍生品市场的深度和流动性。

实际上，净额结算的优势可以分为两个方面：首先，净额结算可以降低信用风险。对于交易主体而言，净额结算可以允许市场参与者将其在主协议项下的数笔交易结果整合为一笔单一的付款金额，使得交易对手信用风险（Counterparty Credit Risk，CCR）大大降低。[④] 实际上，场外衍生品通常不可交易，若没有净额结算的情况下，希望终止衍生品合同的公司相对于其原始交易对手处于不利地位，如果它希望收购（或出售）自己的头寸，它的讨价还价地位将相对较弱。如果它从另一个市场参与者处获得抵销头寸，它可能必须向两个交易对手提供抵押品，并且其自身对这些交易对手的信用风险敞口将增加。在此语境下，净额结算允许通过交易主体与原始交易对手进行净额结算和抵销头寸来调整现有的风险敞口头寸（Risk Exposure Positions），这意味着头寸可以在任何一方都不会立即产生现金流的情况下进行调整，并消除了协商现有合同终止价值的需要。[⑤]

其次，净额结算可以提高资金利用效率。从金融监管角度，终止净额结算机制允许金融市场参与者以净额的方式计算交易对手净风险敞口，并以该净风险敞口为基础计算其资本占用。这

---

① Robert R. Bliss & George G. Kaufman, Derivatives and Systemic Risk: Netting, Collateral, and Closeout, 2 Journal of Financial Stability 55 (2006), pp. 12 – 15.

② 刘燕、楼建波：《金融衍生交易的法律解释——以合同为中心》，载《法学研究》2012 年第 1 期，第 68 – 69 页。

③ ISDA Research Notes – Number1, The Importance of Close – Out Netting, 2010, p. 3; David Mengle, Close – out Netting and Risk Management in Over – the – Counter Derivatives (Working Paper, June 1, 2010).

④ 2006 年 6 月巴塞尔银行监管委员会发布的《统一资本计量和资本的国际协议：修订框架》（简称“巴塞尔 II”，The Basel Ⅱ Accord）(BCBS, 2006) 将交易对手信用风险定义为签订金融合约的交易对手无法按合约要求履行支付责任的风险，主要涉及场外衍生品交易和证券融资交易。

⑤ Robert R. Bliss & George G. Kaufman. Derivatives and Systemic Risk: Netting, Collateral, and Closeout [J]. Journal of Financial Stability, 2006 (55): 8.

意味着衍生品交易中资本占用量的下降，从而使交易主体在现有的信用限度以同样的资本从事更大规模的交易，并仍能满足资本充足率的要求，大大提高了资金利用效率。①

对此，国内外监管规则均对终止净额结算机制配套了适用上的优惠制度。②举例而言，巴塞尔协议Ⅲ（Basel Ⅲ Accord）允许银行等金融机构在计算资本充足率时考虑终止净额结算机制的缓释作用。因此，在终止净额条款有效的条件下，相同资本金可以支持更大规模的金融衍生产品交易，从而提高金融机构资本金的利用效率。③ 2018 年 1 月，中国银监会发布了《关于印发〈衍生工具交易对手违约风险资产计量规则〉的通知》，允许商业银行按照净额结算组合管理符合条件的衍生工具交易对手风险敞口。

（3）终止净额结算（Close – out Netting）对于金融市场的经济功能：风险缓释与降低系统性风险。就交易市场而言，终止净额结算机制具有风险缓释作用。④根据国际清算银行（Bank for International Settlements，BIS）公布的统计数据显示，净额结算的风险缓释效益是巨大的：截至 2021 年 6 月，全球金融衍生品场外交易合约的风险敞口总额（即对应总市值，Gross market values）为 12.6 万亿美元，在适用终止净额结算后，全部交易的风险敞口净额（Gross credit exposure）降到 2.71 万亿美元，净额结算效益［以总市值（Gross Market Values）与净额结算后的信贷风险敞口（Gross Credit Exposure）之差衡量］超过 78%。

此外，对金融市场而言，更重要的是终止净额结算可以使整个金融市场的系统性风险大大降低，交易效率得以提高。⑤衍生品交易市场中交易主体以金融机构为主，且机构之间频繁重复交易，交易集中度非常高，导致衍生交易的潜在风险集中在少数机构。一旦任何一家机构因风险控制失败而进入破产程序，都会给与之交易的机构相对方造成极大的负面影响，可能连锁导致其交易相对方及相对方的相对方也出现债务危机或破产风险，甚至对某个国家或地区的金融市场乃至世界范围内的金融市场造成影响，并出现大规模的系统性风险。在此语境下，终止净额结

---

① 赵英敏：《金融衍生产品法律与实务》，中国法制出版社 2020 年版，第 101 页。

② ISDA，Scott O'Malia，Chief Executive，*ISDA Opening Remarks*，*Close – out Netting Enforceability and China's Financial Market Opening – Up*，January 15，2020，Singapore.

③ BCBS（2010），Report and Recommendations of the Cross – Border Bank Resolution Group. Basel Committee on Banking Supervision，March，p. 42.

④ John C. Hull，*Options*，*Futures*，*and Other Derivatives*，9th Edition，Pearson Education，2015，pp. 580 – 581.

⑤ 对于系统性风险问题，学界和实务界存在不同意见；支持者认为终止净额结算条款可以降低系统性风险，主要原因在于可以降低风险敞口，对市场具有风险缓释作用；固化风险敞口，控制风险进一步传导；反对者认为终止净额结算条款并不能降低系统性风险，反而会加大系统性风险。支持者文献如 J Golden，*Interpreting ISDA terms*：*when Market Practice is Relevant*，*as of when is it Relevant*？9 Capital Markets Law Journal 299（2014）；Dan Awrey，*The Mechanisms of Derivatives Market Efficiency*，91 New York University Law Review 1104（2016）；反对者文献参见：G. G. Fletcher，*Engineered Credit Default Swaps*：*Innovative or Manipulative*，94 New York University Law Review 1073（2019）。

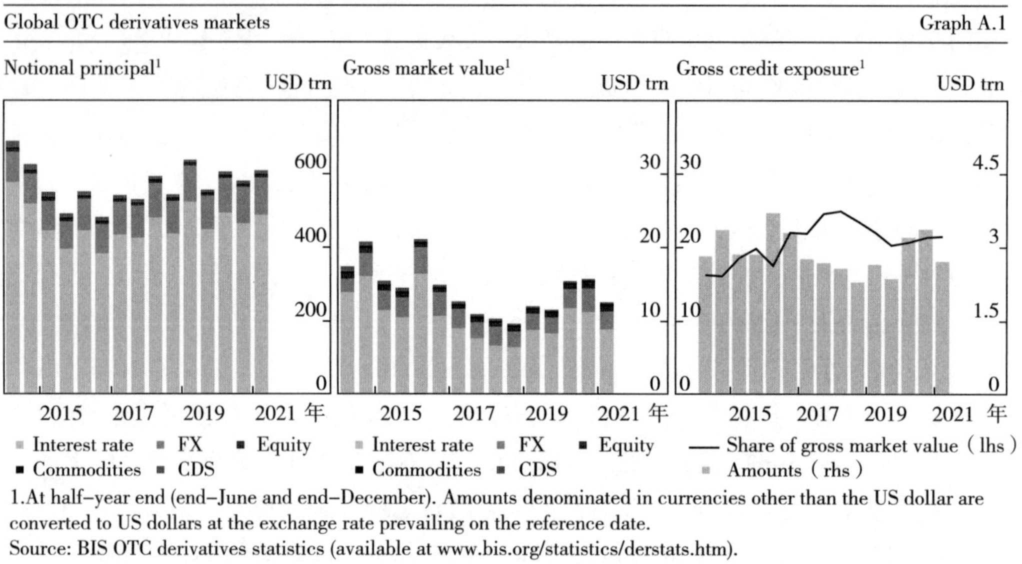

图6　2014 年上半年至 2021 年上半年全球场外衍生品名义本金、总市值、总风险敞口

（图片来源：BIS 官网①）

算机制可使交易主体在风险事件发生时及时终止协议并固化信用风险敞口，防止系统性风险的进一步传导。

3. ISDA 自身对于终止净额结算条款的功能梳理与总结。ISDA 在其 2016 年 6 月 29 日出具的报告稿《终止净额结算条款对于衍生交易的好处》中认为终止净额结算条款有两方面的好处：一方面，风险降低，主要指减少交易中的风险敞口以及减少系统性风险。另一方面，费用降低，主要体现在三个角度：首先，法定资本金（Regulatory Capital）充足率的降低，有利于满足法定资本金要求（Regulatory Capital Requirements）；其次，由于交易对手能够在净额基础上计算风险敞口（Risk Exposure），因此能够向具有充分净额结算的司法管辖区内的各方提供额外信贷；最后，有利于满足巴塞尔协议对于银行监管资本的净敞口要求。②

三、 以交易实质对上海金融法院解释结论进行分层次审视

明确终止净额结算制度的运行机制、商业逻辑与价值后，当我们把目光投射到我国合同法

---

① BIS 每半年发布的数据包括外汇、利率、股权类和商品类衍生品中的远期、互换、期权的持有名义金额、总市值、总的风险敞口和负债，具体数据可参见 BIS 官网数据：https：//www. bis. org/publ/otc_hy2111. htm。

② ISDA, *Benefits of Close - out Netting of Derivative Transactions*, June 29, 2016, available at http：//assets. isda. org/media/db2b424a/4301aea7 - pdf/.

语境，会发现“合同解除+损害赔偿”的解释路径与违约情形下终止净额结算条款“违约事件发生→非违约方向违约方通知违约事件→非违约方指定交易提前终止日→计算提前终止日应给付的款项→负有给付义务的人履行给付义务”的五个环节的操作流程以及“合约提前终止”（Early Termination）、“合约加速到期与估值”（Valuation）、跨产品类型计算最终净额（Determination of Net Balance）三重效果存在一定的冲突。

（一）平仓操作不宜用合同解除制度进行解释

在“张家口石化与渣打银行案”中，上海金融法院直接以ISDA主协议规定为依据，认定双方构成约定解除。诚然，从法律效果而言，终止净额结算条款与合同解除相比，均有使合同终止的效果；然而，若细细考察《民法典》合同编以及《合同法》的具体规定，“合同解除”与“终止净额结算”仍存有规范间的缝隙需要打理。首先，从操作流程上而言，合同解除原则上自通知到达对方时解除，终止净额结算是“结算日期”与“通知日期”分离；其次，从法律效果而言，继续性合同解除原则上不发生恢复原状的问题；终止净额结算依然要兑现尚未履行部分的全部盈亏；最后，从实质上而言，合同解除是合同未全面履行而依据当事人意思而终止，终止净额结算实际是合同义务加速到期、提前履行完毕而终止。

1. 操作流程矛盾：ISDA主协议第6(c)(i)条与《合同法》第九十六条的冲突。在ISDA主协议中，若一方当事人明确否定协议或交易，非违约方可依据ISDA主协议第6(a)条，在不超过20天的时间内通知违约方，说明相关违约事件，并指定不早于该通知生效之日的日期作为所有未完成交易的提前终止日。[①]根据ISDA主协议第6(c)(i)条：“如果按照第6(a)或6(b)条发出通知指定提前终止日，则不论相关违约事件或终止事件是否持续，该提前终止日将于指定之日期生效。”[②]在上述条款语境下，ISDA主协议关于“违约方发出通知→违约方指定提前终止日”的特殊设计实现了合同终止效果与结算效果的一致性和可预期性，最符合非违约方的利益，使得其可以在违约事件发生后自由地安排其交易。

与上海金融法院认定的“约定解除”似乎不谋而合，有学者也认为终止净额结算条款的解除效力可溯源至合同法语境下的约定解除权。[③] 然而，此种解释路径不可避免地涉及ISDA主协议第6(c)(i)条与《合同法》第九十六条的冲突——根据《合同法》第九十六条，非违约方解除合同，应当通知对方，合同自通知到达对方时解除。此时，解除权的行使在民法理论上属于形

① ISDA 2002 Master Agreement, Article 6 (a).

② ISDA 2002 Master Agreement, Article 6 (c) (i).

③ 陶修明：《国际金融衍生交易终止净额结算法律制度研究》，对外经贸大学2007年博士论文，第126页；此外，许德峰教授认为，终止净额结算指双方之间存在尚未履行完毕的双务合同，根据约定及法律的规定，先解除双方尚未履行完毕的合同，然后抵销每一合同中的得与失，最后再结算应当作出的相互履行。许德风：《破产视角下的抵销》，载《法学研究》2015年第2期，第151页。

成权，其产生的效力即一方当事人行使权利后，当然地对另一方当事人生效。① 而《合同法》第九十六条第2句“合同自通知到达对方时解除”即表明解除意思表示一经到达相对人，单方解除权的行使行为即生效，此时意思表示的生效与法律行为的生效时点均为单方解除意思表示到达时。② 在此语境下，显然无法实现终止净额结算所欲求的“结算日期”与“通知日期”分离的效果。

《民法典》第五百六十五条似乎对该问题进行了处理，按照其规定，一方依法主张解除合同，可通知载明相对人在一定期限内不履行债务则合同自动解除，此时相对人在该期限内未履行债务的，合同自通知载明的期限届满时自动解除。在此语境下，该条款允许就单方解除行为附加“期限”，然而此种“期限”实际上属于成就与否单方面取决于相对人的生效条件。③ 而衍生品的终止净额结算条款中，非违约方指定的提前终止日期以及解除效果并非取决于违约方是否满足特定条件而生效，而是径直生效。此时《民法典》关于解除通知的规定仍然无法与终止净额结算欲求的目标相吻合。

另一种可行路径为将ISDA主协议的约定解释为合同法理论上的失权约款。④ 然而，此种约定显然游离于“法定解除、约定解除、合意解除”的三大解除事由体系之外，其是否能在合法语境下被认可，仍然值得质疑。

2. 法律效果矛盾：ISDA主协议第6(e)(v)条与《合同法》第九十七条的冲突。合同解除的效果的法律依据来源于《合同法》第九十七条（对应《民法典》第五百六十六条）。根据该条款，合同提前终止意味着尚未到期、尚未履行的部分不再履行，已经履行的部分则计算守约方的实际损失，多退少补予以清结。⑤ 在继续性合同中，当事人的给付范围随时间的继续不断增加，若其存续期间无法解除，无疑会发生限制当事人自由的结果；此外，许多继续性合同以信赖为基础，如若信赖基础丧失，法律允许一方当事人解除合同较为适宜。⑥ 因此，我国学界通说认为，继续性合同的终止制度即通过赋予当事人终止权，使得当事人得以从长期甚至不定期限的连续

---

① 韩世远：《合同法总论》（第四版），法律出版社2018年版，第665页。

② 对于解除的意思表示可否附条件和期限，《合同法》并未进行规定，理论上通常认为不允许附条件，且仅在期限为确定期限且不会引发相对人不利的情形下，可附确定的始期。参见韩世远：《合同法总论》（第四版），法律出版社2018年版，第667页。薛文成：《论合同解除及合同解除权的行使》，载《东方法学》2008年第1期，第155页。

③ 姚明斌：《民法典体系视角下的意思自治与法律行为》，载《东方法学》2021年第3期，第145页。

④ 所谓“失权约款”，即一定的事实发生后合同即当然地失其效力的特别约定，不以向对方为意思表示为必要，有学者认为其性质上属于一种解除条件的约定，也有学者认为可把失权约款视为关于解除要件的不要求催告以及解除的意思表示的特别约定。具体参见韩世远：《合同法总论》（第四版），法律出版社2018年版，第647页。

⑤ 姚明斌：《基于合意解除合同的规范构造》，载《法学研究》2021年第1期，第75页。

⑥ 王泽鉴：《债法原理》（第1册），中国政法大学出版社2001年版，第133－135页。

性债务负担中解脱出来，其法律后果为使契约所生之债面向未来消灭，且其不溯及既往，不发生恢复原状的问题。[①] 然而，在金融衍生品交易中，交易被提前终止后依然要兑现尚未履行部分的全部盈亏，此与一般合同的解除抑或是继续性合同的解除效果均存在明显不同。[②] 对此 ISDA 主协议（2002 版）第 6(e)(v)条中表达得很清楚。[③]因此，即便衍生品合约终止，违约方仍然需要补偿守约方其本该获得的风险管理收益，不能因违约方的过错而影响守约方利用衍生品合约套期保值目的的实现。

3. 实质矛盾：以 ISDA 主协议第 6(c)(ii)条审视继续性合同“解除而终止”与“合同全面履行而终止”之间的差异。ISDA 主协议第 6(c)(ii)条规定：“在提前终止日期发生或被有效指定后，交易双方无须根据第 2(a)(i)条或第 9(h)(i)条就终止的交易进行进一步的付款或交付，但本协议其他条款不受影响。就提前终止日期应付金额将根据第 6(e)条和第 9(h)(ii)条确定。”[④]上述条文中，第 2(a)(i)条与第 9(h)(i)条下的付款或交付指的是双方按照确认书的规定进行的原始付款或交付义务，第 6(e)条与第 9(h)(ii)条则是指定结算终止日后双方按照非违约方指定的日期进行的付款或交付。换言之，合约被提前终止后，仅双方给付义务由第 2(a)(i)条与第 9(h)(i)条转移至第 6(e)条与第 9(h)(ii)条，其余义务不受影响。

结合上文对第 6(e)条项下提前终止金额的计算及规定的具体讨论可知，衍生品合约的提前终止金额的给付与实际履行区别仅在于前者是按照指定终止日的市场价兑现合约价值，后者则是按最终履行日的市场价兑现合约价值。[⑤] 根据《合同法》第九十一条（对应《民法典》第五百五十七条），合同的权利义务可依解除而终止，同时也可依据合同的正常履行而终止，解除与合同履行为合同终止并列的原因。[⑥]因此，在 ISDA 主协议下终止净额结算条款适用的

---

① 参见崔建远：《合同法总论》（中卷），中国人民大学出版社 2012 年版，第 685－689 页；韩世远：《合同法总论》（第四版），法律出版社 2018 年版，第 667 页；王文军：《论继续性合同的解除》，载《法商研究》2019 年第 2 期，第 159－160 页。

② 实际上，上海金融法院孙倩法官在其论文中也认可终止净额结算条款与传统民商法继续性合同的约定解除存在制度上的不同，具体可以参见孙倩、翟爽：《ISDA 主协议中终止净额结算条款的性质认定》，载赵红主编：《金融审判前沿》（第 2 辑），法律出版社 2021 年 8 月第 1 版，第 334 页。

③ “双方同意，按第 6(e) 条支付的款项是对亏损的合理预先估计，而非违约金。支付该数额的目的是为了弥补交易未能实现的损失与保障未来风险的损失。除本协议另有规定外，任何一方均无权因终止交易的终止而主张任何额外的损害赔偿。” See ISDA 2002 Master Agreement, Article 6(e) .

④ ISDA 2002 Master Agreement, Article 6(c)(ii).

⑤ 刘燕、楼建波：《金融衍生交易的法律解释——以合同为中心》，载《法学研究》2012 年第 1 期，第 69 页。

⑥ 《合同法》第九十一条：“有下列情形之一的，合同的权利义务终止：（一）债务已经按照约定履行；（二）合同解除；（三）债务相互抵销；（四）债务人依法将标的物提存；（五）债权人免除债务；（六）债权债务同归于一人；（七）法律规定或者当事人约定终止的其他情形。”

情况时，合同实际上应该是因为类似于正常履行的效果实现而终止，而非因一方行使合同解除权而终止。

（二）结算金额不宜用违约损害赔偿进行解释

终止净额结算中的结算金额也不宜用违约损害赔偿进行解释，其理由可概括为以下三点：其一，构成要件矛盾，终止净额结算不以违约事件为唯一触发前提；其二，从法律效果而言，终止净额结算条款应当具有结算终局性，不应当依据损害赔偿规则的限定规则进行调整；其三，由ISDA主协议第9(h)(i)条与第9(h)(ii)条区别可知，提前到期后，非违约方不负有损害赔偿的请求，终止净额结算的金额本身不具有损害赔偿的性质，而只是作为结算的一种方式。

1. 构成要件矛盾：终止净额结算不以违约事件为唯一触发前提。如前文所述，ISDA主协议下的提前终止净额结算条款不仅是基于一方否认交易等期前违约事件与未能付款、未能交付等实际违约事件触发的，它也可在某些非违约事件发生时被触发，如交易因违反特定法律而无法进行（2002 ISDA主协议第5(b)(i)条，类似情势变更制度）、出现不可抗力事件（2002 ISDA主协议第5(b)(ii)条）、出现税务事件（2002 ISDA主协议第5(b)(iii)条）等终止事件引发，也可能因为交易主体破产（2002 ISDA主协议第5(a)(vii)条）、交易主体非承债式合并（2002 ISDA主协议第5(a)(viii)条）等事件引发。

此外，在非破产情形下的违约事件下，终止净额结算的履行流程存在五个环节："违约事件发生→非违约方向违约方通知违约事件→非违约方指定交易的提前终止日→双方结算提前终止日应给付的款项→负有给付义务的人履行其给付义务"，在此履行流程下，即便发生违约事件，若非违约方认为指定终止日并结束交易对其存在经济上的不利，其就有动机不发出《终止结算的通知》，选择"袖手旁观""静观其变"，让双方的交易"悬置"起来。因此，非违约方向违约方通知违约事件并指定交易的提前终止日，是适用终止净额结算的前提与基础；换言之，终止净额结算的款项支付义务依据非违约方的选择而产生，而非自然因违约行为产生，此差异与一般违约损害赔偿责任存在实质性的差异。

综上所述，终止净额结算的要件与流程与一般的违约损害赔偿责任的产生均存在不一致。

2. 可否调整矛盾：终止净额结算原则上不应当调整。为适当权衡当事人之间的利益，合同法中的损害赔偿规则已存在一定的限定规则，包括可预见规则（《合同法》第一百一十三条第一款，对应《民法典》第五百八十四条）、减轻损害规则（《合同法》第一百一十九条，对应《民法典》第五百九十一条）、与有过失规则（《买卖合同司法解释》第三十条，对应《民法典》第五百九十二条）与损益相抵规则（《买卖合同司法解释》第三十一条，对应新《买卖合同司法解释》[①] 第二十三条）。

① 《关于审理买卖合同纠纷案件适用法律问题的解释》法释〔2020〕17号。

根据上海金融法院的观点，终止结算金额应该被归类为交易解除后的应付金额，构成当事人对解除交易所产生的违约损害赔偿责任范围的合理预期。此时，结算金额是对非违约方损失的赔偿，若非违约方没有因交易受有实际损失，便不应当赔偿。然而，以违约损害赔偿作为衡量终止净额结算金额范围的解释路径是危险的——在这种解释路径下，实际上赋予了法院依据自由裁量权对提前终止金额进行调整的空间。一旦允许法院对终止净额结算金额进行调整，则可能出现不同法院根据自由裁量权对终止净额合理性存在截然不同的观点，进而破坏了终止净额结算机制的结算有效性。

如“渣打银行与张家口石化”案中，2017 年 5 月 25 日河北省张家口市中级人民法院作出裁定书，并认为提前终止净额属于违约金，根据我国《合同法》及其司法解释，违约金过分高于损失，当事人可请求予以适当减少，而渣打银行未提供损失支付的具体数额，构成故意隐瞒关键证据，以此裁定不予执行中国国际经济贸易仲裁委员会的裁决。① 可以说，在关于终止净额结算的认定和范围判断上，张家口市中院与上海金融法院作出了截然不同的判断，而此种在自由裁量的空间显然无法被交易双方提前预见，并很容易导致衍生交易中双方“套期保值”与“风险对冲”等交易目的落空。此外，由于衍生品具有风险对冲、套期保值的功能，因此认定其履行利益以及实际损害十分困难。在此语境下，出于对双方当事人意思自治以及交易惯例的尊重，不宜允许法院对终止净额结算金额进行调整。

3. 实质矛盾：以 ISDA 主协议第 9(h)(i)条与第 9(h)(ii)条的区别为切入点，可知终止净额结算属于结算性合约安排而非损害赔偿。俗话说，开弓没有回头箭，由于“违约损害赔偿”与“提前终止款项”实际上是“择一的选择之债”关系，一旦非违约方作出选择，其便不能恢复到选择之前的情况。实际上，我们可从 ISDA 主协议第 9(h)(i)条与第 9(h)(ii)条语义的差别窥见一斑：该两条以“提前终止”为时间界分划分不同的义务类型，第 9(h)(i)条规定提前终止前，违约方负有的支付违约付款之利息以及迟延履行的损害赔偿的义务，而第 9(h)(ii)条则是规定提前终止后，违约方负有的支付未付款项及利息的义务。此两条区别实质表明违约事实发生后，非违约方对于交易是否提前终止具有选择权，一旦非违约方选择提前终止，也即意味着其放弃了依据违约损害赔偿为由向违约方主张违约责任，而是同意以指定终止日结算的方式终局性解决双方的履约问题。

对此，ISDA 对于 2002 年主协议使用指南中表示：“当交易成为 2002 年协议第 6(c)(ii)条规定的终止交易时，各方不再需要根据 2002 年协议第 2(a)(i)条或第 9(h)(i)条就提前终止日期

① （2017）冀 07 执异 53 号裁定书。

后的付款或交付日期进行付款或交付。这些义务由根据第6(e)条计算的单一提前终止金额取代。”① ISDA 主协议第 6(e)(v)条也明确终止金额并非惩罚性违约金（Penalty），亦非补偿性损害赔偿（Indemnity），而是独特的结算机制。②在此语境下，非违约方提前终止后，即不享有主张损害赔偿的请求权。

综上所述，终止净额结算金额与合同法语境下的“违约后的损害赔偿”的概念不同，其旨在维护当事人的权利和义务，意在使相关交易方按照正常履行的方式获取合约利益，实际上是作为一种基于公平市场估价的结算机制，在法律性质上仍属于一项合约安排，而非属于一种带有惩罚性的损害赔偿。

四、 对终止净额结算条款性质的新解释

（一）新的解释路径：合同义务的加速到期与兑现合约价值的结算条款

1. 独特的履约机制：合同义务的加速到期。从功能上讲，终止净额结算条款属于一种风险控制机制。如前所述，衍生品交易实际上属于一种金额合同，该合同价值挂钩于一种或多种指数或基础资产交易价格；交易方式上双方一般当前缔约、未来履行，双方进行零和博弈，一方盈利必然存在对方亏损；衍生品价值挂钩的基础资产和指数价格实时公布，可使交易双方的盈亏立即显现出来。因此，在衍生品交易中存在潜在亏损的一方具有强烈动机终止不想继续的交易。

终止净额结算制度即赋予了特定或任意一方当事人宣布合同加速到期的权利，使得其可以随时终止不想继续的交易；对于另一方而言，该结算安排赋予相对方通过提前终止金额的计算与交付而兑付合约全部价值的权利。在此意义下，该交易实现了皆大欢喜的结局：一方可以“用钱消灾”，随时终止其不想继续的交易，而另一方可以“提前拿钱走人”，一切如同违约从未发生，得以全身而退。此时，ISDA 主协议第 6 条规定的确定提前终止金额的方法反映了各方在提前终止日期发生后对其交易义务的约定。在此意义上，该条款虽被称为“终止”，实际上是契约加速到期的变形。

实际上，实践中加速到期的条款在金融借款合同中十分常见，而 ISDA 主协议项下的终止净额结算条款与金融借款合同中由于借款人违约而加速到期有所不同：在金融借款合同中，由于借款人违约而加速到期时，贷款人只会就尚未履行的贷款本金和应计利息获得清偿；而 ISDA 主

---

① “*When a Transaction becomes a Terminated Transaction, as set forth in Section* 6(*c*)(*ii*) *of the* 2002 *Agreement, each party is no longer required to make payments or deliveries pursuant to Section* 2(*a*)(*i*) *or* 9(*h*)(*i*) *of a* 2002 *Agreement with respect to payment or delivery dates scheduled to occur after the Early Termination Date. These obligations are replaced by the single Early Termination Amount calculated pursuant to Section* 6(*e*).” See ISDA, USER'S GUIDE TO THE ISDA 2002 MASTER AGREEMENT, p. 23.

② 2002 ISDA Master Agreement Article 6(e)(v).

协议项下，若非违约方按照终止净额结算条款进行结算，此时其有权按照该衍生品交易项下所有未来付款义务的现有价值要求清偿所有未来付款义务。

因此，终止净额结算实际属于合同义务的加速到期，此时净额结算金额的给付属于一项初始债务，而非合同的违约损害赔偿请求，其请求权来源于合同约定的结算机制，而非违约事件后产生的损害赔偿请求。

2. 独特的结算机制：兑现合约价值的结算条款。从历史溯源来看，ISDA 主协议中的终止净额结算（Close - out Netting）源于银行业传统的轧差清算（Settlement Netting），其中的净额支付（Netting）即指交易双方支付义务轧差后，仅由一方支付净差额的清算方式。此种清算方式可简化金融交易、消除风险敞口、理顺市场关系。① 从具体条文来看，根据 ISDA 2002 主协议第6(c)(ii)条，当双方的衍生交易因非违约方指定提前终止日（Early Termination Date）而变成终止交易（Terminated Transaction）后，双方均无须再按照主协议第 2(a)(i)条或第 9(h)(i)条进行任何付款或支付，此类义务被第6(e) 条项下的提前终止金额（Early Termination Amount）的给付义务所取代。换言之，终止净额结算条款着眼于在终止合约的同时实现衍生品合同项下的公允价值，类似于合同在该终止时点上得到完全履行，属于“兑现合约价值的合同终止机制”。②

综上所述，不宜用“合同解除”与“违约损害赔偿”的要件和效果作为评判终止净额结算条款性质与效力的依据，而应当回归其交易实质，将其认定为“合同义务的加速到期条款”及“兑现合约价值的结算条款”。

（二）新的解释路径的效果

1. 禁止法院对终止结算金额进行调整，避免影响结算终局性。根据国际清算组织（BIS）和国际证监会组织（IOSCO）联合发布的《金融市场基础设施原则》，结算最终性（Settlement Finality）是风险管理体系的关键基石，法律应就何时发生结算最终性提供明确的法律依据，以确定关键金融风险何时在系统中转移。③然而，一旦将提前终止结算金额认定为违约损害赔偿，实际上即赋予了违约方通过司法途径主张调整终止结算金额的权利，严重影响结算最终性。

---

① 实际上，终止净额结算还可使衍生品交易者面临的交易对手信用风险暴露在出现违约或终止事件时的总额降为净额，降低单个交易者面临的风险暴露水平，从而降低市场整体面临的风险暴露水平。参见：郑晖：《终止净额结算特别立法保护：国际比较及若干借鉴》，《金融监管研究》2012 年第 6 期，第 52 页。赵柯：《关于场外衍生产品的风险管理和终止净额结算关键法律问题研讨会的报告》，载最高人民法院民事审判第二庭编：《民商事审判指导》2007 年第 1 辑，人民法院出版社 2007 年版，第 231 页。陶修明：《国际金融衍生交易终止净额结算法律制度研究》，对外经贸大学 2007 年博士论文，第 123 页。

② 刘燕、楼建波：《金融衍生交易的法律解释——以合同为中心》，载《法学研究》2012 年第 1 期，第 68 页。

③ BIS & IOSCO, *Principles for financial market infrastructures*, April 2012, pp. 64 - 66, available at https://www.bis.org/cpmi/publ/d101a.pdf.

如前文所述，终止净额结算实质上属于双方对于履约控制权的事前分配，有效的终止净额结算具有降低信用风险、提高资金利用效率的经济功能，有利于经济效率最大化的实现，也是场外衍生品市场参与者双边净额交易，促进其“套期保值”等交易目的实现的基础。在此意义上，其结算最终性、不可撤销性应当得到法律较强的保护。

若将“终止净额结算金额”在我国合同法语境下解释为违约损害赔偿，将使其受制于司法等过程中的事实认定与法律适用；此外，在我国合同法语境下，违约损害赔偿存在一定的限定规则，包括可预见规则、减轻损害规则、与有过失规则与损益相抵规则等，一旦将其认定为违约损害赔偿，将受制于上述限定规则，严重破坏终止净额结算对于降低和化解交易风险的功能实现。这种“损害赔偿性质”像极了某些学者提到的实践中监管机构对于终止净额结算制度要的花样——一方面继续支持净额结算及其给金融市场带来的法律确定性，另一方面它们又寻求在如何以及何时应用净额结算方面增加一定程度的监管自由裁量权。①

综上所述，终止净额结算条款应当具有结算终局性，而不应当被通过法律政策予以轻易调整非违约方依据其自身利益，通过指定结算终止日而确定的终止净额结算金额。在此语境下，否定终止净额结算条款的“违约损害赔偿”性质，而将其认定为单纯的“结算机制”，可有效保护终止净额结算的结算终局性和有效性，避免法院对结算金额享有调整的自由裁量空间。

2. 合理分配举证责任，避免举证责任分配过度不公平。如上述司法实践所示，学界和实务界有观点将“终止净额结算金额履行请求”理解成一种违约损害赔偿责任承担之请求，将使得该请求权的基础变化为违约损害赔偿请求权。在一方拒绝履行的情况下，因拒绝履行而承担违约责任的法律根据在于《合同法》第一百零七条（对应《民法典》第五百七十八条），依据证明责任的分配，其构成要件应当包括：“合同的成立”“不履行的意思表示”“损害”以及“不履行的意思表示与损害之间的因果关系”。② 而衍生品交易的首要目的即风险对冲（Hedge），交易可能基于复杂的金融工程计算或特殊的“背对背交易”设计，交易主体在衍生品交易中存在亏损，对应现货市场则可能存在成本的降低或其他盈利空间。③ 以此为基础，认定交易主体“损失的金额”以及“损失与违约行为之间的因果关系”将存在较大困难。

如“张家口与渣打银行案”“花旗银行与金环球公司案”“花旗银行与樱达公司案”“星展

① “So while regulators continue to support netting and the legal certainty it brings to financial markets, they are seeking to add a degree of regulatory discretion over how and when netting is applied.” See David L. Mengle (ISDA): Close-Out Netting and Risk Management in Over-the-Counter Derivatives, p. 9.

② 袁中华：《违约责任纠纷之证明责任分配——以〈民法典〉第577条为中心》，载《法学》2021年第5期，第111页。

③ 刘燕、楼建波：《金融衍生交易的法律解释——以合同为中心》，载《法学研究》2012年第1期，第66页。

银行与聚龙公司案”“乍嘉苏与工行外滩支行案”等案例中法院均要求银行列明计算的公式，并详细说明计算方法，如果不能列明计算的公式和方法及其合理性，计算一方可能要承担不利的法律后果。[①] 对于简单的、不带任何结构的金融衍生产品，如普通的外汇远期交易，列出简单的公式及计算方法尚可行，但对于大部分交易，计算公式并不是如此简单，其背后可能有复杂的数学模型，一般是依赖专业的计算机系统，将相关的变量输入系统后，系统使用背后的数学模型计算提前终止金额。比如某些交易中，银行会根据主协议关于“替代交易法”的规定，将从第三方路透系统或彭博系统获得的相关数据，包括即期汇率、远掉期点数、期限、波动率等，输入FENICS系统，由FENICS系统根据输入的数据计算出最终的提前终止金额；由于FENICS系统适用的Black－Scholes期权定价模型本身就是复杂的数学模型，其发明者甚至都因此获得诺贝尔经济学奖，银行对其合理性进行举证几乎是不可能的。[②]

在此背景下，若认可终止净额结算金额结算实际上是合同的履行安排，并将终止净额结算解释为“加速到期与合同义务的提前履行”，即可结合衍生品交易的独特性质，将一方依据诉讼主张终止净额结算条款理解为一种独特的合同履行请求权。由于我国《合同法》并未明确规定合同履行请求权，此时较为接近的规范仅有《合同法》第八条第一款“当事人应当按照约定履行自己的义务”。在文义上抽取该条的构成要件，也仅有“合同约定”[③]，此处“合同约定”可理解为双方当事人在ISDA主协议框架下缔结的单一衍生品交易协议，且通过相对应的意思表示对所有重要条款达成一致，因此其包括三个要件：合同成立、合同生效、合同约定某项可履行的合同义务。[④]

此时一方欲履行的合同条款系附条件的合同结算条款，即在满足终止净额结算条款的触发条件前提下，该合同条款方且可以介入履行。该请求权基础构成要件应当进行适当修正，其请求权构成要件包括：（1）合同成立、生效，即双方当事人在ISDA主协议框架下缔结的单一衍生品交易协议，且该协议成立并生效；（2）合同有效，即双方缔结的ISDA主协议、交易确认书等文件不存在无效事由，合法有效；（3）合同履行条款被触发，即存在ISDA主协议下的违约事件，且依据违约事件触发了ISDA主协议第6条项下的终止净额结算条款。

对此，被告实际上也可以根据上述请求权成立要件进行一一抗辩，抗辩事由包括合同未成

① 赵英敏：《金融衍生产品法律与实务》，中国法制出版社2020年版，第605页。

② 赵英敏：《金融衍生产品法律与实务》，中国法制出版社2020年版，第605页。

③ 袁中华：《违约责任纠纷之证明责任分配——以〈民法典〉第577条为中心》，载《法学》2021年第5期，第108页。

④ 袁中华：《违约责任纠纷之证明责任分配——以〈民法典〉第577条为中心》，载《法学》2021年第5期，第107页。

立、合同因违反金融安全①或损害公共利益②而无效、缺乏合同条款履行的条件（具体指违约方可通过意思表示的解释，认定其行为不构成违约）、结算金额不合理等③。此时，若以“合同履行请求权”为框架，即可避免由原告承担证明合同损害以及因果关系等要件的证明责任，可以有效地分配举证责任，避免举证责任分配的不公。

表 4　我国合同法语境下终止净额结算条款履行争议中双方可能主张总结

原告请求权成立要件	被告抗辩点	常见抗辩理由
衍生品合同成立	衍生品合同未成立	（1）声称衍生品合同尚未签订，涉及衍生品合同下的交易并不构成“单一协议”下的交易； （2）声称执行衍生品交易的公司交易对手的个人代表缺乏代表公司行事的授权； （3）声称交易文件中的定制条款实质上偏离标准衍生品行业条款的含义； （4）将衍生品合同重新定性为财富管理产品或代理协议（通常会对银行施加更严格的法律或监管义务）。
衍生品合同有效	衍生品合同无效、应被撤销	根据《合同法》第五十二条（对应《民法典》第一百四十四条至第一百五十四条），主张合同无效，如 （1）销售主体资格不适格，导致该合同违反《九民纪要》规定的金融管理秩序性规定而无效； （2）声称交易一方缺乏行为能力，违反中国法律或行政法规的强制性规定； （3）指控交易因其投机性质（基于对公共利益的损害）构成赌博，或具有不公平的产品条款（即不合情理），导致交易不公允而应当撤销。

---

① 根据《合同法》第五十二条规定（对应《民法典》第一百五十三条），违反法律和行政法规强制性规定的情况下，合同才无效，但是《九民纪要》第 31 条规定，违反规章一般情况下不影响合同效力，但该规章的内容涉及金融安全、市场秩序、国家宏观政策等公序良俗的，应当认定合同无效。对于场外衍生品来说，特许经营的准入就是涉及金融安全的一种规定，此时如果没有销售主体未取得资质可能会导致其与他人签订的场外衍生品合同的无效。

② 我国《合同法》第五十二条规定，损害社会公共利益的合同无效（《民法典》第一百五十三条第二款将其修改为“违背公序良俗的民事法律行为无效。”）。赌博通常被视为违反公共秩序，可能对个人造成伤害，并间接损害公共利益。此时在场外衍生品交易中违约的交易对手通常试图通过声称交易的目的是对标的资产的价值进行投机，从而等同于赌博，从而使交易无效。

③ 根据 ISDA 主协议第 14 条，终止金额由决定方确定，决定方应当秉持诚信（act in good faith）并使用商业上合理的程序（use commercially reasonable procedures）确定结算金额，最终产生合理的结果。此时结算终止日期的选择也应当符合诚实信用原则要求，并具有商业合理性。对此 ISDA 主协议规定，若提前终止日期在商业上不合理，应当认定提前终止日期之后的某个具有商业合理性的日期为提前终止日期。

续表

原告请求权成立要件	被告抗辩点	常见抗辩理由
衍生品终止净额结算条款可履行	终止净额结算条款不可履行	违约方可通过意思表示的解释，认定其行为不构成违约，因此终止净额结算条款未被触发。
	结算金额不合理	对终止日期的合理性进行抗辩，认定确定不够公允，申请调整结算终止日期。

五、结语：重视《期货和衍生品法》立法背景下的终止净额结算条款的立法表达

（一）《期货和衍生品法》立法过程中对终止净额解释条款研究存在不足

在《期货和衍生品法》立法相关研究中，常常出现实务与理论的巨大鸿沟：实务界关注具体运作方式而轻视背后的法理，而理论界试图以基础理论解释交易机制，却常常忽视其背后独特的商业逻辑。[①] 对于终止净额结算条款而言，长久以来实务界并未有动力在中国法语境下对ISDA主协议进行细致的合同法解读，而是简单地以“准用英国法”或“准用美国纽约州法”应付了事，而理论界部分学者的研究成果呈现被现有合同法制度框架所限乃至偏离商业逻辑的趋势。

就立法层面而言，因为缺乏明确法律保障的终止净额结算机制，国际金融市场许多参与者认为终止净额结算在中国法项下的可执行性并不确定，甚至认为中国属于“非净额结算司法管辖区”（Non – netting Jurisdiction）[②]，这将为中国金融市场未来融入国际大舞台造成一定障碍。司法实践中，上海金融法院虽然首次确认了终止净额结算条款的性质与效力，但却仍然遵循合同法路径，将终止净额结算解读出“合同解除、损害赔偿”的双重效力，此种释义可能无法对双方权利义务关系的厘清产生助益，反而可能偏离原有的交易逻辑，使国际参与者对中国期货交易法域制度的理由产生更深的误解，不利于我国金融市场与国际市场的互联互通。

目前，我国《中华人民共和国期货和衍生品法（草案）》（二次审议稿）第三十五条[③]对终

---

① 钟维：《期货交易双层标的法律结构论》，载《清华法学》2015年第4期，第140页（叶林评语）。

② 国际掉期和衍生工具协会（The International Swaps and Derivatives Association，ISDA）提供了世界各个国家与地区对于净额结算立法的摘要，目前中国仍然被列入未采用终止净额结算的区域，状态为“under considera-tion”，具体可参见ISDA，Status of Netting Legislation，November 5，2021，available at https：//www. isda. org/2020/07/03/status – of – netting – legislation/。

③ 《中华人民共和国期货和衍生品法（草案）》第三十五条：“按照本法第三十三条规定的协议方式从事衍生品交易的，发生约定的情形时，可以依照协议约定终止交易，并按净额对协议项下的全部交易盈亏进行结算。依照前款规定进行的净额结算，不因交易任何一方依法进入破产程序而中止、无效或者撤销。”

止净额结算进行规定，似乎解决了此种障碍，但是以目前终止净额结算条款的性质争议来看，上述草案并未回应司法者对立法者的两个期待：首先，此处立法中并未明确“终止净额结算条款的概念”；其次，具体规则中仅规定该条文效力被肯认，但是并未通过具体规则体现其特殊性。①最重要的是，以“可以按照协议约定终止交易，并按照净额对协议项下的全部交易盈亏进行结算”，并未确认结算有效性与结算最终性，结算结果仍可能存在被监管者或司法裁判者处理或调整的空间，以上条款并不能说明我国立法上采用了“终止净额结算”，也不能以此为由认为我国已经成为“净额结算司法管辖区”。

（二）民商分立与典型的期货合同需要

从“张家口石化与渣打银行案”中可以看出，《民法典》合同编项下的基础规则已经无力处理复杂的商事交易：现代民商法的知识话语和制度体系根植于工业革命，该时代背景下交易主体主要以有形物作为基本标的，而现代金融创新衍生出多重交易结构和复杂的金融关系，可能与民商法的范畴体系和权利体系存在抵牾，按照民商法既有的范畴体系和规范体系可能无法有效全面解释，由此产生了在司法审判中区分民事合同和金融商事合同的现实需求。② 而目前上海金融法院、北京金融法院等专门法院的设立，也体现出金融审判专业化与独立化发展的倾向。

然而，学界和实务界对于“民商分立”理论尚未形成一致意见，有学者认为可从特殊典型商事合同的独立性开始，逐步明晰商事合同的具体规则，迂回地实现“民商分立”的效果。③ 对于衍生品合约而言，《期货和衍生品法》的制定实际上是一个非常难得和宝贵的契机。④ 若能将衍生品合约的特殊属性与规则写入《期货和衍生品法》，并与《民法典》合同编部分规则进行适当切割，对于独立出典型的期货合同，形成特殊领域的法律基础共识具有重要意义。因此，应当借助本次期货法立法的机遇，积极创建相关立法规制独立规范此类交易，构建商事合同分析的框架，并通过立法技术，将终止净额结算这一场外衍生品独特的结算机制的性质和效力进行明确，并丰富民商法的内涵，使得未来司法裁判中遇到类似纠纷，可以跳出传统合同法的框架，作出符合交易逻辑的解释，从而稳定市场预期，推动期货市场健康发展。

（三）《期货法和衍生品法》立法背景下的终止净额结算机制设计建议

《期货和衍生品法》是中国衍生品市场发展的一个重大里程碑。⑤许多市场参与方对于中国

---

① 纪海龙等学者认为，司法者对立法者具有两个期待：（1）此次立法中是否可以解决概念的问题；（2）具体规则中能否体现特殊性问题。参见李志刚、张巍等：《民事合同与商事合同：学理、实务与立法期待》，载《人民司法》，2020 年第 1 期，第 109 页（纪海龙观点）。

② 鲁篱：《论金融司法与金融监管协同治理机制》，载《中国法学》2021 年第 2 期，第 190 页。

③ 施天涛：《商事法律行为初论》，载《法律科学（西北政法大学学报）》2021 年第 1 期，第 108 页。

④ 李志刚、张巍等：《民事合同与商事合同：学理、实务与立法期待》，载《人民司法》2020 年第 1 期，第 109 页（郭宁华观点）。

⑤ ISDA, *Developing Safe Robust and Efficient Derivatives Markets in China*, December 2021, p. 108.

《期货法和衍生品法》的相关立法非常关注。例如，ISDA 连同亚洲证券业与金融市场协会（ASIFMA）针对草案中的一些条款向立法者和监管机构提出了建议。①许多在中国从事金融衍生交易业务的交易主体及律师团队也对该问题展现了合理的关切。

基于上述研究，本文认为立法过程中应当至少在两个层面对终止净额结算条款进行明确规定：第一，定性层面，应当明确认可终止净额结算为特殊的合约结算安排的形式之一，并对终止净额结算与合同解除、对提前终止金额与违约损害赔偿制度作出明确区分，以降低重新定性的风险。第二，法律效果层面，法律应当对终止净额结算条款的有效性及结算的最终性提供明确的法律保护，确保交易方应当能按照净额（而非总额）计算对手方信用风险，确保终止净额结算条款及相关履约安排具有可执行性。

落实到法条上，本文建议可按照表 5 所示，将期货法相关条文进行修改与增补。

表 5　本文对《期货和衍生品法》相关条文的修订建议

条文	期货法草案条款	建议修改内容
第三十五条	• 按照本法第三十三条规定的协议方式从事衍生品交易的，发生约定的情形时，可以依照协议约定终止交易，并按净额对协议项下的全部交易盈亏进行结算。 • 依照前款规定进行的净额结算，不因交易任何一方依法进入破产程序而中止、无效或者撤销。	• 交易双方可约定在发生特定事件时依一方通知或自动终止协议下的所有交易，对协议项下的全部交易盈亏进行提前结算，最终由一方支付另一方单一净支付款项。 • 依照前款规定作出的终止净额结算行为，其性质上并非合同的约定解除；提前终止款项也不属于违约损害赔偿，不受到合同违约金额的调整限制，也不因交易双方任何一方依法进入破产程序而暂停、无效或可被撤销。 • 如商业银行的镜对手为经我国金融监督管理部门批准设立的金融机构，且交易双方约定以终止净额结算方式进行结算，商业银行可按照净额计算衍生工具交易对手违约风险暴露，并以净额而非金额为基础进行计量风险敞口。

① ISDA 与 ASIFMA 分别于 2021 年 5 月 28 日和 11 月 21 日向全国人民代表大会联合提交相关立法建议文件，并从行业运行角度提出了相关建议，See ISDA, *Developing Safe Robust and Efficient Derivatives Markets in China*, December 2021, p. 109; ISDA, *China Future Law ISDA Submission*, pp. 1 – 24。

论虚伪表示对公司决议行为的适用

■赵 峰*

摘要：同为《民法典》“法律行为”部分的规范创新，虚伪表示与决议行为之间的体系联动并未得到应有的关注，二者能否对接适用学理与实践也均持谨慎立场。决议虽具有一定的“程式”要素，但并未逃逸出法律行为制度的射程范围，大陆法系的立法经验并不能当然证成“否定说”的解释结论。投票作为意思表示，构成了决议的实质要素，表决权人可援引《民法典》意思表示瑕疵规则否定其投票行为，进而作用于决议的形成。公司决议若要适用虚伪表示规则，必须满足《民法典》第一百四十六条的构成要件，还原为多个表决权人主观的虚假意思联络。法律效果上，若排除虚假投票权后决议不再满足多数决要求，则应评价为重大程序瑕疵，构成决议不成立，但对隐藏行为及不得对抗规则需特别考虑。

关键词：虚伪表示　公司决议　表决权瑕疵　决议不成立

一、 问题的提出

《民法典》第一百三十四条第二款将“决议行为”置于“民事法律行为”项下，同时，又在第一百四十六条整体确立了虚伪表示的规则。依体系解释，决议行为当然适用法律行为效力瑕疵的诸项事由，虚伪表示自不待言。但构成要件上，法人或非法人组织决议的成立，需依照法律或者章程规定的“议事方式”和“表决程序”作出，使得虚伪表示的适用并非没有窒碍。此外，即便认可决议行为需要适用意思表示瑕疵的一般规定，但虚伪表示构造上不同于重大误解、欺诈、胁迫等表意人单方面的意思瑕疵，往往伴随着社团的规避行为，极易成为法律主体挑战决议效力的“试金石”。鉴于公司为决议的典型适用场域，探究虚伪表示对公司决议的适用，不仅融贯民商规范的衔接关系，解决实践中“病态”公司决议的救济问题，更能对农民集体、业主

* 赵峰，中国政法大学法学院博士研究生。

大会等团体成员虚假意思的规整产生体系效应。[①]

然而就此问题的展开，相关学理少有深入分析。一方面，虚伪表示在公司领域的适用，既有研究聚集名股实债[②]、股权让与担保[③]等交易情形，完全忽视了决议这一组织面向的讨论；另一方面，对于公司决议瑕疵的研究，困囿于《公司法》第二十二条的规范表达，似乎认为程序瑕疵和内容瑕疵即为决议瑕疵的完整样态，与法律行为中意思表示瑕疵并不一致。实践中，2020年7月最高人民法院开庭审理的“中科建案”备受瞩目，其中便涉及虚伪表示对公司决议行为的适用，该案一审中上海市高级人民法院持否定立场，但相关分歧仍未消弭，急需法理阐释。[④]

基于此，对于虚伪表示与公司决议制度的体系联动，学理与裁判皆大有可议之处。本文以二者的化学反应为核心，依次由以下论证脉络展开：首先，对学理与实践的相关分歧进行归纳，明确问题症结所在；其次，探究公司决议的异质化特征是否独立于法律行为的一般规则之外，以整体回应虚伪表示能否适用的问题；最后，结合《民法典》第一百四十六条的规范内容，具体阐释虚伪表示如何适用于公司决议行为及其法律效果。

二、 虚伪表示对接适用公司决议行为的实践困境

（一）学说分歧

针对虚伪表示能否适用公司的决议行为，学者多持反对意见，认为民法上的意思表示瑕疵理论对于公司决议并不适用。[⑤] 为此，“否定说”学者旨在通过对效率、程序、民主决策等商事理念的推崇，彰显决议的特殊性，进而漠视或淡化法律行为中意思表示瑕疵规则（包括虚伪表示）的适用。具体存在两种不同的论证路径。路径一为“绝对否定说”，主张公司决议行为本质上并非（完整的）意思表示，虚伪表示无适用余地。该说内部可进一步分为“意思形成说”和“内部意思说”。前者认为决议行为本质上是公司的意思形成，不存在意思表示（效果意思），故排除所有效力瑕疵规则的适用。如陈醇教授认为：“决议的意思形成有一套专业化的通用程序，如议事规则，法律行为理论之中没有程序的概念和理论。”[⑥] 后者则在构成上区分公司表示的内

---

① 针对公司决议对其他决议行为的参照适用，参见王雷：《论民法中的决议行为：从农民集体决议、业主管理规约到公司决议》，载《中外法学》2015年第1期。

② 参见吴潇敏、孙美华、郑扬：《“名股实债”的司法裁判路径探析——以“新华信托—港城置业”案为例》，载《法律适用》2019年第12期。

③ 参见李志刚：《股权让与担保的多维透视与法律适用》，载《法律适用》2021年第5期。

④ 王涌：《融资市场二元化催生国企与民企新型挂靠关系》，资料来源：https://mp.weixin.qq.com/s/VGH0i8Xp3tNI5idK3M5pug，2021年7月17日访问。

⑤ 田韶华：《论通谋虚伪行为规则的司法适用》，载《北方法学》2019年第4期。

⑥ 陈醇：《意思形成与意思表示的区别：决议的独立性初探》，载《比较法研究》2008年第6期。

部、外部效应，认为只有通过公司的专门机关将决议表达于外，才能够形成一个完整的意思表示。① 在此基础上，以自然人为理论原型的意思表示及其瑕疵理论可以完全适用于法人的外部意思表示类型，但对于已经量化、规则化了的法人内部意思表示则无适用可能。②

路径二为"相对否定说"，虽承认决议行为是法律行为的一种，但仍基于商事属性否定虚伪表示等意思表示瑕疵规则的适用。公司决议为一种团体法律行为，重在探讨会议召集程序、决议方法以及决议内容有无违反法律或章程，强调程序合法性，民法上意思表示瑕疵的理论很难适用于此。③ 具体到虚伪表示，新近学者分析后认为："表决行为中的股东、董监事等为表意人，公司是意思表示的受领人，虚伪表示要求表意人与受领人均不存在受意思表示约束的内心意思……成员在为表决的意思表示时事实上无法同公司达成通谋，故虚伪表示不适用于表决行为。"④

尽管如此，仍有少数学者支持"肯定说"，认为虚伪表示对于公司决议行为仍然存在适用空间。例如王利明教授认为："《民法典》第一百三十四条单设一款对决议行为作出规定，表明其与一般的民事法律行为存在一定的区别。但二者也存在密切联系，它们都需要主体作出一定的意思表示，因而有关意思表示的规则对决议行为一般也都是适用的。"⑤ 解释路径上，学者基于表决权瑕疵与决议瑕疵之区分，将传统民法规定的真意保留、戏谑表示、虚假行为、错误、欺诈和胁迫等形态都纳入表决权瑕疵的范畴，进而影响共同行为（决议）。⑥

上述学说争议的弊端在于：解释结论中采用"全有全无"模式。否定说通过否定决议与意思表示的牵连，进而全盘否定意思表示瑕疵制度的适用；而肯定说则将决议行为回归法律行为的概念范畴，当然推论出《民法典》第一百四十三条项下的效力规则适用公司决议行为。无可否认，决议的团体性特征为以个人主义为基调的法律行为制度附以限制性构成要素，但"否定说"并未深入阐释此种限制是否冲击了法律行为框架的一般规则，使公司决议完全逃逸于意思瑕疵规则的射程范围。与此相对，"肯定说"虽从宏观视角概括意思表示瑕疵制度对公司决议的调整设想，但并未就虚伪表示的结构要素展开。不同于股东成员单个的意思表示瑕疵（如错误投票），决议行为的"虚假意思"常伴随公司通谋达成一项隐藏行为，其"通谋"是指参与表决

① 马更新：《公司担保中决议形成程序与合同效力认定间牵连关系探析》，载《法学杂志》2020 年第 6 期。

② 参见石纪虎：《法人意思表示的区分、本质及其瑕疵》，载《重庆社会科学》2008 年第 9 期；贾文卿：《论私法决议行为的性质》，载《河南财经政法大学学报》2018 年第 3 期；李永军：《从〈民法总则〉第 143 条评我国法律行为规范体系的缺失》，载《比较法研究》2019 年第 1 期。

③ 参见钱玉林：《股东大会决议的法理分析》，载《法学》2005 年第 3 期；李志刚：《公司股东大会决议问题研究——团体法的视角》，中国法制出版社 2012 年版，第 122 页。

④ 李建伟：《决议行为特殊效力规则的民法解释》，载《法学杂志》2021 年第 7 期。

⑤ 王利明：《民法分则合同编立法研究》，载《中国法学》2017 年第 2 期。

⑥ 参见许中缘：《论意思表示瑕疵的共同法律行为——以社团决议撤销为研究视角》，载《中国法学》2013 年第 6 期。

的是股东还是股东与公司，股东与第三人，也或公司与决议实施行为的第三人；其“虚假行为无效”是否可以径直评价为“决议无效”，是否影响决议效力等问题，都存在理论精进之必要。

（二）司法适用

针对虚伪表示能否适用于公司的决议行为，司法裁判立场相对保守。通常认为，在决议形成过程中，表意人之间的虚伪表示并不影响公司决议行为的效力，即便承认当事人得以意思表示瑕疵为由主张确认决议无效或撤销，也需援引《公司法》第二十二条进行裁判。[①] 实践中，基本表现为如下案型：

1. 股权让与担保：实际股东与第三人将为借款提供担保隐藏在股权转让行为中，双方就股权转让的行为构成虚假的意思表示，为借款提供担保才是真实的意思表示，法院裁判认为：“当事人虽然可以主张股权转让行为（协议）无效，但因公司股东会决议不存在违反法律、行政法律规定的情形，且案涉担保合法有效，故名义股东诉请确认公司股东会决议无效，并不能得到支持”。[②]

2. 成员串通投票。在刘敏、龚宬铖与李继贤、陈江红等公司决议纠纷案中，标的公司召开股东大会决议，其事项为选任 5 名董事。该案被告认为第三人桂林开元投资管理中心和苏开贤假借代持股权名义，收拢小股东股权集中投票，属虚伪表示，即虚假购买公司股权方式取得的该次股东大会表决权无效，但法院并未予以支持。[③]

3. 虚假增资扩股。在前述“中科建案”中，中科建公司为中国科学院下属的一个国有企业，而鑫控集团作为普通民企，为获取国企身份，便于中科建公司形成挂靠关系。其具体模式为：鑫控集团向中科建公司定向增资 8.5 亿元，后者持有鑫控集团 85% 股份，但双方公司决议、内部备忘录和出资协议都明确中科建公司并不享有任何股东权利和股东义务，此乃虚假的股权关系。最终中科建公司破产，鑫控集团向法院请求确认 85% 的股权无效，理由是：公司增资决议行为为法律行为，判断其效力需适用《民法典》第一百四十六条虚伪通谋，但上海高院一审并未予以支持。[④] 类似案件中，法院同样认为股权转让协议、增资决议合法有效，各方对认缴出资额意

---

① 事实上，针对“错误”“欺诈”“胁迫”等意思表示瑕疵，法院也认为其不影响决议行为的效力。参见原阳县人民法院（2009）原民初字第 1089 号民事判决书；开封市鼓楼区人民法院（2008）鼓民初字第 232 号民事判决书。

② 参见刘敏、龚宬铖与李继贤、陈江红等公司决议纠纷，重庆市第三中级人民法院（2018）渝 03 民终 1004 号民事判决书。

③ 参见刘维和、王代平公司决议撤销纠纷，广西壮族自治区桂林市中级人民法院（2020）桂 03 民终 1786 号民事判决书。

④ 王涌：《融资市场二元化催生国企与民企新型挂靠关系》，资料来源：https：//mp. weixin. qq. com/s/VGH0i8Xp3tNI5idK3M5pug，2021 年 7 月 17 日访问。

思表示真实，且完成工商登记，通谋虚伪的抗辩理由不能成立。①

但是，在湖南省高级人民法院（2018）湘民初 87 号民事判决中，法院却认为："增资扩股法律行为本质上属于民事法律行为的范畴。双方的意思表示是否真实，是认定增资扩股民事法律行为效力的条件之一。本案中，虽然双方通过签订《增资扩股董事会决议》达成了所谓增资扩股的表面意思表示，但就内部关系而言，双方并无通过增资扩股行为实际改变华资公司股权结构的真意。双方的真实意图是通过虚假增资扩股的方式取得银行贷款资质，进而以贷款偿还李静的股权转让款。也即双方均没有受该增资扩股意思表示约束的效果意思，并不追求在内部实际产生增资扩股的法律效果，但却希望在外部产生另一种法律效果。因此，本案增资扩股法律行为系双方以通谋虚伪的虚假意思表示所实施的民事法律行为，涉案《增资扩股董事会决议》应认定为无效。"②

通过对上述裁判观点的梳理，《民法典》第一百四十六条能否成为挑战公司决议效力的工具，裁判说理相互抵牾。为此，有必要重新审视虚伪表示的构成要素，以明晰其规范边界。

三、 虚伪表示对接适用公司决议行为的障碍消解

虚伪表示与公司决议对接适用的理论障碍主要有两个：一是决议的特殊形成机制是否消解了法律行为制度的解释张力；二是意思表示瑕疵规则如何作用于公司决议的形成。对此，需重新厘清决议行为的规范结构，以整体回应虚伪表示能否适用的问题。

（一）法律行为规范结构中的"程式"要素

如叶林教授所言："法律行为最初是在个人法语境下产生的概念，它脱胎于当事人的合意，更适于解释合同行为……决议行为是多种行为的结合体，既有股东意思和表示，也有公司意思的形成，是个体股东在决议事项上形成的偶然结合。"③ 显然，决议的形成更多表现为程式要素，即多数决机制和正当程序规则，前者是决议行为成立要件团体性的体现，而后者是决议行为成立要件程序性的体现。④ 在此，本文将对法律行为的规范结构进行回溯，这是公司决议适用意思表示瑕疵规则的前提论证。

学理上，根据法律行为成立所必需的意思表示数量，可以将法律行为区分为单方法律行为、多方法律行为和决议。其中，多方法律行为需所涉多方当事人达成合意，既包括合同这一双方法律行为，又包括多方法律行为如共同行为。此种分类下，无论意思表示是否需受领，单方法律行

① 参见江西鑫海地产有限公司与周宏伟追收未缴出资纠纷、股东出资纠纷，江西省萍乡市中级人民法院（2018）赣 03 民初 99 号民事判决书。

② 参见李静与曹刚、粟胜利股权转让纠纷，湖南省高级人民法院（2018）湘民初 87 号民事判决书。

③ 叶林：《股东会会议决议形成制度》，载《法学杂志》2011 年第 10 期。

④ 参见王雷：《〈民法总则〉中决议行为法律制度的力量与弱点》，载《当代法学》2018 年第 5 期。

为只需要一项意思表示就得以成立，如悬赏广告、遗嘱以及行使形成权的行为。[①] 但对于多方法律行为和决议而言，其法律行为的规范结构中除了意思表示外，还应具备相应“程式”，所谓程式，即为意思表示的构造规则。

对于合同来说，只有所有当事方（至少两个）参与并存在相互一致的意思表示时才能产生法律效力，例如买卖合同、租赁合同。[②] 此时，“合意”要素作为合同债的“基本程式”将验证其法律关系的成立。具体而言，为了确保合意存在，《民法典》第四百六十九条、第四百七十一条分别通过合同形式和合同方式，表达出合同的成立并非合同当事人各自独立的、无关联的意思表示，而是相互配对的、符合特定形式（可由当事人自由选择）且真实一致的意思表示。换言之，合同的“基本程式”决定了当事人之间意思表示的内容、方向，进而形成对向意思。[③] 对于共同行为而言，意思表示构成上也具有一定的程式要求。例如两人以上的合伙人相互之间订立一项合伙合同，必须全体合伙人一致同意。其中，意思表示的同向性和全体一致同意构成了共同行为的程式要素。

在团体法上，决议无非是成员支持或反对的内心意思通过法定、章定的程序表达出来。[④] 其构造规则上有自身特点：一方面，决议与共同行为皆属于表意方向相同的法律行为，此区别于合同；另一方面，共同行为与合同须所有人表意一致，决议则采用多数决原则，决议一旦通过，即便是反对者，也须受其拘束。[⑤] 显然，决议行为与共同行为仅在成员意思表示的构造规则上存在不同，无法通过决议行为的特殊构造便否定成员的意思表示。

因此，法律行为的规范结构中天然地包含“程式”要素。无论是合同构成中的形式瑕疵，还是决议行为中的程序瑕疵，皆受意思表示构造规则的调整，只是侧重点不同而已。之所以决议行为与法律行为制度产生隔膜，其根源在于“既有的法律行为理论只关注作为构成要素的意思表示，而忽略构成要素之间的构造规则……这种在立法上将意思表示的法律规则视为法律行为规则全部的做法，极大地限制了法律行为一般理论对决议的可适用性。”[⑥] 由此也彰显出对意思表示构造规则在决议中的影响加以探寻，有其独特的实证法意蕴。

（二）大陆法系既有解释模式的有限性

英美公司法理论普遍将决议理解为一种会议机制，股东以同意决议的方式表达赞同是使该

---

① Dieter Medicus：Allgemeiner Teil des BGB，10. Aufl.，2010，Rn. 202.

② Thomas Zerres：Bürgerliches Recht，9. Aufl.，2019，S. 42；Burkhard Boemke，Bernhard Ulrici：BGB Allgemeiner Teil，2. Aufl.，2014，S. 55.

③ 除此之外，《民法典》第五百零二条第二款前段还规定，“依照法律、行政法规的规定，合同应当办理批准等手续的，依照其规定”，要求特定合同的成立需辅助以“其他程式”。

④ 吴飞飞：《论决议对法律行为理论的冲击及法律行为理论的回应》，载《当代法学》2021 年第 4 期。

⑤ 朱庆育：《民法总论》，北京大学出版社 2016 年版，第 136－137 页。

⑥ 瞿灵敏：《民法典编纂中的决议：法律属性、类型归属与立法评析》，载《法学论坛》2017 年第 4 期。

行为成为公司行为的必要条件。① 如果公司决议违反了合理或公平原则而损害了股东利益，股东可以通过衡平法院颁布禁令予以救济，无须规范层面的决议瑕疵制度。② 故意思表示瑕疵规则对公司决议的效力影响，实属大陆法系立法例特有的理论难题。但是，既有研究显然高估了大陆法系经验对我国解释适用的意义，下文将通过对德国、日本以及我国台湾地区公司法理论与实践进行分析，进而展现否定说论者在比较与借鉴时的偏差。

1. 日本及我国台湾地区的解释模式。针对决议无效，《日本公司法》第八百三十条第二款规定："有关决议大会等的决议，如果决议内容违反法律，则可以诉讼方式请求法院确认决议无效。"比如将属于董事、监事欠格事由者选任为董事或监事的决议，不存在可分利益而进行盈余金分配的决议等。③ 类似地，我国台湾地区"公司法"第一百九十一条规定："股东会决议之内容，违反法令或章程者无效"。学理上通常认为，所谓决议内容违反法令，系指违反股东有限责任原则、股东平等原则、股份自由转让原则、侵害股东固有权、公序良俗、强行规定等。④ 从此观之，日本和我国台湾地区公司决议无效制度更多考虑决议内容的瑕疵，指向公司治理本身的安定性，其中并不包含股东的意思表示瑕疵（包括虚伪表示）。

究其原因，台湾"公司法"学者认为股东会是公司法人的意思决定机关，借由股东会决议而形成公司的意思决定，"惟股东会之决议，本身即是一种法律程序，严格而言，股东会应依法律规定做出的决议，始能发生形成公司意思决定之法律效果"。⑤ 基于此，股东会决议瑕疵，有存在于决议之成立过程，有存在于决议之内容，本法以此区别为基础，设有不同之救济方法，而不适用民法一般原则之规定。⑥ 相比较而言，日本"公司法"则在第七编第二章第一节设置了股东大会决议瑕疵之诉制度。对于存在瑕疵的股东大会决议，之所以未按照私法的一般原则，允许任何人在任何时候以任何方法都能主张决议无效，其背后的价值判断在于即使股东大会决议存在瑕疵，但很可能基于股东大会决议已经产生了种种法律关系，而仅仅依靠一般原则来解决决议瑕疵的问题并不妥当。换言之，日本公司法理论认为通过特别诉讼的方式整齐划一地处理法律关系的解决方式更好。⑦

---

① ［英］保罗·戴维斯、［英］莎拉·沃辛顿著：《现代公司法原理（上册）》，罗培新等译，法律出版社2016年版，第446页。

② 该案中，原告对于个别被告担任公司董事或高级职员有异议，进而申请法院确定年度股东大会的有效性。Ringling Bros. – Barnum & Bailey Combined Shows v. Ringling, 29 Del. Ch. 610, 53 A. 2d 441 (1947)。

③ ［日］前田庸著：《公司法入门》，王作全译，北京大学出版社2012年版，第303页。

④ 刘连煜：《现代公司法》，新学林出版社2019年版，第457页；姚志明：《公司法》，新学林出版社2016年版，第267页；陈连顺：《公司法精义》，春风得意出版社2013年版，第414页。

⑤ 廖大颖：《公司法原论》，三民书局出版社2016年版，第227页。

⑥ 柯芳枝：《公司法论（上）》，三民书局出版社2014年版，第247页。

⑦ 参见［日］近藤光男著：《最新日本公司法》，梁爽译，法律出版社2016年版，第202页。

不过，上述立论基础存在一项重要前提，即日本和我国台湾地区并未在民事规范体系中将决议规定为法律行为之一种。具体而言，我国台湾地区“民法”第五十六条虽也规定社团的决议、第六十二条进一步规定了社团决议的无效及撤销，但上述规范是置于第二章第二节“法人”项下，并非第四章“法律行为”。而《日本民法典》总则编无论是第 3 章“法人”还是第 5 章“法律行为”的规范内容中，都未曾涉及“决议”，完全交由公司法加以规定。因此，《日本民法典》以及我国台湾地区“民法”在规范体系上回避了对决议法律行为的定性，使得公司法对决议瑕疵有了独立的判断空间。实践中，股东成员的意思表示瑕疵能否影响决议效力，将依赖个案判断。

2. 德国公司法的解释模式。《德国股份公司法》第 241 条规定了股东大会决议无效的原因，即除了第 192 条第 4 款、第 212 条、第 217 条第 2 款、第 228 条第 2 款、第 234 条第 3 款和第 235 条第 2 款规定的情形，股东大会决议只在下列情形无效：（1）该决议由违反第 121 条第 2 款和第 3 款第一句或者第 4 款的规定召集的股东大会作出；（2）该决议未按照第 130 条第 1 款、第 2 款第一句和第 4 款的规定做成证书；（3）该决议与股份公司的性质不符，或者其内容违反专为或者要为保护公司债权人利益或者其他公共利益而制定的规定；（4）该决议的内容违反善良风俗；（5）该决议撤销之诉经生效判决被宣告无效；（6）该决议依据《家事与非诉事件程序法》基于生效裁决被作为无效予以废止。①

对此，学理的多数观点认为，现行的《德国股份公司法》包含对瑕疵决议进行效力判断的封闭系统，民法典的一般规则不再适用。② 因为本条已经为无效决议的法律后果提供了解决方案，如果没有这样的规定，就必须归入《德国民法典》第 125 条第 1 项、第 134 条第 1 项、第 138 条的一般原则以及解释原则，并构成与这些规定有关的特别法律。③ 综观《德国民法典》第 125 条、第 134 条与第 138 条的规范内容，其分别为法律行为因欠缺方式、违反法律禁止规定以及违反善良风俗而无效。由于《德国股份公司法》第 241 条第 1、第 2 项召集程序和证书等形式、第 3 项强行规定、第 4 项公序良俗等内容已经吸收了《德国民法典》第 125 条、第 134 条与第 138 条的规范意旨，公司法规范当然应优先适用。

由此可见，《德国股份公司法》第 241 条使得《德国民法典》中关于法律行为效力的部分规定不再适用，这一论据并不能当然地认为《德国股份公司法》第 241 条也排除了《德国民法典》第 116 条真意保留、第 117 条虚伪表示以及第 118 条戏谑表示等其他意思表示瑕疵的类型。事实上，针对设立公司这一多方法律行为，虚伪表示也同样适用。在司法评价中，对于虚假订立的公

① 《德国商事公司法》，胡晓静、杨代雄译，法律出版社 2014 年版，第 177 页。

② BeckOGK/Drescher, 1. 2. 2021, AktG § 241 Rn. 56.

③ Kölner Komm AktG/Noack/Zetzsche Ed. , 2017, § 241 Rn. 3.

司而言，虽设立协议已订立，但根据《德国民法典》第117条的规定，此时股东一致同意不打算进行业务运营或追求任何其他共同目的（效果意思），设立行为无效。①

3. 小结。总体而言，究竟是通过《民法典》意思表示规则的适用以矫正公司意思瑕疵，还是借由民商关系的动态互补保留立法者针对公司决议修正私法自治的可能性，其核心在于“民法”与“公司法”之间的协调。若采纳公司决议本质上系一种意思形成，否定其存在意思表示，实证法规范应像日本、我国台湾地区一样，将公司决议视为“法人”机构的日常活动，民法典不应于法律行为部分对其加以规定。若认为公司法中决议瑕疵规范排除了民法意思表示规则的适用，则应参考德国法，于公司法中对决议瑕疵（无效）提供更充分的构成事由，否则便不应径直抛弃民法的抽象性与强大的解释力。

至此，我们应该明白商法只是一般私法中的一个特殊的组成部分，不能仅仅从商法规范本身来理解和适用商法。② 商法的许多规范需借助民法所确定的一般性原则才能理解，《公司法》中的决议瑕疵的效力类型仅仅是对《民法典》法律行为瑕疵体系的具体补充，并非排除或变更。考虑到《公司法》第二十二条第一款的概括规定过于简单，若排除法律行为一般规则的适用，将导致大量其他决议有瑕疵的情形难以获得司法救济。③ 总之，不同立法例的解释模式乃基于自身实证法规范发展而来，否定说无法通过比较解释加持其论据的合理性。相反肯定决议作为法律行为，不仅符合实证法规则，更重要的是，通过适用意思表示瑕疵规则，丰富决议瑕疵的诸项事由，于体系拓展而言具有重要意义。

（三）意思表示瑕疵适用决议的法理证成

如前文所述，从法律行为的构造以及比较法的经验上，公司决议为法律行为体系所涵盖是妥当的价值选择。但在否定说论者看来，决议即便性质上为法律行为，也不应适用法律行为效力规则的诸项事由。为破除该逻辑障碍，本文将进一步论证意思表示瑕疵如何作用于决议形成。

作为法律行为的核心要素，若认可公司决议的适用法律行为中意思表示瑕疵规则，则务必说明决议行为中的意思表示构成。德国学理上，有意见提出：“作为一项特殊的团体法上的法律行为（korporationsrechtliches Rechtsgeshäft），决议基础的投票表决并非是为了达成合意，而典型意义上是对多数意见的确认。”④ 但通说仍认为“单个表决行为的法律性质是意思表示”。⑤ 在此本文认为，各成员的投票行为具备意思表示的内在秉性。

从意思表示这个概念的词语构成上，便可区分出其构成要素中的意思和表示。所谓意思表

① Miras：Münchener Handbuch des Gesellschaftsrechts Bd. 15. Aufl.，2019，Rn. 35.
② ［德］罗伯特·霍恩等著：《德国民商法导论》，楚建译，中国大百科全书出版社1996年版，第240页。
③ 参见李宇：《民法总则：规范释论与判解集注》，法律出版社2017年版，第437页。
④ MüKoAktG/Hüffer/Schäfer，4. Aufl，2016，AktG §241 Rn. 8.
⑤ Wolf/Neumer：Allgemeiner Teil des Bürgerlichen Rechts，11. Aufl.，2016，Rn. 43.

示无非是表意人将内部意思向他人发出的表示，表意人据此向他人表明，根据其意思，某项特定的法律后果（或一系列法律后果）应该发生并产生效力。[①] 具体到公司决议，投票或表决是会议决议形成的主要阶段，到会成员有权按照自己的判断和意思进行投票，但成员必须采用格式化的意思表示方法，即在同意、反对和弃权中作出唯一选择。[②] 相较于自然人内部意思要素的神秘主义色彩，格式化的意思表示方法使得公司组织的意思形成具有更强的“可视性”。[③] 此时，公司股东、董事、监事等以投票或表决的方式作出意思表示，不仅是成员以私人自治方式参与法律交往的媒介，同时也成为公司内部治理的实现途径。

特殊的是，决议最终旨在形成公司意志。在此过程中，个体意志上升为团体意志或股东意志最终转化为公司意志，经历了个体意志的互相吸收，公司团体意志的形成来自自然人，但又独立于自然人的意思表示。[④] 而经过正当的议事程序和表决方式作出的决议，其拘束力不仅针对“赞成票”股东，也针对“非赞成票”股东，甚至拘束不参与投票的董事、监事等。如此，反对观点可能认为决议的最终结果并非为个体股东表决所追求，进而动摇投票行为的意思表示属性。司法实践中，也有裁判观点认为股东对决议事项通过赞成或否定的方式作出的仅为意思决定，股东会决议是股东投票权利集中后产生的公司意思表示。[⑤]

应当看到，决议中的“表决”与合同中的“要约”和“承诺”、单方法律行为中的“单方表示”一样，均为追求相应私法效果（决议提案通过与否）之产生，符合意思表示的本质。[⑥] 在此基础上，决议之所以能对全体成员产生拘束力，不过是因为全体成员“投票”这一意思表示中包含达成团体意志或共同意志的效果意思。由此，“多数决”规则仅为一套内部协商机制，以保障团体自治的公平性，但过分强调“多数决”规则是对决议行为的误解，因为决议也可“一致决”甚至“一票决”。例如《公司法》第三十七条第二款规定，有限公司股东得以书面形式一致同意代替决议。此时，公司治理的程式化要件被淡化，重要的是股东的意思表示。可见，只有在团体成员人数过多，以至于团体决策以一致同意的合意机制通过在操作层面不具可能性时，方才退而求其次以“多数决”的决议机制形成团体意思表示。[⑦]

---

① ［德］卡尔·拉伦次：《德国民法通论（下）》，王晓晔等译，法律出版社2013年版，第451页。

② 叶林：《股东会会议决议形成制度》，载《法学杂志》2011年第10期。

③ 参见蒋大兴：《公司组织意思表示之特殊构造——不完全代表/代理与公司内部决议之外部效力》，载《比较法研究》2020年第3期。

④ 何建：《公司意思表示研究》，复旦大学2014年博士学位论文，第115页。

⑤ 参见山西森宇房地产开发有限公司、李某公司证照返还纠纷，山西省阳泉市中级人民法院（2019）晋03民终1174号民事判决书。

⑥ 参见孔洁琼：《决议行为法律性质辨——兼评〈民法总则〉第134条第2款》，载《南京大学法律评论》2019年第1期。

⑦ 吴飞飞：《私法决议效力规则构建与解释的法理》，载《法律方法》2019年第2期。

因此，决议导致社团意思的内部形成只是被作为决议的功能，不能否定决议本身是成员作出的意思表示。① 表决权人基于提案进行表决，乃是对团体内部意思形成的参与，最终与法律后果相关联，这使得所有的投票行为均应为意思表示所囊括。如学者所言："社会个体不仅可以相互感知主观目的，而且可以根据对共同合作前景的预期，积极地采取合作行动，并通过强调共同合作而增进个体（个性）。"② 正是基于此，在决议语境中对个人的意思强调非但没有损害公司整体，反而有利于发展整体。在德国公司法文献中，与决议瑕疵本身相区别的是个别表决行为（mangeldereinzelnenstimmabgabe）的瑕疵，对于这种表决权瑕疵（无效表决权），通说认可根据《民法典》有关意思表示的规定进行处理。③

一言以蔽之，决议属于法律行为，应当纳入法律行为规范体系，适用意思表示瑕疵的一般规则。其中，表决权人基于内心意思进行投票构成了决议的实质要素，可适用《民法典》意思表示规则否定其投票行为，进而作用于公司决议的形成。

四、 虚伪表示对公司决议行为的具体适用及法律效果

公司决议需适用意思表示瑕疵规则，但对诸项事由仍需一一检视。其中，虚伪表示的特殊之处在于：构成要件上需两个以上表意人参与；法律效果并非可撤销，而是直接无效。故有观点认为议案和投票作为意思表示的一种形态，可能会出现错误、胁迫、欺诈等瑕疵类型，但不可能出现虚伪表示和隐藏行为等瑕疵类型。④ 基于此，本文将结合《民法典》第一百四十六条的规范内容，具体阐述虚伪表示作用公司决议的事实构成及具体后果。

（一）构成要件

根据《民法典》第一百四十六条第一款的规定："行为人与相对人以虚假的意思表示实施的民事法律行为无效。"因此，公司决议若要适用虚伪表示规则，必须同时满足主体要件和主观要件。

1. 主体要件：多个表决权人。不同于表意人单方的意思表示瑕疵，虚伪表示的构成需多数人参与，前述案例中，二者对接适用的困境便在于对主体构成的认定模糊。

股东大会通过的决议是以多数票通过的公司决策行为，其中每个有投票权的成员都可行使其法定权利，参与社团事务。⑤ 在此，各成员的投票行为作为具有整体统一性和计划性的意思表示，借助于投票表决与公司意志之间具有拘束力的连接，使得虚伪表示的适用最终需还原为两

---

① Larenz/Wolf: Allgemeiner Teil des Bürgerlichen Rechts, 9. Aufl., 2004, S. 407.

② 熊丙万：《私法的基础：从个人主义走向合作主义》，中国法制出版社 2018 年版，第 218－219 页。

③ Thomas Raiser, Rüdiger Veil: Recht der Kapitalgesellschaften, 6. Aufl., 2015, Rn. 106.

④ 参见石纪虎：《股东大会制度法理研究》，知识产权出版社 2011 年版，第 229－232 页。

⑤ Sauter/Schweyer/Waldner: Dereingetragene Verein, 21. Aufl., 2021, Rn. 203.

个以上表决权人之间的表决权瑕疵，而非表决权人与公司或与交易相对人等主体的意思表示瑕疵。也就是说，公司若旨在通过虚伪表示达成一项规避行为，除了股东与股东交易的相对人、法定代表人与公司交易的相对人之间的合同受双方法律行为效力规则的调整外，任何人试图挑战公司内部决议的效力，均需探寻多个表决权的行使是否存在瑕疵。

不过，比较棘手的是，《民法典》第一百四十六条关于通谋虚伪的主体构成明确“行为人与相对人”，学理上通常认为这里的行为人系“表意人”（Erklärend），相对人系“意思表示受领人”（Erklärungsempfänger），[①] 对于公司决议而言，成员的意思表示并不是针对其他发出表示的成员，而是针对有关意思形成机构（andasGremium），即针对社团或针对董事会，[②] 因此，否定虚伪表示适用公司决议的学者便认为，公司作为拟制主体，无法同股东一样为意思表示，仅单纯受领意思，存在成立通谋虚伪的障碍。[③]

对此本文认为，《民法典》总则编关于法律行为的效力体系乃是以双方法律行为进行的规则设计，尤其以合同为典型样态。有学者评价道：“在整个法律行为制度当中，契约是‘唱主角的’，是‘大腕儿’，单方行为和决议行为都是‘唱配角的’，是‘跑龙套的’。”[④] 具体到虚伪表示，《民法典》第一百四十六条使用“相对人”这一表述，无非是表示合同行为中双方当事人既相互受领意思表示，又独立作出意思表示，意思表示具有交互性，但其规范意旨并非天然地排除同向意思表示的适用，使得共同行为或决议行为无法援引虚伪表示矫正成员的意思瑕疵。事实上，针对虚伪表示的适用范围，德国学说上认为虚伪行为针对需受领的意思表示，在无须受领意思表示的情形中，没有可以与表意人就虚伪行为达成一致同意，从而使表示满足虚伪行为事实构成的行为相对人。[⑤] 类似地，我国台湾地区虚伪表示的适用对象也包括契约、共同行为及有相对人的单独行为等。[⑥] 可见，虚伪表示旨在排除的是无相对人的意思表示适用，但有相对人的意思表示却不限于合同。[⑦] 即便是单方法律行为，若意思表示有相对人，如虚假为合同解除，也得适用虚伪表示。[⑧]

因此，通过目的解释，《民法典》第一百四十六条第一款规定的“相对人”不能单纯理解为“意思表示的受领人”，还应要求其为独立的意思表示。只不过，合同行为中意思表示的作出与

---

① MüKoBGB/Armbrüster, 9. Aufl. 2021, BGB § 117 Rn. 1.

② Dieter Medicus: Allgemeiner Teil des BGB, 10. Aufl., 2010, Rn. 205.

③ 王滢：《公司决议行为的双阶构造及其效力评价模式》，载《当代法学》2021 年第 5 期。

④ 张谷：《对当前民法典编纂的反思》，载《华东政法大学学报》2016 年第 1 期。

⑤ Werner Flume: Allgemeiner Teil des Bürgerlichen Rechts, 4. Aufl., 1992, S. 405; BeckOK BGB/Wendtland, 59. Ed. 1.8.2021, BGB § 117 Rn. 3; Staudinger/Singer (2017) BGB § 117 Rn. 3.

⑥ 王泽鉴：《民法总则》，北京大学出版社 2009 年版，第 338 – 339 页。

⑦ 参见朱广新：《合同法总则研究（上册）》，中国人民大学出版社 2018 年版，第 333 页。

⑧ 陈聪富：《民法总则》（第二版），元照出版公司 2016 年版，第 258 页。

受领为同一主体，而决议中意思表示受领者为公司，但虚假意思却形成于多数表决权人之间，二者为不同主体。从法权结构来看，成员之间同向的意思表示存在公司这一受领主体，满足虚伪表示的适用前提，但“相对人”却应解释为参与投票并作出意思表示的潜在表决权人。以虚假公司的设立为例，如果公司股东在设立公司时无真实和真诚的意思表示，则该种公司契约因欠缺当事人的真实意思表示而无效。① 盖多方行为之各当事人，而于其间也得通谋而为虚伪决议行为，故理论上，在多方行为之当事人间，不妨成立虚伪表示。②

2. 主观要件：通谋 + 虚假。《民法典》仅规范基于双方虚假意思表示成立的法律行为，未对表意人的主观要件进行要求。在起草过程中，审议稿曾明确要求行为人与相对人串通（如《民法总则（草案三次审议稿）》第一百四十七条第一款），此后修改删除了“串通”字样。为此，公司决议既要形成虚假意思，但在形成过程中是否强调多数表决权人的意思联络，成为解释适用的关键问题。

从比较法来看，《德国民法典》第 117 条、《日本民法典》第 94 条、《韩国民法典》第 108 条，我国台湾地区“民法”第八十七条等立法例在虚伪表示的构成上添加了当事人“通谋”这一要件，学说上概括为虚伪表示。③ 还有一些立法例即便未在法条的文义上出现“通谋”，但也在构成要件上强调表意人的主观状态。例如，《葡萄牙民法典》第 240 条第 1 款规定“如因表意人与受意人意图欺骗第三人之协议而使法律事务之意思表示与表意人之真正意思不一致，则该法律事务属虚伪”，④ 《欧洲示范民法典草案》第 II – 9：201 条第 1 款关于“虚伪合同的效力”也规定“……且当事人故意使合同表见的效力不同于当事人真实想发生的效力的，以当事人的真实意思为准。”⑤

鉴于此，虚伪表示的典型特征表现为相对人必须同意意思表示的虚假性，如果相对人仅仅是认识到表意人意思表示的非真实性，则适用真意保留规则。⑥ 此外，若意思表示存在多个相对人时，还需要征得所有相对人的同意。⑦《民法典》第一百四十六条虽未明确规定行为人与相对人须通谋而为虚假的意思表示，实际上双方对虚假意思表示达成一致的结果反映出二者必须有

---

① 张民安：《公司法的现代化》，中山大学出版社 2006 年版，第 374 页。

② 参见台湾地区最高法院 1968 年台上字第 2557 号判决书，转引自王泽鉴：《民法总则》，北京大学出版社 2009 年版，第 338 页。

③ 参见施启扬：《民法总则》，三民书局 2001 年版，第 246 页。

④ 《葡萄牙民法典》，唐晓晴等译，北京大学出版社 2009 年版，第 44 – 45 页。

⑤ ［德］克里斯蒂安·冯·巴尔、［英］埃里克·克莱夫主编：《欧洲私法的原则、定义与示范规则：欧洲示范民法典草案》（第一、第二、第三卷），高圣平等译，法律出版社 2014 年版，第 529 页。

⑥ HK – BGB/Heinrich Dörner, 10. Aufl. 2019, BGB § 117 Rn. 3.

⑦ Jauernig/Mansel, 18. Aufl. 2021, BGB § 117 Rn. 2.

一个意思联络的过程。[①] 上述论断对于公司决议的场合仍应严格遵循，单个表决权人为虚假表示，若不为其他表决权人所知悉，此时仅成立单独虚伪表示，其意思表示不因此无效。然而，当其他表决权人对此明知或者相互串通（故意）进一步为非真意的“合意”表示，始构成通谋的虚假表示。

（二）法律效果

单就法律效果而言，《民法典》第一百四十六条明确当事人虚伪的法律行为无效，隐藏的法律行为依照法律规定处理，另外，考虑到虚假行为往往是为了欺骗第三人，因此还涉及第三人保护的问题。相比较而言，公司法则确立了相对独立的决议瑕疵评价体系。其中，《公司法》第二十二条规定了决议的无效与可撤销，随着《最高人民法院关于适用〈中华人民共和国公司法〉若干问题的规定（四）》（以下简称《公司法解释（四）》）第五条增加“决议不成立”，最终形成了“三分法”的瑕疵样态。因此，公司决议虽得适用虚伪表示，但具体效果上如何协调《民法典》第一百四十六条与《公司法》中决议瑕疵制度的适用关系，系解释论的核心工作。

1. 虚假投票权的具体影响：程序瑕疵。一直以来，有学者通过借鉴《德国民法典》“立法理由书”的表述，认为意思表示和法律行为两个概念应作同义词使用。[②] 如采用该立场，表决权人的虚伪意思表示，势必直接影响决议行为的效力。不过，雷讷教授认为《德国民法典》本身并没有确认这一说法，从涉及意思表示的规整和涉及法律行为的条文可以得出结论：在使用这两个概念时应该进行合理的区别。[③]

意思表示作为法律行为的构成要素，将二者进行适当区分有助于理解决议行为。在决议行为中，“无效”仅仅指向权利人自己意思表示的无效以及受其无效波及范围内（“无效射程内”）的法律行为，而不可拘泥于“法律行为的无效”之字面意思，径使整个决议行为无效。[④] 由此，《民法典》第一百四十六条第一款关于“法律行为无效”本质上系“虚假意思表示无效”，只不过合同的程式化要素要求双方达成合意，无论是一方意思表示被撤销还是双方意思表示无效，最终影响了法律行为的效力。但是公司决议的形成，在“多数决”情形下，需要保证达到表决结果的赞成票成员的表决权无瑕疵，如成员在意思表示不真实、自由情形下行使了表决权，但决

---

① 黄薇主编：《中华人民共和国民法典总则编解读》，中国法制出版社2020年版，第473页。

② 参见朱庆育：《民法总论》，北京大学出版社2016年版，第189页。

③ ［德］德特勒夫·雷讷：《法学方法论的基础知识》，黄卉编译，载《中国应用法学》2021年第3期。

④ 李宇：《基础回填：民法总则中的意思表示与法律行为一般规则》，载《华东政法大学学报》2017年第3期。

议仍然能够得以顺利进行，在此种情形下，表决权瑕疵并不会导致决议瑕疵。① 可见，对投票权瑕疵是否影响决议效力，应当将表决行为统合于一个决议行为整体、系统地看待，视是否存在导致整个决议行为被否定的因素而定。② 在“成员投票 + 多数决规则—决议—对外行为”的框架下，投票权瑕疵通过“多数决”规则作用于决议形成，并非直接影响决议这一法律行为的效力，更无法直接影响公司依决议而为对外行为。

然而，不同于错误、欺诈等表意人单方的意思表示瑕疵，通常并不会影响多数决规则，虚伪表示是多个成员的通谋行为，其表决权分量更重，也更容易挑战决议通过的法定比例。同时，虚伪意思表示并非当事人的真实意思，与共同双方作假一样，往往涉及公共秩序的问题，法律会给予明确否定的回答。③ 况且，一些虚伪行为本质上为公司行为，例如在虚假增资中，公司先于第三人签订《投资协议》，再由若干大股东在内部通谋进行相应的虚伪投票，形成（几乎）全部股东参与的决议，此时决议的效力理应受到否定性评价。

总之，个别表决行为（mangeldereinzelnenstimmabgabe）的无效在其对达到所要求的多数是必要的时候，才对股东大会决议产生影响。如果由于这种无效表决权，使股东大会的决议没有得到足够的多数票支持，它们才会影响股东大会决议的效力。德国法上，假如存在这种情况，将无效的表决计算在内则是一个导致股东大会决议可撤销的程序瑕疵。④ 之所以不构成决议不成立，乃源于《德国股份公司法》未规定决议不成立的情形。不过，学理上常以表见决议（Scheinbeschluß）指称不成立状态下的“股东会决议”，其中也包括错误的决议确认（unzutreffende Beschlussfeststellung）。⑤

实证法下，虚假投票权之所以不构成无效决议，是因为表决行为的瑕疵本质上为决议的程序瑕疵，并不关乎决议的内容。此时，根据《民法典》第一百四十六条第一款否定表意人的虚假投票后，若决议不再满足多数决要求，则应评价为存在重大程序瑕疵，以至于不能认为是股东会的意思表示。我国有学者也认为剩余表意人的表决权是否达到公司法所规定的最低数，系认

---

① 许中缘：《论意思表示瑕疵的共同法律行为——以社团决议撤销为研究视角》，载《中国法学》2013 年第 6 期。在《民法总则》制定过程中，就有专家建议稿主张“表决权人表决行为效力瑕疵不影响决议行为的效力，除非该表决行为效力瑕疵影响到法律或者章程规定的表决规则。”参见王雷：《我国民法典编纂中的团体法思维》，载《当代法学》2015 年第 4 期。

② 周淳：《组织法视阈中的公司决议及其法律适用》，载《中国法学》2019 年第 6 期。

③ 参见最高人民法院民法典贯彻实施工作领导小组主编：《民法典总则编理解与适用（下）》，人民法院出版社 2020 年版，第 730 页。

④ Christine Windbichler：Gesellschftsrecht，23. Aufl.，2013，S. 399.

⑤ 胡晓静：《德国学理及司法实践中的股东会决议不成立——兼评〈公司法司法解释（四）〉第 5 条》，载《山东大学学报（哲学社会科学版）》2018 年第 3 期。

定决议是否成立的判断要件。① 由此，结合《公司法解释（四）》第五条第三、第四项的规定，若出席会议的人数或者股东所持表决权不符合公司法或者公司章程规定以及会议的表决结果未达到公司法或者公司章程规定的通过比例，应当认为不能满足决议的成立要件，构成决议不成立。

2. 隐藏行为。表决权人之间的虚伪意思表示，通常被用于掩盖股东与股东之间或者公司与第三人之间实际真正所期望的交易。例如在股东串通投票的场合，股东之间虽形式上选举了 A 为公司董事，实际上则隐藏了选举 B 为董事的真实意思。不过，也并非所有基于虚伪表示所作决议均存在隐藏行为。例如在虚假增资过程中，仅存在各股东之间虚假接受增资方认缴出资的意思，并无隐藏行为。

为此，《民法典》第一百四十六条第二款规定："以虚假的意思表示隐藏的民事法律行为的效力，依照有关法律规定处理。"作为指示参照规范，若隐藏行为（如存在）违反了强行规范，特别是法律规定的特别形式要件没有被遵守时，隐藏行为同样无效。② 由于决议需依赖一定的程式要件作出，经历召集、通知、提案、表决等不同阶段，因此，原则上公司决议中表决权人隐藏的真实意思因形式欠缺而无效。但隐藏行为若满足形式要求，例如，股东召开会议作出一项虚假的决议，同时又全体书面一致作出一项真实的决议，该被隐藏的真实决议应属有效。③

3. 不得对抗规则。《民法典》第一百四十六条第一款虽未明确虚伪表示不得对抗规则，但学理上通说认为虚伪表示无效为相对无效，不得对抗善意第三人。④ 基于此，有观点认为公司决议场合，无法形成通谋虚伪行为，因为"即使真的发生了某一表决权人与其他主体'通谋'为虚伪表示，基于保护'通谋'者之外的主体正当利益的考虑，也不应否定表意人所为表示的效力，类似于'不得以其无效对抗善意第三人'规则。"⑤ 对此本文持否定观点，未参与通谋的表决权人、公司以及依决议实施行为的第三人均不属于不得对抗规则中的"善意第三人"。

规范目的上，不得对抗规则旨在保障与虚伪表示有法律上利害关系之人的信赖利益，维护

---

① 参见张旭荣：《法律行为视角下公司会议决议效力形态分析》，载《比较法研究》2013 年第 6 期；吴飞飞：《论决议对法律行为理论的冲击及法律行为理论的回应》，载《当代法学》2021 年第 4 期。

② 参见［德］本德·吕特斯，［德］阿斯特丽德·施塔德勒著：《德国民法总论》，法律出版社 2017 年版，第 368 页。

③ 马强：《论决议行为适用意思表示瑕疵的规则——以公司决议中表决人意思瑕疵为考察重点》，载《华东政法大学学报》2021 年第 1 期。

④ 参见冉克平：《论〈民法总则〉上的虚伪表示》，载《烟台大学学报（哲学社会科学版）》2018 年第 4 期。不过，也有反对观点指出，在理解适用《民法典》第 146 条的规定时，理应否定"但书"规则（不得对抗善意第三人），这样理解才符合立法者对本条文字改动的原意。参见陈甦主编：《民法总则评注（下册）》，法律出版社 2017 年版，第 1046 页。

⑤ 王滢：《公司决议行为的双阶构造及其效力评价模式》，载《当代法学》2021 年第 5 期。

交易安全。而对于未通谋股东与公司的利益来说，其利益之维护乃是借助公司的程式机制，如表决权的比例限制。若未参与通谋股东的表决权满足决议通过的法定要求，则决议不因若干瑕疵表决权而受影响，这构成了对未参与通谋的表决权人以及公司最好的保护。反之，若瑕疵表决权的数量足以挑战决议的成立要件，则不应过分强调公司利益的优先性，因为公司意思的形成乃是以多数股东正确、合法的作出自身意思表示为前提，在虚假的投票行为中，虽然意思表示的外部表象是存在的，但表意人却不想让具有拘束力的法律结果出现，此时股东的意思瑕疵当然影响决议的成立，即所谓“皮之不存，毛将焉附”。

对于外部第三人来说，由于此时涉及公司与第三人的交易行为，因此，交易相对人得享有外观主义的庇护。如学者所言：“在我国现有的法律规定和司法实践中，商事外观主义已得到一定程度的确认，典型的如公司法和司法解释中关于股东会和董事会决议效力问题的规定，股东会决议与公司对外行为区分的规定”。① 规范适用上，可以直接通过《公司法解释四》第六条、《民法典》第八十五条得出结论，并不依赖虚伪表示中的不得对抗规则。因此，即便学理上强调合同行为中不得对抗规则的必要性，但于公司决议而言，虚伪表示制度中不得对抗规则并无实际功能。

五、 结论

《民法典》虽承认决议的法律行为属性，但对于虚伪表示如何贯穿适用于公司决议，仍需借由解释论予以细化。为此，本文着力回答虚伪表示能否适用以及如何适用的问题。在必要性上，鉴于《公司法》第二十二条的效力瑕疵事由过于抽象，不应放弃意思表示瑕疵规则的解释张力，以解决实践中“病态”决议的救济难题。在可行性上，《民法典》第一百四十六条第一款“行为人与相对人”的表述系以双方法律行为为模板，但并未排除多方法律行为乃至决议的适用空间，多个表决权人之间通谋进行虚假的投票行为，理应落入虚伪表示的范畴。此时该款“法律行为无效”应理解为意思表示无效，并不当然影响公司决议的效力，但虚假表决权使表决结果不符合公司法或者章程规定的法定比例时，则构成决议不成立。衡诸决议的程式机制以及信赖保护，《民法典》第一百四十六条第二款关于隐藏行为的规定以及不得对抗规则于决议而言不存在适用余地。

---

① 赵万一：《民商合一体制下商法独立的可能性及其实现路径》，载《法学杂志》2021 年第 7 期。

财政重整制度的界定与反思：基于个案的分析

■ 严秋斯*

摘要：财政重整作为一项实践经验有限的地方政府债务风险治理制度，性质界定仍不清晰，实践中也存在诸多问题。通过制度背景的梳理和个案经验的分析，当前的财政重整制度是一项基于行政权力的基本支出保障机制，具有极强的应急性，体现为政策目标模糊导致的指标选择与政策选择背离，以及单一指标与短周期带来的短期行为。借鉴国际财政治理的经验，未来的地方政府债务风险治理可以吸纳以削减债务为目标的中长期财政整顿制度，以及司法权介入的地方政府破产重整制度，构建多目标、多阶段的地方政府债务风险治理体系。

关键词：财政重整　基本支出保障机制　财政整顿　破产重整

2021年12月23日，鹤岗市人力资源和社会保障局发布通知称，因该市政府实施财政重整计划，财力情况发生重大变化，决定取消公开招聘政府基层工作人员计划。① 事实上，这并非财政重整制度在我国的首次实践。据公开信息显示，四川省资阳市雁江区、安岳县两地均在2018年启动财政重整，并于2019年5月结束。② 不过，这两例均发生在县（区）级政府，鹤岗作为第一例启动财政重整的市（地）级政府，引发了社会对财政重整制度的关注，以及对地方政府财政情况的担忧。“财政重整”规定于《关于印发地方政府性债务风险应急处置预案的通知》（以下简称《通知》），是Ⅳ级债务风险事件应急响应的手段之一。在地方政府财政自给率持续偏低的背景下，如何控制地方政府债务规模，化解债务风险成为近年来政府施政和改革的重点。③ 当前，财政重整的实践经验有限，实然层面的制度界定并不清晰，对现有经验的反思也十分有限，限制了制度效果的发挥，也可能带来不必要的恐慌。有鉴于此，有

* 严秋斯，北京大学法学院博士研究生。

① 在引发外界关注后，这则通知被删除。通知详情参见杜涛：《首个财政重整地级市　鹤岗债务再平衡》，载《经济观察报》第1052期，2021年12月31日。

② 参见《安岳县2019年财政预算执行情况和2020年财政预算草案的报告》《资阳市雁江区2019年财政预算执行情况和2020年财政预算草案的报告》中的相关说明。

③ 参见2018年至2021年国务院《政府工作报告》。

必要通过个案分析厘清制度定位，反思现有问题，为未来财政重整制度的优化和地方政府债务风险治理的法治化提供方向。

一、财政重整的界定：以四川省资阳市雁江区的重整个案为例

当前财政重整制度仍处于探索阶段，相较于探讨过于遥远的制度走向和未来趋势，关注实然层面的制度实践可能更为重要。四川省资阳市雁江区作为国内较早完成财政重整的基层政府，其经验能反映当前实践中财政重整落地的真实情况。① 当然，受限于财政重整计划等一手资料的非公开性，本次的分析主要源自相关政策文件、雁江区的财政预决算报告等统计资料和相关研究中披露的访谈资料。②

（一）制度背景：地方政府性债务风险处置规则化

《通知》作为目前财政重整唯一的规则依据，对财政重整计划的启动条件和实施要求作出了原则性的规定。③ 首先，财政重整规定于Ⅳ级债务风险事件应急响应的程序项下，意指出现“Ⅳ级债务风险事件”是启动财政重整计划的大前提。根据《通知》，地方政府债务风险事件划分为Ⅰ级（特大）、Ⅱ级（重大）、Ⅲ级（较大）、Ⅳ级（一般）四个等级。“Ⅳ级债务风险事件”规定为单个市县政府层面的四种情形，包括地方政府债务的实质性违约或因兑付影响刚性支出、无法履行地方或有债务④的代偿责任或因兑付影响刚性支出、因违约或无法履行各类债务造成群

---

① 本文写作时各地方政府2021年的财政决算尚未结束，鹤岗市的财政决算数据无法获得，且财政重整完成后，也需要对财政情况持续观察，以评估效果，所以选择已经完成财政重整一定时间、数据完整的地区作为个案更具有代表性。

② 游宇、耿曙、李妍、黄一凡：《财政重整与地方政府债务管控制度化——基于一个市辖区的案例研究》，载《公共管理学报》2020年第2期。

③ 《通知》通篇选用“财政重整计划”的表述，而非宏观地描述财政重整或是财政重整制度，可能是因为上位法律未明确对财政重整或财政重整制度做出规范定义，贸然使用可能缺乏依据。此处沿用计划的用法，意指财政重整制度中具体的重整方案。

④ 在2014年《预算法》修改以前，地方政府没有直接举债的权限，地方政府的负债称为“地方政府性债务”，包括地方政府债务和地方或有债务两部分。其中，地方政府债务又称为一类债务，指地方政府负有偿还责任的债务，主要来自国债转贷地方；二类债务和三类债务统称为地方或有债务，二类债务指地方政府负有担保责任的债务，三类债务指地方政府可能承担一定救助责任的其他相关债务，主要通过企业（如地方投融资平台公司）举债。随着地方政府表外的债务规模快速扩大，“地方政府性债务”管理收紧。2014年《预算法》修改和《关于加强地方政府性债务管理的意见》等一系列法规文件出台后，地方政府被允许通过发行政府债券举债，即只有债券形式的一类债务符合规定，其他形式仍为违规举债。之前的存量债务在过渡期内采用债券置换的方式纳入表内管理。自此，“地方政府性债务”正式变为“地方政府债务”。参见周君芝：《什么是专项债》，广发证券研究报告，2018年8月31日发布。

体性事件和兜底的其他情形。[①]

在“Ⅳ级债务风险事件”出现后，财政重整的启动条件又分为授权启动和强制启动两类。授权启动指“市县债务管理领导小组或债务应急领导小组认为确有必要时，可以启动财政重整计划”；强制启动指“市县政府年度一般债务付息支出超过当年一般公共预算支出10%的，或者专项债务付息支出超过当年政府性基金预算支出10%（以下简称‘任一10%’），必须启动财政重整计划。”实践中因为各项因素，财政重整计划几乎不会出现依授权主动启动，[②] 从而使“Ⅳ级债务风险事件”加上“任一10%”成为财政重整计划的事实启动条件。其中，“任一10%”意指用于支付债务利息的财政资金占比过大，影响其他支出，符合“Ⅳ级债务风险事件”四种情形中“因兑付政府债务本息导致无法保障必要的基本民生支出和政府有效运转支出”的情形，所以两个条件其实可以合并，即我国财政重整计划的启动条件是“任一10%”。

其次，《通知》规定“实施财政重整计划必须依法履行相关程序”，[③] 并提出财政重整计划包括但不限于优化支出结构、拓宽财源渠道、处置政府资产、申请省级救助、加强预算审查、改进财政管理六项内容。这六项内容依据政策效果可以分为“减少财政支出”“增加财政收入”“加强科学管理”三类，通俗讲就是要少花钱、多赚钱、管好钱。“不限于”意指除列举的三类内容外，还可以适度扩展重整计划的政策选择。从规则体系解释，财政重整的强制启动意味着“Ⅳ级债务风险事件”也已经发生，所以应对“Ⅳ级债务风险事件”的政策也可以纳入财政重整中。《通知》列举了应对“Ⅳ级债务风险事件”的四项举措，[④] 在财政重整计划已经包含的三类内容以外，还提出一般债务违约可以调入政府性基金或国有资本金预算收入、[⑤] 存量债务置换未

---

① 此处对“Ⅳ级债务风险事件”的情形规定可能存在问题：其一，《关于对地方政府债务实行限额管理的实施意见》（财预〔2015〕225号）计划通过三年过渡期完成地方政府债券置换，可以理解发布于2016年的《通知》因仍处于过渡期内，所以沿用了“地方政府性债务”和“或有债务”的用法，不过在过渡期完成后，或有债务已经转为地方政府债务，之后的或有债务是违规举债的性质，此处的判断标准应当作出修改，不应再使用“或有债务”一词。其二，情形三事实上是在情形一和情形二（实质违约/无法履行）的基础上加上群体性事件这一附加要素，应当认为是情形一和情形二的升级，此处将三者并列，逻辑上也存在问题。其三，虽然建立地方政府债务风险事件体系仍处于探索阶段，保留兜底情形意在涵盖现有规则可能的遗漏，但是空白授权（县级以上地方政府需要认定为“Ⅳ级债务风险事件”的其他情形）仍可能超出必要限度，缺乏相应约束。

② 《通知》6.6.3（3）规定地方政府性债务风险处置纳入政绩考核范围，实施财政重整的市县政府可能会被追究责任，且在应急措施终止之前，政府主要领导同志不得重用或提拔。基于政绩考核的考虑，市县政府本级即使面临较高的债务风险，也缺乏在未满足强制启动标准时依授权启动的动力。

③ 但是目前仍缺乏对程序的具体规定，在满足“任一10%”的条件后，宣布启动、计划起草、审核、通过、执行、监督、宣布结束等主体和程序都未有明确固定。

④ 《通知》4.1.1（1）下第④项。

⑤ 但是，《通知》未规定专项债务违约时可以调入一般公共预算收入，这主要是出于保障必要的基本民生支出和政府有效运转支出的考虑。

完成由债务单位自筹或依法债务重组/破产的举措①也可以作为财政重整计划的内容。

总之，在“全口径预算”② 的背景下，财政重整是地方政府性债务风险处置进一步规则化的产物。虽然制度设计可能仍有缺漏，但是财政重整的提出、《通知》的出台、《预算法》的修改及一系列规则的颁布标志着我国地方政府债务风险的管理进入法治时代。

（二）实践经验：四川省资阳市雁江区财政重整案例分析

《通知》发布后，四川省率先提出“对于达到启动地方政府财政重整计划条件的地区，要依法履行相关程序启动地方政府财政重整计划”③，随后发布《四川省政府性债务风险应急处置预案》④，指导省内债务风险应急处置工作。据2017年财政决算显示，资阳市全市专项债务付息率为12.60%，市本级为11.45%，已满足“任一10%”的财政重整启动标准。其中，雁江区2017年全区专项债务付息率为32.99%，安岳县为27.19%，均突破10%红线。虽然资阳市整体也达到了财政重整的标准，但是只有雁江区和安岳县在2018年实施了财政重整计划，并于2019年完成，同年资阳市全市和市本级专项债务付息率也成功降至10%以内。⑤

雁江区是资阳市市政府所在地，2017年地区生产总值484.81亿元，占全市的47.43%，雁江区的财政重整结果对资阳市全市的债务付息率指标有重大影响，资阳市政府深度参与了雁江区的财政重整过程，⑥ 以雁江区为例能更好地反映出财政重整中市区两级政府的紧密合作。表1是雁江区2015—2020年主要的财政收支和债务数据整理。

表1 四川省资阳市雁江区2015—2020年主要的财政收支和债务数据 单位：万元

	2015年	2016年	2017年	2018年	2019年	2020年
一般公共预算						
一般公共预算收入	129152	133744	141862	154416	152032	156311

① 此处的依法破产不是指政府的依法破产，而是债务单位，即地方政府或有债务的显性债务主体（一般是地方投融资平台公司），本质上还是企业的破产，政府在出资范围内承担有限责任。

② 《预算法》第四条第二款规定，“政府的全部收入和支出都应当纳入预算。”党的十八大报告首次提出，“加强对政府全口径预算决算的审查和监督”。“全口径预算”在规则层面要求地方政府所有债务都要纳入预算管理，是地方政府债务管理法制化的重要举措。

③ 《关于进一步加强政府债务和融资管理的通知》（川府〔2017〕10号）。

④ 川办发〔2017〕91号。

⑤ 据《资阳市人民政府关于2019年财政决算》及其附表，资阳市2019年全市专项债务付息率为7.31%，市本级为8.01%。

⑥ 雁江区作为资阳市的市辖区，虽然和县在行政建制上级别相同，但市辖区的产业发展和财政收支与市级紧密相关，财政也受市级财政的影响甚至把控，所以也有人认为市辖区只拥有“半级财政”，缺少部分财政独立性。See H. Fan, L. Li, X. Zhang, Challenges of Creating Cities in China: Lessons from a Short - Lived County - to - City Upgrading Policy, Journal of Comparative Economics40 (2012), pp. 476 - 491。

续表

	2015 年	2016 年	2017 年	2018 年	2019 年	2020 年
一般公共预算平衡收入	378397	377721	383459	348916	334377	414786
上级补助	266017	278171	233428	249294	268464	320689
一般债券（含债权转贷）	96100	83100	99900	49911	37670	59154
一般公共预算支出	362256	373008	405124	423748	432885	475520
一般债务付息支出	473		5819	9797	10627	11660
一般债务付息率	0.13%		1.44%	2.31%	2.45%	2.45%
机关工资福利支出			118356	71085	73603	80868
“三公”经费支出	2269.79	2045.65	3004.64	1803.08	1236.9	1293.02
一般债务还本支出	87100	76400	89400	48630	26670	58775
置换债券：一般债券额	87100	76400	89400			
政府性基金						
政府性基金收入	123249	15815	20710	164513	192705	177788
土地出让	121366	12712	15980	153535	189116	175161
政府性基金平衡收入	91116	333693	99637	43316	105720	163394
上级补助	9756	4164	2513	4531	14173	45617
专项债券（含债务转贷）	63300	329400	79867	17107	90790	117120
基金支出（不含还本、调出）	143860	54705	36190	157184	171098	251820
专项债务付息支出			11938	15075	17047	17022
专项债务付息率			32.99%	9.59%	9.96%	6.76%
专项债务还本支出	63300	293400	58635	21889	107670	43020
置换债券：专项债券额	63300	293400	58635			
地方政府债务						
年末债务余额	710275	699382	777009	772665	766785	841264
一般债务余额	292635	245742	301542	301981	312981	313360
非债券一般债务		612042	19142	0	0	0
专项债务余额	417640	453640	475467	470684	453804	527904
非债券专项债务		60940	2900	0	0	0
年末债务率（占 GDP 比重）	17.31%	15.70%	16.03%	15.38%	22.67%	34.09%

注：2018—2020 年数据来自雁江区政府公开的历年财政决算报告及其附表，2015—2017 年在政府网站上未公开，数据整理自游宇等人研究，空缺表明当年决算表未报告该科目。

以实施财政重整计划的年度为划分节点，表1中所示六年时间可以分为2015—2017年的风险累积阶段，2018年的重整实施阶段，以及2019年和2020年的重整余波阶段三个时期，不同时期的财政数据反映了雁江区财政重整产生的原因，财政重整实施的政策以及财政重整的后续影响。

从财政数据上看，雁江区一般公共预算的付息率一直稳定在较低的水平，主要问题出在专项债务付息率上。2017年专项债务付息率奇高，归纳来看是“专项债务付息支出的实质增加”和“因基金支出大幅缩小导致付息支出占比增加”共同造成的后果。其一，2015—2017年正处于地方政府性债务存量债券置换的时期，部分或有债务置换为专项政府债券纳入预算表内管理，雁江区的专项政府债务余额逐年递增，利息负担当然随之增加。与此同时，作为基金收入主要来源的土地出让收入在2016年、2017年大幅缩水，影响总收入规模，势必需要多发债券平衡收支，进一步地推高了专项债务规模。其二，不同于一般公共预算支出刚性较强的特点，政府性基金支出波动较大，与收入预期密切相关。在基金预算“以收定支”的逻辑下，预期的土地出让收入大幅减少必然导致预算安排的基金支出随之锐减。但是，专项债务付息支出却不具备这样的弹性，在存量债务不减反增的情况下，付息支出不存在大幅缩减的空间，并且债务利息不像债务本金一样可以通过“借新还旧”的方式递延，① 自然导致占比大增。2017年的付息率超标的原因可以归结为专项债务存量过大和土地出让收入锐减的叠加效应，究其根本，债务存量过大源自大规模城镇化建设和晋升锦标赛下的过度举债，而土地出让收入的锐减则是长期过度依赖土地财政导致土地储备告急的必然结果。②

《四川省政府性债务风险应急处置预案》发布后，四川省政府对省内市县作了债务风险评估，雁江区在2017年底被归为需要财政重整的地区。2018年一年，财政重整成为雁江区财政收支的首要考虑因素。基于专项债务付息率的计算逻辑，降低这一指标主要有“减少专项债务付息支出”（减小分子）和“增加基金支出”（扩大分母）两个路径。从决算数据来看，2018年雁江区的专项债务付息支出变动不大，反而因为债券置换略有增加，所以雁江区的专项付息率大幅回落，主要得益于基金支出的大幅增加（2018年基金支出较2017年增长334%）。可以理解为雁江区通过大规模增加基金支出，“稀释”了专项债务付息支出在总支出中的“浓度”。在预算平衡的控制下，政府性基金支出的扩张不是任意的，要想“扩大分母”，实现基金支出的大幅增长，必须有相应增加的基金收入作为保障。考察基金收入的来源可以发现，增长的收入几乎全部

① 财政部关于印发《地方政府专项债务预算管理办法》的通知（财预〔2016〕155号）第六条第二款规定：“专项债务利息通过对应的政府性基金收入、专项收入偿还，不得通过发行专项债券偿还。”

② 过度举债和土地财政是我国地方政府，尤其是中西部地区地方政府面临的普遍问题。刘守英、王志锋、张维凡、熊雪锋：《“以地谋发展”模式的衰竭——基于门槛回归模型的实证研究》，载《管理世界》2020年第6期，第80－92＋119＋246页。

来自土地出让收入（2018 年土地出让收入较 2017 年增长 861%）。与此对应，基金支出中的“国有土地使用权出让收入安排的支出”[①] 大幅增加。可以说，增加土地出让收入几乎是雁江区降低专项债务付息率的唯一手段：通过大幅增加土地出让收入，增加政府性基金收入规模，对应地增加政府性基金支出，做大分母，从而实现债务付息率的降低。当然，雁江区土地出让收入的增加也离不开资阳市本级的扶持。雁江区是资阳市的市辖区，区级的土地出让需要上报市级审批，[②] 在资阳市本级同样面临专项债付息率超限的情况下，资阳市当然有足够的动力在土地出让审批上向雁江区倾斜，避免捆绑问责。在增加土地出让收入这一核心举措之外，雁江区也推进了节约财政支出等其他举措，例如 2018 年机关工资福利支出和“三公”经费支出都有较大幅度的下降，这可以理解为是财政重整计划实行的配套举措。不过这两项支出均归属一般公共预算，即使减支也无法降低超限的专项债付息率，自然也不会成为财政重整成功与否的主要考察对象。所以，“增加财政收入”，主要是土地出让收入，是雁江区政府实现财政重整目标的核心。

从 2019 年和 2020 年的财政数据来看，雁江区的债务风险并未随着财政重整的完成而得到缓解。虽然 2018—2020 年的专项债付息率都没有超出 10% 的控制线，但是和 2017 年一样仰仗大规模的土地出让收入支撑，甚至与 2017 年相比，土地出让的规模还有所上升。尤其是疫情影响下的 2020 年，在大规模出让土地获得收入的同时，基金平衡收入也显著提升，大量的专项债券收入使得当年债务余额不降反增。[③] 可以说，在为期一年的财政重整宣告胜利后，雁江区依靠大规模土地出让收入控制专项债务付息率的状况没有改变，并面临着更大规模的债务负担。从债务规模上看，雁江区的债务风险不但没有下降，反而在逐步升高。

（三）财政重整目前仅是基于行政权力的基本支出保障机制

规则的梳理和案例的事实展示了认识财政重整制度的实然样貌。首先，从权力和程序的维度上看，财政重整是行政权主导下的行政程序，没有司法权的介入。《通知》由国务院办公厅发布，可以认为是行政系统的内部规章，而非经过立法程序出台的法律规则。无论是《通知》规则的设计，还是雁江区的实践，财政重整的启动、方案提出、成功与否的判断，都在由行政机关主导的行政程序下作出。即使在重整计划中也有向本级人民代表大会或其常委会审查批准，以及向上级政府报送、备案计划的要求，看似引入了债务人和债权人之外的第三方主体，但是这里的第三方主体仍是行政机关，没有脱离行政权而引入司法权。同时，财政重整中的债务清理也主

---

① 这一款目安排在“城乡社区支出”类目下，反映基于国有土地出让权收入安排的征地和拆迁补偿支出、补助被征地农民支出等支出项目。参见财政部《2020 年政府收支分类科目》（财预〔2019〕142 号）第 115 - 116 页。

② 《资阳市人民政府办公室关于进一步加强全市土地出让管理的通知》（资府办发〔2015〕33 号）。

③ 疫情期间，中央出台实施规模性纾困政策，发行抗疫特别国债，转贷地方，纳入政府性基金预算管理。《关于 2020 年中央和地方预算执行情况与 2021 年中央和地方预算草案的报告》。

要是地方政府主导的，缺乏与债权人之间的协商机制，即使有债务重组的制度设计，也多是借新还旧，几乎不涉及与债权人协商的债务展期。①

其次，从制度目标上看，债务付息率衡量的是债务付息支出给基本支出带来的影响，以此为唯一指标的财政重整制度是为了保障基本支出的稳定。基于此目标，当前的财政重整所能达到的效果仍只是保障财政基本支出，不让债务付息支出挤占基本支出的空间，而无法实现对债务总额的控制。

从国际财政治理的实践来看，衡量地方政府债务风险的指标体系十分丰富，财政重整选用的债务付息率指标也是衡量地方政府信用风险的国际指标之一，是“偿债与经常性收入比率”（the ratio of debt service to recurring revenues）的一种变体，通常被信用评级机构用于评估市政信用风险。在美国，偿债与总收入之比超过15%传统上被视为危险信号，这将导致市政无法获得来自市场的融资或者融资难度、成本都将增加。但是，这个指标通常用于地方政府的信用评级，作为外部投资者判断地方政府偿债能力的辅助标准，而不会作为政府层面控制债务风险的唯一指标出现。政府控制债务风险更多地考虑削减债务规模，选用的指标也以此为目标，债务付息率几乎不会出现在政府内部的债务风险控制政策中。②

当然，从财政重整计划的规则设计来看，削减债务看似也是财政重整的目标，包括缩减经费在内的一系列政策也体现了这样的用意，也许能附加地达到这两个效果。但是，因为财政重整没有设置相应的指标判断削减债务的效果，所以削减债务的规模必然不会成为财政重整实施中的主要考量。在雁江区的重整实例中，虽然也有支出缩减的政策计划，但是因为衡量重整是否成功的关键指标是专项债务付息率是否降到10%以下，所以相比于减少赤字、降低债务余额等“附随”的政策，重整期内地方政府的主要精力还是放在如何增加基金收入，减少付息支出上。

目前我国的财政重整制度选择债务付息率为唯一指标，这就意味着财政重整关注的核心是债务付息支出对基本支出的影响，决定了这一制度的目标是保障基本支出的稳定。加之政绩压力下的财政重整大多要求在一个预算年度就必须完成，这也决定了财政重整的应急属性，意在通过短期内债务付息率指标的约束，避免债务付息支出对基本支出造成严重影响，从而保障民生。

总之，我国目前的财政重整制度是一项基于行政权力产生的，以保障基本支出为目标，以债

---

① 此处债务重组指的是财政重整计划内的安排，不涉及2015—2017年的债券置换。债权置换是地方政府或有债务显性化的过程，当然涉及与债权人的协商。财政重整是为了实现债务利息的减免，所以主要是不同债务人之间的借新还旧，以实现债务期限延长或是新债务利率降低。

② Peterson G E, Measuring Local Government Credit Risk and Improving Creditworthiness, Prepared for World Bank, 1998, pp. 12 - 14.

务付息率为判断指标的行政程序。不过也需要说明，这一界定和判断是依据现阶段财政重整制度规则和实践情况作出的，未来的财政重整制度也许会有更丰富的内涵，部分研究也对未来财政重整制度的发展寄予期望，但这不能改变目前财政重整的实然状态。

二、 反思财政重整制度的强应急性

将债务付息率作为唯一指标，重整期一年这两个特点决定了财政重整制度具有较强的应急性，强应急性特征叠加政绩压力可能会使制度的执行偏离制度设计的初衷，从而影响实质的效果。公共政策的制定与执行是一个系统工程，这些步骤很少是一步接一步、井然有序的，而是相互交织的。[①] 政策目标和工具之间的错位，政策执行中的目标置换，模糊政策的执行风险都是常见问题。[②] 因此，需要审视财政重整规则设计的合理性和制度实践中的偏离，从而更好地发挥财政重整制度治理地方政府债务风险的功能。

（一）目标的模糊性导致指标选择与政策选择的背离

政策目标是政策制定和执行的基础，指标体系和政策选择在实现目标上具有一致性：指标是评价是否符合政策目标的依据，而政策工具是实现政策目标的手段。财政重整的目标在政策表述上是模糊的，防范地方政府债务风险的目标过于宏大，财政重整究竟是定位在保障支出，还是定位在减少赤字并不清晰。由此，对当前财政重整制度目标的判断只能从指标或者政策工具的选择上反推。然而，财政重整的指标和政策工具之间存在背离。如前文所述，财政重整选择债务付息率作为指标，意在控制债务付息支出对基本支出的影响，对应的政策工具应当是通过债务置换控制利率进而减少债务付息或是增加收入，雁江区财政重整的实践中也以这两项为主。但是，《通知》规定的财政重整计划的政策工具非常宽泛，涵盖了几乎所有的财政政策手段，不是基于控制债务付息率的配套制度设计思路。尤其是实践中最常用也是最有效的债务置换和增加土地出让收入，并没有出现在《通知》列举的政策手段中，其合法性源自“可以适度扩展重整计划的政策选择”这一兜底规定。暂且不论这一兜底性规定是否可能存在过度授权，缺乏对政策手段合理约束的问题，与指标控制密切相关的政策手段需要通过兜底条款由实践自行探索就已足够反映出指标和政策工具之间的脱节。

目前判断财政重整以“保障基本支出”为目标是基于实然的推测，从另一个角度思考，也许制度设计时财政重整的目标暗含于政策手段的选择中。从实践来看，除了采取手段满足指标

---

① ［美］托马斯·R. 戴伊著：《理解公共政策（第十二版）》，谢明译，中国人民大学出版社2011年版，第27－29页。

② 例见庞明礼、刘春芳：《模糊政策的执行风险识别及规避：一个行为经济学的分析框架》，载《管理学刊》2022年第1期。杨丽丽、龚会莲：《公共政策执行中的目标置换行为及其治理》，载《广西社会科学》2014年第6期。

要求外，雁江区也同步实施了例如缩减“三公”经费、控制人员福利开支等不直接作用于符合指标要求的政策，意味着实践中的财政重整计划也考虑了《通知》中列举的政策工具。从这个角度看，财政重整政策应当是复合优化支出结构、提高财政管理水平等目标的综合政策体系。但是，因为唯一的判断指标是债务付息率，所以无论是财政重整的启动，还是成功与否的判断，都以此为标准。列举的政策工具所包含的其他政策目标并没有设计对应的指标约束，这导致这些政策手段在实践中必然只能是附属的，效果也相对有限。

总之，指标和政策工具在目标上的背离导致了财政重整的模糊性。即使规则设计了政策手段范围广，兼顾多目标的财政重整计划，但由于缺乏相应的指标约束，政策手段试图囊括的多目标在实践中落空，使得财政重整制度目前仍是基于债务付息率这一单一指标下的基本支出保障机制。

（二）单一指标、短周期带来的短期行为

公共政策从制定到执行是一个系统工程，政府不可能永远万无一失，公共决策中的短期行为十分常见。政府管理领域的短期行为指的是地方政府在执行政策或作出决策的过程中，表现出的偏离整体、全局或长远利益的短视、偏差性行为。① 在雁江区的实践中我们发现，地方政府在财政重整中也表现出了明显的短期行为倾向。

首先，地方政府因为财政重整评价指标单一而将大部分精力放在降低债务付息率，对重整计划中的其他目标关注不够，导致对债务风险的控制十分有限。雁江区财政重整的成功得益于土地出让收入的显著增加，但是总体债务规模并没有显著减少，反而持续上涨，在其他收入来源未有显著增长的前提下，债务违约的风险仍然存在。② 其次，相较于其他债务风险防范控制手段，财政重整的持续周期较短，并且伴随着较大的来自上级政府或是政绩考核的压力，这将导致地方政府的选择更为短视。土地资源的有限性导致依赖土地出让增加收入的方法并不可持续，也有众多研究证实了当前土地财政的乏力。③ 雁江区完成财政重整后的几年仍然保持大规模的土地出让收入，否则债务付息率又将突破10%的限制。一旦土地财政对收入的贡献效应减弱，且没有进一步的有效措施，债务付息率必将重回高位。

总之，单一指标、短周期的要求使地方政府在财政重整的过程中将更多的精力放在了短期

---

① 薛刚：《地方政府公共决策中的短视行为及其治理》，载《理论探讨》2009年第5期。

② 依靠土地出让收入实现较低债务付息率的做法雁江区并非个例。以资阳市为例，资阳市全市2017年专项债务付息率为12.6%，突破警戒线，虽然经过下辖区县的财政重整，资阳市全市2018年、2019年的专项债务付息率回落至10%以内，但是2018年的土地出让收入是2017年的22.54倍，2019年的土地出让收入是2018年的22.73倍。

③ 参见成德宁、卢翊鸥：《人口年龄结构、住房价格与土地财政的可持续性》，载《经济问题探索》2021年第7期。

控制债务付息率的努力上，导致实践中模糊了财政重整保障基本支出，进而控制债务风险的原意，只达到了表面的“指标成功”，而非真正的“目标成功”，并且可能带来更大的风险。可以说，在单一指标和短周期的要求和压力下，财政重整在实践中表现出了很强的应急性特点。也许这并非财政重整制度的本意，但是实践永远是制度最好的检验场，未来的制度优化中必然需要考虑如何矫正这一倾向。

三、 地方政府债务风险治理的国际经验

与中国的情况类似，全球范围内许多国家都面临地方政府债务风险问题。据国际货币基金组织统计，2020 年全球公共债务占 GDP 的比例跃升至创纪录的 99%。[①] 高债务水平限制了政府支持经济复苏的能力，各国也纷纷启动应对措施。在世界范围应对地方政府债务风险的制度实践中，财政整顿和破产重整最为典型。

（一）财政整顿：基于行政权力的债务削减机制

财政整顿（fiscal consolidation），又称财政调整（fiscal adjustment），被定义为旨在减少政府赤字和债务积累的具体政策。[②] 为了实现经济增长和减贫等长期目标，同时避免公共债务累积等财政脆弱性，需要进行财政整顿。[③] 依据不同政策手段划分，财政整顿又可以分为支出型财政整顿（expenditure - based consolidation）和收入型财政整顿（revenue - based consolidation or tax - based consolidation）。支出型财政整顿的主要措施是以削减财政支出为主，包括政府减薪减员、养老金制度改革（如延长退休年龄）等；收入型财政整顿的主要措施是以增加财政收入为主，

---

① Vitor Gaspar, Paulo Medas, and Roberto Perrelli, Global Debt Reaches a Record ＄226 Trillion, IMFBlog, https://blogs.imf.org/2021/12/15/global - debt - reaches - a - record - 226 - trillion/.

② 从现有的国外研究来看，fiscal consolidation 和 fiscal adjustment 表达的意思是类似的，都指的是减少赤字和地方政府债务的政策手段，在很多研究中也是混用的。例如“Do sharp reductions of government deficits (labeled fiscal adjustments or fiscal consolidations) cause large output losses?” Alberto Alesina, Carlo Favero, and Francesco Giavazzi. The Output Effect of Fiscal Consolidation Plans, Journal of International Economics 96 (2015), Fiscal adjustment 的用法较早和更多地出现在国际货币基金组织（IMF）的相应研究和政策建议中，如 Fiscal Affairs Department, Guidelines for Fiscal Adjustment. International Monetary Fund (1995)，而 fiscal consolidation 则更多地出现在经济合作与发展组织（OECD）的研究中，如 OECD, Fiscal Consolidation Targets, Plans and Measures in OECD Countries, in Restoring Public Finances, 2012 Update, OECD Publishing, Paris (2012)，也有研究区分两者，指出 fiscal adjustment 的定义是更广泛的，认为 consolidation 更偏财政紧缩的立场，而 adjustment 是包括紧缩和扩张的双重立场的。参见 James Daniel, Jeffrey Davis, Manal Fouad, and Caroline Van Rijckeghem, Fiscal Adjustment for Stability and Growth, International Monetary Fund (2006), p. vii。但是，扩张型财政政策并不意味着无限制地扩大赤字，即使在扩张型政策下，削减不必要的财政支出也是防范债务风险的必要手段。目前的研究没有形成明确的共识认为 consolidation 必须以紧缩型财政政策为前提，从扩张型和紧缩型财政政策都需要防范债务风险的角度看，consolidation 和 adjustment 的内涵是一致的，可以互相替换。已有的中文研究大多选用财政整顿的用词，为保持一致，本文也选取财政整顿的表述。

③ James Daniel, et al., Fiscal Adjustment for Stability and Growth. International Monetary Fund (2006), p. 1.

包括增加税收收入、增加土地出让等。①

财政整顿在各国的实践中是多样的。各国的经济机构和财政体制不同，也面临不同的财政问题，没有一种模式可以适用所有的情况，各国的实践也证明了这一点。② 虽然各国对财政整顿的启动条件和成功的判断规定得不尽相同，但是财政赤字率和债务负担率这两个指标被更为普遍地采纳。③ 财政赤字率指的是预算赤字（或是去除付息支出的原始预算赤字）占 GDP 的比重，反映政府财政收支失衡的程度；债务负担率指的是公共债务占 GDP 的比重，是衡量政府债务风险的重要指标。财政赤字率国际警戒线通常为3%，债负担率通常为60%，④ 一般认为任一比率超过警戒线就应当启动财政整顿措施。同时，财政整顿并非一项短期的财政政策，通常持续的周期较长，成功与否也需要较长时间的观察和判断。财政整顿一般以 2～3 年为周期，一般只有在周期结束当年原始赤字率应平均比周期开始的上一年至少降低 2%，以及在周期结束的三年后，债务负担率要比周期的最后一年累计降低 5% 这两项条件均满足的情形下才能视作成功。⑤ 前者衡量财政整顿周期内即时降低赤字的效果，后者则考虑财政整顿周期完成后对债务负担的持续性缓解。

与财政重整保障基本支出不同，财政整顿选取财政赤字率和债务负担率作为核心指标，意味着其制度目标是减少赤字和削减债务。需要说明的是，这里的制度目标是根据制度选择的指标来判断的，并不完全是制度可能的效果。在财政重整的过程中，可能伴随着赤字规模缩小的效果，但是因为财政重整的唯一指标是债务付息率，所以减少赤字只是财政重整实施后附随的效果，不能作为制度的目标来看待。比较来看，财政赤字率和债务负担率对地方政府债务风险的控制是更为直接和根本的，因为地方政府债务风险虽然是多维度的，但本质上是债务违约风险，不从根本上减少债务规模无法最终实现风险控制。所以，虽然财政重整计划的债务付息率也描述了债务风险中的影响基本支出风险的维度，但是因为这一指标是唯一的指标，没有配合更为根本的财政赤字率和债务负担率等其他指标，那么必然只能处理应急的风险，不能实现本质上的债务规模控制。

相较于财政重整，财政整顿的周期也是更长的，且指标和周期之间的对应判断也实现了更好的效果。在 2～3 年的整顿周期内，财政赤字率能有效控制地方政府的财政失衡和新增债务的

① 郭婧：《财政整顿策略：国际经验分析》，载《中国软科学》2017 年第 3 期。

② James Daniel, et al., Fiscal Adjustment for Stability and Growth. International Monetary Fund (2006), p. 14.

③ A. Alesina, R. Perotti, Fiscal Adjustments in OECD Countries: Composition and Macroeconomic Effects, IMF Staff Papers, 1997, pp. 210－248.

④ 来自欧洲货币联盟的财政准入要求。参见《马斯特里赫特条约》附件第一条。

⑤ A. Alesina, R. Perotti, Fiscal Adjustments in OECD Countries: Composition and Macroeconomic Effects, IMF Staff Papers, 1997, pp. 210－248.

增长，整顿周期结束后的三年观察期也能通过债务负担率指标反映缩减债务规模的持续效应。相较于只有一年期的财政重整制度，系统的周期和指标配套的财政整顿在控制债务总量增长，实质削减债务上将收到更好的效果。总之，财政整顿是一项系统性的债务削减机制，财政赤字率指标控制新增债务增加，债务负担率引导债务总量削减，无论是指标体系，还是持续周期，财政整顿都是一项应急性更弱、更关注债务总量实际减少的债务削减制度。

（二）破产重整：基于司法权力的债务清理机制

政府通过破产处理债务的思路源自企业破产制度。“企业破产是企业因不能清偿到期债务，通过重整、和解或清算等法定程序，实现债务公平清偿以及在可能情况下实现企业拯救的法律制度。”① 企业破产旨在打破债务僵局，公正地保护债权人的利益，这一逻辑当然可以迁移到政府债务中，处理政府不能清偿到期债务的僵局。然而，政府具有履行公共服务的职能，其政治人格永远存在，自然无法像企业一样通过“清算”消灭法人人格。所以，政府破产只能吸收企业破产中“再建型”的债务清理制度，即债务重整，保护政府继续运行，实现债务调整，摆脱困境。“从最狭义的角度看，破产法指的是将债务人财产清算之后分配给其债权人的制度，而从最广义的范围来看，破产法泛指一切给予债务人可以从他现有的债务中免责（除了某些例外）的救济机制。”②

依据政府性质差异，政府破产又可以分为主权国家政府（中央政府）的破产和地方政府的破产。以中央政府为债务人的主权债务重组（Sovereign Debt Restructuring）是国际普遍认可和接受的债务处理机制，指的是通过法律程序将未偿还的主权债务工具（如贷款或债券）换成新的债务工具或现金。③ 第二次世界大战结束后，针对不同类型债权人的违约处置机制相继成立，国际重组市场积累了充足的实践经验，发展出包括巴黎俱乐部、伦敦俱乐部和 IMF－世界银行 HIPC（heavily Indebted poverty country）在内的主流重组机制。④ 而以地方政府为债务人的地方政府破产却并未在全球广泛建立，仅有以美国为代表的少部分国家在法律中明确了地方政府破产

---

① 王卫国著：《破产法精义》，法律出版社 2007 年版，第 8 页。

② Giles J. Patterson, Municipal Debt Adjustments under the Bankruptcy Act－Expanding Scope of Bankruptcy Laws, University of Pennsylvania Law Review and American Law Register, 90（1942）, p. 520.

③ See Christoph Trebesch, Mr. Udaibir S Das, and Mr. Michael G. Papaioannou, Sovereign Debt Restructurings 1950－2010: Literature Survey, Data, and Stylized Facts, IMF Working Papers 2012.

④ 2002 年前后，IMF 又主导提出了新的主权债务重组机制，指的是效仿公司法，建立一个正式的法律框架，允许主权国家在主权债务不可维持的情况下，向基金组织提出申请并经基金组织批准后，暂停偿付主权债务，在此期间，由主权债务人与债权人进行主权债务重组的谈判。A. O. K Krueger, A New Approach to Sovereign Debt Restructuring. USA: International Monetary Fund（2002）. Retrieved Mar 1, 2022, from https://www.elibrary.imf.org/view/books/054/00074－9781589061217－en/00074－9781589061217－en－book.xml。

（Municipal Bankruptcy）机制。[①] 美国《破产法》第9章规定了地方政府的破产程序，[②] 从规定的效果来看，"更多的是借助破产法机制让地方政府与债权人之间达成新的债务调整协议，以便让地方政府对原本的债务免责，从而为地方政府的财政重建赢得时间。"[③] 无论债务人是企业，还是中央政府和地方政府，破产重整程序都有一个根本的特点，那就是必须通过法律程序，即破产重整必须由债务人和债权人之外的第三方机构主导或裁决。在地方政府破产重整中，这一主体通常是法院，这也就意味着地方政府破产重整程序本质上是司法权作用下的司法程序。

从程序和主导权力的角度看，财政整顿和财政重整都是行政权主导的行政程度，而破产重整则是基于司法权的司法程序，这两类制度存在本质的区别。破产重整制度的前提是在法律层面确定了这一项制度，赋予司法机关参与的合法性。从这一前提要求来看，我国的地方政府破产制度尚未建立，有学者将财政重整等同于破产重整是一个误会。[④] 破产重整的目标是债务清理，即地方政府已经达到无力清偿债务的程度，需要在债权人的参与下进行债务再安排，是穷尽行政程序内的治理手段仍无法解决债务问题后向另一种权力寻求的兜底性救济，不失为一种终局性的解决债务僵局的制度借鉴思路。

四、结论：建立地方政府债务风险治理的系统性机制

从雁江区财政重整的个案分析中可知，当前中国的财政重整是一项基于行政权力的基本支出保障机制。实践中的财政重整制度表现出了极强的应急性。政策指标和政策手段之间存在背离，反映了当前制度目标的模糊性，单一指标和短周期的要求和压力又使得地方政府在财政重整实践中表现出了显著的短期行为。未来的研究应当在认识到当前财政重整实践表现的基础上，反思如何从制度设计层面解决目标模糊的问题，控制执行中的短视，同时思考是否需要引入其他中长期的制度，形成地方政府债务风险治理的制度系统，弥补财政重整只覆盖了短期目标的片面性。

地方政府债务风险治理是一个系统性问题，[⑤] 如图1所示，从共性上理解，破产重整、财政整顿和财政重整都可以认为是地方政府债务风险治理的手段之一，在治理的不同阶段实现不同的治理目标。未来我国地方政府债务风险的治理目标应当是建立更为成熟和完备的地方政府债

---

① See Michael W. Mcconnell, Randal C. Picker, When Cities Go Broke, A Conceptual Introduction to Municipal Bankruptcy, The University of Chicago law Review, 60 (1993), pp. 430 – 431.

② United States Bankruptcy Code, see United States Code (2012 edition), vol. 6, Title 11 – Bankruptcy, pp. 311 – 768.

③ 张力毅：《通过破产法解决地方政府债务危机——美国的经验和启示》，载《行政法学研究》2016年第3期。

④ 将财政重整认为是破产重整的研究例如温来成、李慧杰：《地方财政重整制度与政府作为》，载《改革》2016年第12期。

⑤ 周世愚：《地方政府债务风险：理论分析与经验事实》，载《管理世界》2021年第10期。

务风险治理体系，这一体系应当兼顾行政权和司法权，包含财政重整、财政整顿和破产重整这三项不同治理阶段的制度措施。其一，财政重整定位为短期的应急支出保障制度，以债务付息率为主要衡量指标，在一个财政年度内解决因为债务付息压力影响基本支出的风险。主要的政策手段可以区分一般/专项债务付息困难的情形，考虑针对不同债务性质的支出减少和收入增加机制，对于一般债务付息率超标，可以考虑非刚性支出的缩减、加强税收监管、加大上级补助或一般性转移支付力度等；对于专项债务付息率超标，可以考虑置换利息率更低的专项债券，暂缓非紧急、非必要的政府性基金支持项目，加大上级补助或适度增加收入。同时，需要加强对财政重整的监督，控制土地财政的规模，避免地方政府过度的短期行为。其二，财政整顿定位为中长期的债务削减机制，以财政赤字率和债务负担率为主要衡量指标，在两到三个财政年度内执行，并跟踪后续两到三个财政年度的表现，目标是控制新增债务的增长和削减存量债务的规模。主要的政策手段可以参考国际成熟的支出型财政整顿和收入型财政整顿政策经验，在减税降费的背景下着重发挥支出型整顿政策的作用。其三，在推进行政程序治理债务风险的同时探索司法权介入地方政府债务治理的破产重整制度，通过司法机关的介入和司法程序的干预解困陷入债务僵局的地方政府，通过债务人和债权人的协商实现债务的再安排。[①] 当然，制度的建立和完善也是循序渐进的，系统性的治理体系在实践推进中也需要充分论证，不能一蹴而就。无论如何，地方政府债务风险治理法治化是必然趋势，通过完善的规则和有效的机制约束地方政府的举债行为才是治本之策。

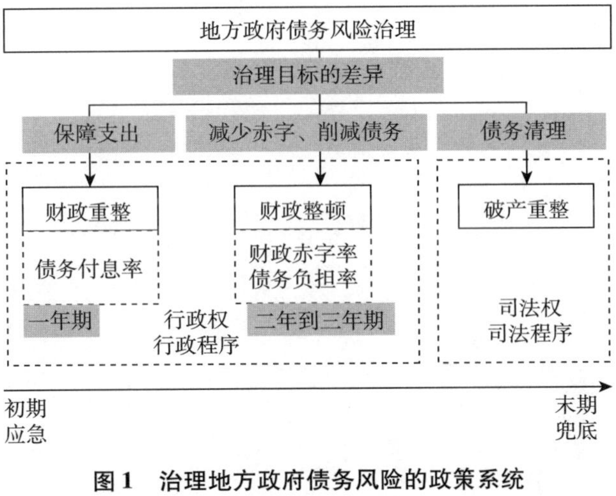

图1　治理地方政府债务风险的政策系统

① 国内已有研究建议在地方政府债务风险治理中引入司法权，发展混合模式。参见沈朝晖：《地方政府财政重整与债务重组中的司法权》，载《中外法学》2021年第2期。

Financial Law Forum
金融法苑
2022 总第一百零八辑

他山之石

复杂金融产品规制的欧盟法范例及其启示

■ 邹青松*

摘要： 在金融产品复杂化的趋势下，以信息披露为中心的投资者保护制度显现失灵。鉴于此，西方金融发达国家提出了“产品规制”的理念，旨在将监管的范围，从传统的销售与售后领域，进一步扩大提前到产品的生产设计本身，从而实现对金融产品全生命周期的风险规制。产品规制理念在制度上表现为金融机构层面的产品治理机制和监管机构层面的产品干预制度。欧盟是产品规制理念的积极实践者，其在近年的金融立法中，围绕该理念进行了系统深入的制度构建，其产品治理机制和产品干预制度也成为当前可供世界其他地区参考借鉴的范例。我国金融产品近年来也逐步迈入了复杂化时代，产品风险逐渐显现，为此，我国应未雨绸缪，通过引入产品规制理念并借鉴欧盟的有关制度实践经验，建立健全我国复杂金融产品的风险防范制度体系。

关键词： 产品规制　产品治理　产品干预　金融消费者保护　信息披露

一、 引言

2008 年的国际金融危机在经济史上影响深远，复杂金融产品①的滥觞和监管的缺失在危机后成为众矢之的。随着我国金融业创新发展、金融机构综合化经营、金融消费者风险偏好多元化，我国金融产品的日趋复杂化，将成为不可阻挡的趋势。② 复杂金融产品的出现和增加虽然增强了金融体系活力，但也加大了金融体系风险，增加了消费者识别难度，容易形成监管真空，从而潜藏着损害投资者权益的巨大风险。③ 以 2020 年 4 月发生的“原油宝”事件为例，尽管事件最终

* 邹青松，广东财经大学法学院讲师。

① 复杂金融产品，是指相对于传统或简单的金融产品而言，其条款、特征和风险不太可能被一般消费者所理解，且结构复杂、难以估值，包括但不限于结构性工具、信贷挂钩票据、股票挂钩工具、资产支持证券（ABS）、抵押支持证券（MBS）、抵押债务证券（CDS）和其他金融衍生工具（包括信用违约掉期和备兑认股权证）。参见：国际证监会组织（IOSCO）：《复杂金融产品分销的适当性要求》（2013 年 1 月），第 5 页。

② 周德洋：《复杂金融产品的监管挑战》，载《中国金融》2020 年第 7 期，第 95 页。

③ 周德洋：《复杂金融产品的监管挑战》，载《中国金融》2020 年第 7 期，第 95 页。

以和解方式落幕，但“原油宝”作为一款复杂金融产品，其对投资者权益和社会经济稳定已造成了前所未有的消极影响。这一事件不但彰显了复杂金融产品带来的巨大风险，也预示着我国金融产品复杂化的时代已经来临。我国法律应当对金融产品复杂化的趋势及早提出应对方案。

对于复杂金融产品，我国既有的法律体系仍遵循传统的以信息披露为手段、以产品销售过程为对象的监管路径，而并未针对上述发展趋势形成新的监管路径。环顾世界，早前遭遇金融危机冲击的国家和地区，其中以英国、欧盟及澳大利亚为代表的国家和地区，逐渐超越了以信息披露为中心的传统监管框架，推出了针对产品本身的，即所谓产品规制的监管理念。这一全新的监管理念将金融监管的范围从传统的产品销售阶段扩展到生产设计阶段，表现出更具介入性、预防性，更加积极主动的监管姿态，由此在金融监管发展史上引领风潮。这一重要的域外法律发展，却尚未引起我国法学界关注，因此，本文就此展开研究，以为将来我国设计针对复杂金融产品的相关监管规范提供有益的借鉴。

二、 产品规制理念：以“产品”为起点

（一）金融产品复杂化时代的信息披露制度失灵

传统上，金融市场投资者的保护制度以信息披露制度为核心，其重点保障投资者对于金融产品的信息权，以减少交易双方的信息不对称状况。这一投资者保护进路建立在投资者作为“理性人”的经济学假设之上。以此为出发点，法律要求投资者的交易相对方——金融产品的发行人或销售者——向投资者披露交易决策所需的必要信息，并允许投资者在意思自治的基础上作出投资决策。按照上述假设，投资者作为理性人，其应当能够作出符合其利益、可以自担后果的投资决策；法律则不作过多干涉，只负责创造一个信息平等的交易环境。对于金融产品，传统的监管法律同样认为，它们通常基于市场需求而设计和生产，总是适合于某些特定的金融消费者，国家不应当干预金融产品的设计。换句话说，国家的首要任务在于制定交易规则并予以监督实施，以防止特定金融产品卖给不适当的消费者，而不应越俎代庖，去干预产品的具体内容设计。①

然而，进入20世纪80年代后，欧美国家为了创造更为宽松的市场竞争环境，开始逐步实施金融自由化的政策。这一政策与当时迭代更新的信息技术与金融理论相呼应，使得金融产品创新迎来了史无前例的蓬勃发展时代，金融产品的设计也随之呈现出越来越复杂的趋势。② 这一越发严重的金融产品复杂性问题，使得金融产品的发行人与投资者之间的信息不对称进一步加剧，

---

① 参见英国金融服务局的立法《讨论稿》：FSA, Product Intervention, DP11/1, p.9。

② 譬如，牛津大学学者Dan Awrey就从信息技术发展、金融产品与市场的模糊性、金融市场与机构的紧密联结、经济利益的碎裂化、监管制度的复杂化、市场参与者与市场之间的反身性六个方面，详细阐述了金融产品复杂化的驱动因素，参见：Dan Awrey, Complexity, Innovation, and the Regulation of Modern Financial Markets, 2 Harvard Business Law Review 2 (2012), pp. 245 - 258。

而产品设计中存在的缺陷，也被掩盖在产品复杂性之下，随时可能给金融消费者带来灾难性后果。金融产品的日趋复杂化，导致了标榜“买者自负”、专注于交易公平的信息披露保护进路，无力为复杂金融消费者提供有效的保护，信息披露制度也因此“失灵”。在2008年的国际金融危机中，以资产证券化产品为代表的复杂金融产品，其对于信息披露制度失灵的作用就体现得淋漓尽致。①

（二）产品规制理念的提出

2008年的国际金融危机促使有关西方国家反思其既有的监管路径和制度。复杂产品的破坏性作用以及监管制度的疏失，成为公认的金融危机产生和扩大的肇因。于是，一个打破传统监管路径、针对产品本身的产品规制理念也就在危机后应运而生。

1. 产品规制理念内涵。关于产品规制理念（Product Regulation），学理上尚未形成完整、权威的论述。在迄今为止采纳该理念的国家中，英国作为首创国家，其在立法文件《讨论稿》（DP11/01）中对产品规制理念作出了最详细、最完整的阐述。② 该阐述也成为关于产品规制理念的经典论述，并成为随后其他国家采纳产品规制路径时的主要理论参考。因此，本文也以该《讨论稿》（DP11/01）的相关阐述为基础，归纳域外产品规制的监管理念。

依照产品规制理念，金融产品完整的生命周期主要包括产品的开发、销售、销售终端和售后四个阶段，每一阶段都涉及了与产品相关的不同活动，③ 其中也隐含着不同的损害消费者的风险，具体如图1所示。

产品规制理念，简单来说，就是将监管的触角，从传统的销售相关的阶段（包含销售、销售终端与售后），扩展到产品的开发阶段，从而将监管范围覆盖到产品的整个生命周期，以此全面控制消费者损害风险的产生。这就突破了传统的以信息披露为主的、专注于销售相关阶段的金融监管路径。

2. 产品规制理念的制度表达。产品规制理念产生后，在制度上也形成了相应的表达。这一制度表达由两个重要领域构成，即产品治理机制和产品干预制度。

首先是产品治理机制。这一机制要求所有企业都建立与金融产品设计、产品管理和销售策略相关的有效的系统和控制机制。这超越了传统上金融销售企业仅承担“了解你的客户”的义

① 有关资产证券化产品对于2008年金融危机的具体影响，可参见：［加］约翰·赫尔（著），王勇、索吾林（译）：《期权、期货及其他衍生产品》，机械工业出版社2021年版，第8页。

② 详见：FSA，Product Intervention，DP11/1，p.9，第2、第3章。其他国家，如欧盟，也仅仅是从金融危机后暴露出的“监管权力不足”的角度提出产品规制的路径。

③ 根据英国金融服务局对产品各生命阶段的阐释：首先，开发阶段是产品生命周期的最早阶段，涉及产品的设计和开发；其次，销售阶段（Distribution strategies），它涉及发行企业计划以何种方式将产品投入市场；再次，销售终端阶段，它涉及产品实际上如何销售给消费者；最后，售后处理阶段，它事关金融产品在售后的长期表现，以及能否获得持续的消费者服务。

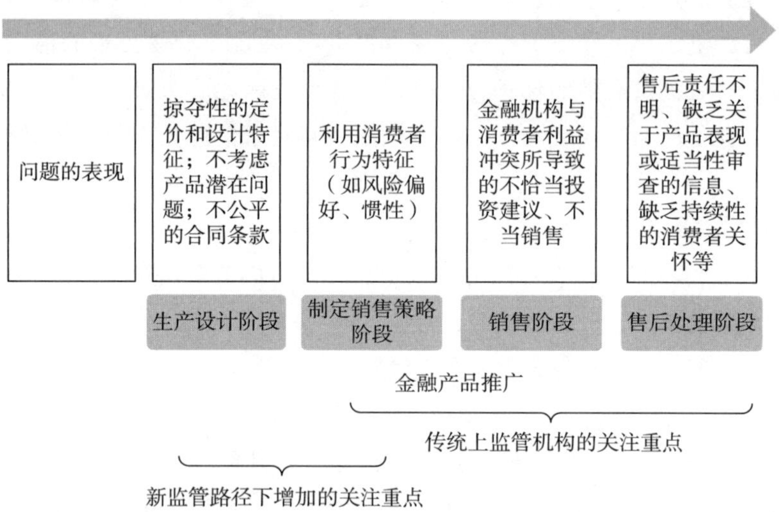

图1　金融产品生命周期中可能产生问题之处

务，而进一步增加了“了解你的产品”的义务。换言之，其“了解”义务从销售阶段扩展到金融产品的生产设计阶段、从只强调了解客户增加到强调了解产品：企业在金融产品的设计与销售阶段，就应明确其产品的目标客户群体。[①] 具体而言，该义务要求金融产品的生产者和销售者必须恰当地理解产品的所有特征，并准确评估何种类型的客户与之相容，如此，生产企业和销售企业既了解客户，又了解产品，由此可以从根本上保证复杂金融产品提供给适当的目标客户群体。

其次是产品干预制度。在这一制度下，当监管机构认定某一产品因其某些特征或者因企业不合理的治理和销售策略而存在损害消费者的风险时，它们就可以采取包括产品禁止或限制的干预手段。如上所述，传统上，金融产品本身并无监管权力发挥作用的空间。然而，2008 年国际金融危机的发生，使立法者意识到，随着大量复杂金融创新产品的出现，监管机构需要能有效、及时地应对重大损失风险的监管工具。[②] 在此背景下，产品干预权在争议中被推上制度层面。[③] 基于行政权的特征，金融产品干预权能够针对复杂金融产品本身的失灵进行及时的修复，或者在损害出现时及时介入，以阻止其损害扩大。

---

① 见 Veerle Colaert, Product Governance: Paternalism Outsourced to Financial Institutions? Working Paper 2019/2 (Nov. 2019). 资料来源：https://papers.ssrn.com/sol3/papers.cfm?abstract_id=3455413，最后访问时间 2022 年 3 月 15 日。

② 如澳大利亚金融监管机构立法调查报告：Financial System Inquiry: Final Report, pp. 207–209。

③ 参见欧盟金融监管机构调查报告：Commission Staff Working Paper Impact Assessment, p. 15；澳大利亚金融监管机构调查报告：Financial System Inquiry: Final Report, pp. 207–209。

总而言之，上述两种制度是在不同的层面贯彻产品规制理念，并发挥相应的作用。具体而言，产品治理机制通过赋予市场主体某种义务以达到消费者损害风险的预防效果，而产品干预权则借由裁判者之手，对市场失灵和损害风险进行直接干预。诚如德国金融监管局所归纳的，产品治理机制是在企业层面对产品风险进行防范的第一线，而产品干预权就是当前者力所不及时，作最后补救的最终手段。①

产品规制理念在英国被首次提出后，很快被欧盟所接受，并在制度上形成了全面、系统和深入的表达，因此成为当前国际范围产品规制理念制度实践的最佳范例。鉴于此，本文将以欧盟产品规制制度为考察对象，以此对产品规制制度进行深入的阐释和分析。

（三）产品规制的理论评析

1. 金融消费者保护进路的范式转移。产品规制理念立足于最新的经济学发展成果，它突破了传统的金融消费者保护范式，在理论上具有重要的创新意义，在逻辑上有强大的根基。

如上所述，传统上以信息披露为中心的消费者保护路径，是以投资者作为理性人的假设为出发点的。然而，上述关于投资者理性形象的传统预设，在20世纪中下半叶开始遇到挑战。首先是旨在对完全理性人假设进行修正的“有限理性”概念。据此，投资者只具备在一定程度上理解和加工投资相关信息的能力，而无法总是作出正确的决定。其次是最近几十年方兴未艾的行为经济学，它在心理学实验的基础上指出，人是非理性的，他总是倾向于错误估计或高估自己的能力，从而容易作出不符合自身利益的决策。这一认识事实上也在金融市场中被反复验证，譬如，尽管立法者持之以恒地改进信息披露规则，但在投资咨询领域仍然出现许多不当销售的案例，这导致信息披露制度遭到越来越多的质疑，甚至被认为是失败的。②

产品规制理念尽管是在金融危机的契机下被提出的，但其根本上是呼应了上述行为经济学理论的发展。它反映出，世界金融发达国家的监管范式，不再单纯以理性投资者为起点而依赖信息披露制度，而是承认投资者在复杂金融产品面前的“非理性”，从而将监管重点进一步提前到产品的设计开发阶段，以尽量避免损害风险的发生。总而言之，产品规制的监管路径代表着世界金融发达国家金融监管的范式变迁，在金融监管发展史上具有标志性的意义。

2. 产品规制进路的理论争议。本质上，无论是对生产和销售企业施加产品治理义务，还是赋予监管机构禁止或限制产品发行的产品干预权，都属于产品规制的手段。在两种手段中，后者涉及公权力对市场主体活动的直接干预，因此，也在相关国家和地区引起了较大争议，这一争议

---

① 德国金融监管局（BaFin）认为，“在逻辑上，只有当产品治理机制未能达到保护消费者的效果时，产品干预权才有用武之地。”参见其关于产品干预权的观点，资料来源：https：//www. bafin. de/SharedDocs/Veroeffentlichungen/EN/Fachartikel/2018/fa_bj_1810_product_governance_en. html，最后访问时间2022年3月17日。

② See Buck – Heeb, Aufsichtsrechtliches Produktverbot und zivilrechtliche Rechtsfolgen – Der Anleger zwischen Mündigkeit und Schutzbedürftigkeit, BKR (2017), p. 89, p. 97.

主要围绕“父爱主义”监管进路而展开。

凭借产品干预权，监管机构可以在相关金融产品具有损害消费者之虞时，对其发行和交易采取禁止或限制的措施。这一权力内容反映出了其“父爱主义”特性，并引发了理论界的批评。许多学者认为，产品干预权的目的虽然是将“特定危险”从根本上予以排除，但是它限制了市场主体自我决定、自我负责的权利，从而限制了其作为投资者的行为能力。[①] 在这一制度下，一方面，投资者被“贬低为”一个需要法律和监管机构特殊保护的、缺乏行为能力的人；另一方面，一些无须受保护的投资者却被强行纳入保护范围，从而违背了其意志。[②] 其次，人们还担心，产品干预权制度会使投资者产生这样的预期，即所有未被禁止的产品都是无风险的；如此，投资者就可能丧失投资判断能力，而一旦投资失败导致损失，他们就可能将损失归咎于监管机构，从而对政府产生不信任。最后，从市场运行的角度来看，产品干预权的运用将导致市场的不确定性，从而损害金融市场资源配置的效率。

然而，在引入产品规制的这些国家看来，产品干预制度具有足够的正当性。首先，监管机构的产品干预权作为一种“父爱主义”措施，其正当性根本上来源于投资者保护——作为金融监管的基本目标——的需要。近年来，随着大量复杂、创新的金融产品被推向市场，投资者自主决策的投资环境明显发生了变化，传统的以信息公开为中心的监管进路已经不足以实现投资者保护的目标。此时，法律赋予监管者对金融产品某种程度上的实质审查的权力，就获得了足够的正当性。况且，产品干预权的运用虽然限制了投资者的交易自由，但是，只有当投资者能自由决定的时候，交易自由才是存在的。[③] 其次，人们所担心的，产品干预权会带来的监管机构滥权、不当干预市场主体自由的问题，也可以通过实体上和程序上的规则来加以制约。以本文考察的欧盟产品干预制度为例，其在赋予监管机构产品干预权的同时，就规定了严格的实体和程序要求；从实际效果来看，该权力在引入欧盟的数年里，实施案例也屈指可数。可见，在实体法和程序法制约下，该权力的实施可以避免给金融市场带来过多负面影响。

三、 欧盟产品治理机制

（一）欧盟产品治理机制的立法背景

2008 年国际金融危机的爆发，使得欧盟立法者反思“少即是多”（less is more）的金融监管

---

① 相关问题，我国学者也有讨论：孙笑侠、郭春镇：《法律父爱主义在中国的适用》，载《中国社会科学》2006 年，第 47 –58 页；黄文艺：《作为一种法律干预模式的家长主义》，载《法学研究》2010 年第 5 期，第 3 –17 页。

② See Buck – Heeb，Aufsichtsrechtliches Produktverbot und zivilrechtliche Rechtsfolgen – Der Anleger zwischen Mündigkeit und Schutzbedürftigkeit，BKR（2017），p. 89，p. 99.

③ See Moeller/Poppele，ZGR 2013，S. 463.

理念。尤其是，对于2007年颁布的金融市场框架性法律——《金融工具市场指令》（MiFID），欧盟立法者也意识到了其中的诸多不足之处，其中就包括，快速创新和日益复杂的金融工具凸显了投资者保护机制的过时与不足。[①] 修改MiFID，成为后金融危机时代，欧盟建设一个更加安全、合理、透明和负责的金融体系的不可分割的改革部分。2014年，欧盟终于颁布了MiFID Ⅱ及其姊妹法MiFIR，并于2018年1月生效。

复杂金融产品对2008年国际金融危机的发展和加剧起到了显著的作用，因此，欧盟立法者决定转变投资者保护的范式，即监管活动从原来主要针对金融服务和销售，转变为更加集中在产品本身。[②] 2010年，欧盟委员会发表了关于MiFID立法与实施状况的公众意见征集，其中指出，投资公司应当具备恰当的政策和控制机制，以保证产品的设计和销售不会给客户的利益造成损害，同时，欧委会提出了与建立产品治理机制相应的修改MiFID的若干建议。[③]在2014年颁发的MiFID Ⅱ中，欧盟立法者通过确立投资公司的组织要求条款（该法第16条第3款）和投资者保护条款（该法第24条第2款），正式引入了金融产品治理机制，提出了“投资公司应保证所设计的金融工具符合确定的终端客户目标市场的需求，并销售给后者”的总体要求。

2017年3月，根据MiFID Ⅱ的授权，欧盟委员会颁发了委员会授权指令，[④]其中进一步细化了产品治理义务的实施要求。该委员会授权指令将投资公司区分为生产者（manufacturers）和销售者（distributors）两类，[⑤] 并对两者分别规定详细的义务。这构成了欧盟产品治理机制的基本内容。2018年2月，即MiFID Ⅱ生效之后的一个月，欧盟证券与市场监管局（即ESMA）也发布了MiFID Ⅱ下产品治理义务的监管指引，从而明确了其执法标准。

（二）产品治理机制的基本架构

根据上述各个层面的规定，欧盟的产品治理机制，集中体现在其施加给产品生产者和销售者的系列义务当中。

1. 生产企业的产品治理义务。在产品治理机制下，生产者的义务总结主要如下：

第一，确定潜在目标市场的义务。据此，产品生产者须承担的首要任务是建立产品批准程序（product approval process），以确保其设计的产品符合既定的目标市场（即目标客户群体）。生产

---

① 这些不足之处还包括：既有制度难以应对更加激烈的竞争环境所带来的全新挑战；监管规则总是落后于市场现实；MiFID高估了专业投资者的理性能力等。见：Commission Staff Working Paper Impact Assessment, p. 5。

② BaFin Journal Expert Articles, Product Governance，资料来源：https：//www. bafin. de/SharedDocs/Veroeffentlichungen/EN/Fachartikel/2018/fa_bj_1810_product_governance_en. html，最后访问时间2022年2月25日。

③ 这些建议已经初具后来的产品治理机制的雏形。具体参见：European Commission, Public consultation：Review of the Markets in Financial Instruments Directive（MiFID），8 December 2010，paragraph 7. 3. 3。

④ 即（EU）2017/5932（MiFID II Delegated Directive）。

⑤ 根据该法的定义，所谓生产者，即创造、开发、发行并（或）设计产品的企业；所谓销售者，即向客户提供或售卖金融工具或服务的企业。

者须确定与该产品相匹配的客户类型，并具体描述该客户类型的需求、特点及目标等。至于确定目标市场的标准，按照欧盟监管机构 ESMA 的监管指引，则包括客户的类型、知识和经验、财务状况、风险偏好（risk tolerance）以及其目标和需求等。①

第二，确立消极目标市场的义务。所谓消极目标市场，即其需求、特点和目标与相关产品不兼容的客户群体。法律要求生产者确定这一目标市场，即以负面清单的形式，明确了不适宜相关产品的目标市场，从而更好地防范产品的不当销售。

第三，确保产品销售给目标市场的义务。据此，生产者还必须确保其产品的销售策略应当与既定目标市场相符合，并采取合理措施确保该金融产品实际上销售给既定目标市场。这些努力，根据 ESMA 的监管指引，包括生产者在选择销售者时，必须尽最大努力，以保证后者的客户类型和所提供服务与该产品的目标市场相符合，并为后者提供适当的投资服务方面的建议，以使得来自目标市场的客户可以获得该产品。②

第四，向产品销售者提供信息的义务，据此，生产者须为所有销售者提供所有关于该金融产品及其批准程序（包括其既定目标市场）的必要信息。该信息必须足够标准，以使销售者可以准确地理解、推荐或出售该金融工具。对于销售者来说，只有从特定生产者能持续获得足以让其充分地理解产品风险的信息时，他才可以继续销售后者的产品。

第五，定期审查产品的义务。据此，产品生产者应当定期审查其产品，包括可能实质性地影响既定目标市场所承受的潜在风险的所有事件；并审查该金融产品是否仍与目标市场的需求、特点和目标相一致，以及它是否正被销售给目标市场，或者是否被销售给在需求、特点和目标方面与该产品不相符的客户。

2. 销售企业的产品治理义务。在产品治理机制下，销售者需主要承担如下义务：

第一，确定实际目标市场的义务。根据 ESMA 的监管指引，在产品生产者确定“潜在的”目标市场之后，销售者则须确定“实际的”目标市场；为此，销售者须运用与产品生产者相同的系列标准，只不过，他们须在一个更加具体的层面上来定义此目标市场，并将客户的类型、产品与服务的性质考虑在内。③

第二，确立实际的消极目标市场的义务。类似地，产品销售者也应当确定并描述实际消极的目标市场（若有），即确定任何在需求、特点与目标方面与所提供产品和服务不相符的客户群体。其意义同样也在于，从反面的意义上明确不适于相关产品的目标市场，从而更好地防范产品的不当销售。

---

① 见 ESMA Product Governance Guidelines，第 34 和第 18 段。

② 见 ESMA Product Governance Guidelines，第 25－26 段。

③ 见 ESMA Product Governance Guidelines，第 37－38 段。

第三，获取并利用产品信息的义务。产品销售者应当利用取自生产者和他们自有客户的信息，以确定实际的（积极的或消极的）目标市场和他们的销售策略。销售者还应当采取一切合理措施，以保证从欧盟法管辖之外的生产者处获得足够和可靠的信息。

第四，定期审查的义务。这包括，一是产品销售者应当定期审查和更新其产品治理机制，以确保保持有效并符合其目的。二是产品销售者还应当定期审查其所提供或推荐的产品和服务，将任何可能实质性地影响对于既定目标市场的潜在风险的事件考虑进去。如果发现某一产品或服务的目标市场确定有误，或者该产品或服务不再符合目标市场的具体情况，那么他们应当重新确定目标市场并在必要时更新产品治理安排。

其五，向产品生产者提供信息的义务。据此，产品销售者应当向产品生产者提供关于有关销售和审查结果的信息，以支持后者开展的产品审查。这些相关的信息可能包括生产者在目标市场之外的销售数额、客户类型的信息总结、接收到的投诉总结或对生产者提出的关于某一客户样本的问题的答复。从生产者的角度来说，只有当销售企业展现出充分分享信息的意愿时，生产企业才可以继续使用前者的销售渠道。销售者的这一义务与上述产品生产者的信息义务相连接，构建了两者之间法定的信息交换义务。

四、 欧盟产品干预制度

（一）欧盟产品干预权的立法背景

如前文关于欧盟产品治理机制部分中所述，2008 年国际金融危机暴露出来的问题，特别是金融工具的快速创新和日益复杂带来的问题，促使欧盟立法者提出修改 MiFID、推出 MiFID Ⅱ的立法计划。根据这项计划，欧盟立法者须解决“成员国监管机构监管权力不足”这一重要问题。

在关于修订 MiFID 的《工作稿》（Working Paper）中，欧盟委员会指出，金融危机的经验显示，成员国金融机构的监管权力需要在关键领域予以加强。其中，将复杂产品（诸如特定类型的结构性产品）纳入更加严格的监管审查，逐渐成为各方的共识；然而，在不良状况下，成员国监管机构无权对某一金融产品或服务的交易或销售进行禁止或者限制，成为金融监管的一个主要缺陷。① 对此，欧盟委员会在立法建议中提出：授权成员国监管机构在欧盟证券与市场监管局（ESMA）的协调下无限期地禁止特定活动、产品或服务，并授权 ESMA 在特定情况下实施临时禁令。② 2014 年，欧盟颁布 MiFID Ⅱ及其姊妹法 MiFIR，并将于 2018 年 1 月 3 日生效。其中，MiFIR 第四十二条对产品干预权的行使作了详细规定。

① 参见欧盟金融监管机构调查报告：Commission Staff Working Paper Impact Assessment，p. 15。

② See Commission Staff Working Paper Impact Assessment，p. 27.

（二）产品干预权的实施机制

1. 产品干预的标准。根据MiFIR第42条第1款的规定，主管的监管机构可以实施禁止或限制的对象包含两大类：一是某些金融产品的或具有某些独特特征的金融产品的推广、销售或零售；二是某种类型的金融活动或业务。但MiFIR同时规定，主管机构采取相关禁止或限制措施时，须具有令人信服的理由证明，即在起码一个成员国内，某一金融产品、活动或业务，导致了对于投资者保护的显著的担忧，或对金融市场或原材料市场的有序运行和诚信（integrity），或对金融体系的整体或部分的稳定构成威胁；或者某种衍生品对市场上的价格形成机制具有破坏性的影响。此即欧盟监管机构实施产品干预权的标准。

2. 产品干预权适用的触发条件。如上文所述，MiFIR规定了产品干预的标准，然而，何时存在“显著的投资者保护忧虑”？何时存在“对金融市场或原材料市场的有序运行和诚信，或对金融体系的整体或部分的稳定构成威胁”？对其存在的认定，构成了产品干预权的适用条件。MiFIR将这一具体化的任务交给了委员会授权指令解决，同时提出，该委托立法确定的适用条件，必须包含金融产品、活动或业务的复杂度、创新度、杠杆比例、发行的多少或估值等要素。①

在此基础上，欧盟委员会于2016年5月18日颁布了委员会授权指令②。该指令详细但不完全地列举了作为适用条件的22项标准和要素。③ 概括而言，这些标准包括产品的复杂性和透明度、目标客户的类型、风险收益比、定价方法、市场流动性和销售方法，以及与发行人相关的因素，如发行人的财务与经营状况或该产品作为发行人的资金来源所具有的重要性，等等。该法特别要求，在判断过程中，主管机关须评估所有标准和要素的相关性，并在判断“投资者保护的明显担忧”或“威胁”是否构成时，将所有相关因素和标准纳入考虑；在此基础上，主管机关可以基于一个或数个所列举的因素和标准，判断这一“明显担忧”或“威胁”是否存在。④

3. 产品干预权适用的控制机制。对此，MiFIR首先强调该权力的适用须遵循“最后手段原则”，即只有当既有的欧盟法监管规定并不足以解决上述风险且该风险难以通过改善监管或执行现有规定得以更好的解决时，监管机构才能动用产品干预权。其次，主管监管机构采取干预措施时，应适当地（proportionate）将相关风险的性质、所涉投资者或市场参与者的熟练水平以及该措施对从中获利的投资者或市场参与者的可能影响等因素纳入考虑范围，从而体现了权力适用的比例原则。最后，主管监管机构还应与其他受影响成员国的监管机构进行协商，确保干预措施不会对来自其他成员国的金融服务或活动产生歧视性效应等。

---

① 见MiFIR第42条第7款。

② 即Commission Delegated Regulation（EU）2017/567。

③ 见欧盟委员会授权指令Commission Delegated Regulation（EU）2017/567，第21条第2款。

④ 见欧盟委员会授权指令Commission Delegated Regulation（EU）2017/567，第21条第1款。

（三）产品干预权实施案例

2018年初起MiFIR正式生效后，其产品干预规则获得在成员国直接的效力。产品干预权的运用进入了全新的阶段，获得了在欧盟层面上的统一适用。在此，本文以欧盟首次分别作出的关于差价合约（CDF）和二元期权的两个临时干预措施案例为考察对象，以观察其具体适用。

2018年5月22日，在MiFIR生效后的仅仅数月之后，ESMA就宣布对二元期权和差价合约这两种证券采取临时产品干预措施。在这两份行政处分书中，ESMA基于此两种产品的特征，列举多种理由，认定它们对投资者保护具有"显著忧虑"。对于差价合约，ESMA认定，它具有高度复杂性并缺乏透明度；具有高杠杆性；其潜在损害巨大，以及预期收益和损失风险相比悬殊；其高杠杆产品通常销售给散户；其销售普通通过电子交易平台，缺乏投资咨询和投资组合管理的规定。[①] 对于二元期权，ESMA则认定，它具有高度复杂性并缺乏透明度；具有短期性和投机性；其潜在损害巨大，以及预期收益和损失风险相比悬殊；它被广泛销售给散户市场；其销售普遍通过电子交易平台，缺乏投资咨询和投资组合管理的规定；它将动摇散户对金融体系的信心。[②] 此外，ESMA认为现有的欧盟法监管规定不能解决这两类产品所产生的忧虑，且各成员国并未采取行动或采取的行动不足以解决此两种产品带来的威胁。因此，ESMA采取行动暂时限制它们销售给散户投资者，是必要且合适的，且不会给金融市场效率和投资者带来损害性影响。最终，ESMA对二元期权作出了禁止向散户投资者出售的决定，对向散户出售的差价合约施加了系列限制。[③]

这两个临时产品干预措施颁发后，基于监管目的的需要，ESMA又先后三次对其进行了审查、变更和延长，直到2019年7月1日（二元期权）和7月31日（差价合约）才相继失效。在此之前，几乎所有成员国监管机构都颁布了其国内版的具有长久效力的产品干预措施。[④] 对此，ESMA通过发布意见书（opinions），认可了成员国产品干预措施是正当的和恰当的，并且认为，成员国实施的比其产品干预措施更加严格的措施，是必要的。[⑤]

---

① 见欧盟ESMA相关行政处分书：European Securities and Markets Authority Decision（EU）2018/796 of 22 May 2018 to temporarily restrict contracts for differences in the Union in accordance with Article 40 of Regulation（EU）No 600/2014 of the European Parliament and of the Council，关于该产品介绍部分的第8段到第52段。

② 见欧盟ESMA相关行政处分书：European Securities and Markets Authority Decision（EU）2018/795 of 22 May 2018 to temporarily prohibit the marketing, distribution or sale of binary options to retail clients in the Union in accordance with Article 40 of Regulation（EU）No 600/2014 of the European Parliament and of the Council，关于该产品介绍部分的第16段到第51段。

③ 如限制杠杠比例、禁止追加投资义务、限制其营销方式、施加危险警告等。

④ 见：ESMA，Final Report ESMA's Technical Advice to the Commission on the effects of product intervention measures（Feb. 3，2020），p. 17，以及报告的附件2中的实施国家列表。

⑤ See ESMA，Final Report ESMA's Technical Advice to the Commission on the effects of product intervention measures（Feb. 3，2020），p. 17.

五、 我国复杂金融产品规制制度的构建

（一）我国金融产品复杂化趋势及其法律应对

近年来，在市场融资需求和金融创新发展的推动下，我国金融市场产品日渐丰富，呈现出复杂化的趋势。种类繁多的资产证券化产品、资产管理产品、衍生金融产品以及数字化金融产品等，在金融市场上相继涌现，并在数量上呈现爆发式的增长。以资产证券化产品为例，其在过去十多年里从无到有，到最近几年，其市场总量已达到了万亿级别的规模。① 许多复杂金融产品也不再是专业投资机构的专属领域，而是通过各类渠道广泛触及普通金融消费者。

在此背景下，因复杂金融产品而产生的金融消费者损害纠纷也随之越来越多，成为实践中关注的热点。但是，就有关问题的法律解决，人们的思考重点仍集中在适当性义务的构建和实施，而忽视复杂金融产品本身带来的危害。以2020年上半年发生的“原油宝”事件为例，产品风险损害事故发生后，无论是业界的讨论，还是司法裁判的责任追究思路，都聚焦在有关金融机构投资者适当性义务的履行方面，而忽视“原油宝”这一金融产品本身所蕴含的、非交易规则保障所能克服的风险。这些产品本身的风险，一方面，是因为这一产品所涉及巨大的投资风险，其后果显非一般金融消费者可以承受；另一方面，是因为这一产品本身的设计也存在显著的缺陷，特别是关于移仓日和停止交易时间的设定方面。②

与此金融市场的发展趋势不同，我国有关金融法律的发展却仍显滞后。关于企业层面的复杂金融产品治理义务，我国直到近年才在《证券期货投资者适当性管理办法》、《资管新规》以及《九民纪要》等部门规章或司法指导文件中提及了“了解你的产品”的义务；在2020年中国人民银行颁布的《金融消费者权益保护实施办法》中，终于显示出了建立产品治理机制的初步思考。关于监管机构针对复杂金融产品的干预权力，我国法律法规和部门规章都未明确授权。然而，考虑到我国行政部门在执法体系中的强势地位，监管机构的产品干预权力的行使未必依循特定的形式，此时对有关权力进行明确授予就有特殊的意义，因为明确的授权也意味着明确的程序法约束。

总而言之，针对金融产品复杂化的趋势，我国法律应当及早作出立法回应，通过在企业层面

---

① 见不动产投资信托基金（REITs）研究中心：《2020年资产证券化发展报告》，资料来源：http://finance.sina.com.cn/money/fund/fundzmt/2021-02-20/doc-ikftssap7726036.shtml，最后访问时间2022年4月5日。

② 关于“原油宝”产品设计缺陷的分析，具体可见：唐军：《从“原油宝”事件看金融产品设计和投资风险》，载财经网，资料来源：http://news.caijingmobile.com/article/detail/415609，最后访问时间2022年4月5日。胡艳明：《解析中行原油宝交易机制　银行账户原油产品市场面临重塑》，载经济观察网，资料来源：http://www.eeo.com.cn/2020/0426/382164.shtml，最后访问时间2022年4月5日。

和监管机构层面的规制立法，防范与化解其消费者损害风险。在此，本文以产品规制理念为启发，借鉴欧盟法的有关经验，为我国有关立法提出相应的建议。

（二）欧盟产品规制制度对我国的启示

1. 我国产品规制制度总体规划。我国应针对当前金融产品复杂化的趋势，树立产品规制的理念，并以此为指导进行相关制度构建。我国当前金融产品复杂化进程已经显示出其对金融消费者的损害风险，传统的主要依靠信息披露和适当性管理所形成的投资者保护制度，对此已无能为力，因此立法者需未雨绸缪，及早作出应对。当此之时，我国有必要引入产品规制的理念，以此构建我国复杂金融产品的规制体系。产品规制理念以金融产品本身为出发点，针对其缺陷提出相应的问题解决思路，其作用范围既包括产品的销售和动态监管，也包括产品的设计本身。其具体的实施机制则在两个层面展开。一是在金融机构层面，以金融产品发行人和承销商的企业相关义务为支点，建立作为风险防范一线的产品治理机制；二是在金融监管机构层面，确立作为产品风险防范的“最后手段”的产品干预权的实施机制。由此形成全面的产品风险治理体系。

与此同时，产品规制制度适用的“复杂金融产品”，应有明确的范围，此时即涉及其具体定义。与国际证监会组织概括加列举的定义方式不同，欧盟采用了“反向定义”的模式，即先对非复杂金融工具进行了兜底式列举，这包括股票与债券、货币市场工具、可转让证券集合资产管理计划等，而除此以外的金融产品则均属于复杂金融工具。[①] 这一定义方式，一方面使复杂金融产品的认定具有很强的可操作性，另一方面也使这一概念获得了开放性，可以灵活应对金融产品市场的发展变化。这一定义方法值得我国借鉴。

2. 构建我国金融企业产品治理机制。如前文所述，企业层面的产品治理机制是复杂金融产品风险的第一道防线，它充分发挥了金融企业的市场力量和能动性，能最大限度地预防风险损害事故的发生。类似地，我国《金融消费者权益保护实施办法》也提出了金融产品的“全流程管控机制”的概念，但远未成型。借鉴欧盟法的经验，我国可以将这一机制建立在产品发行机构和承销机构各自的义务体系之上，具体如下所述。

对于产品发行机构的产品治理义务，法律可设计如下：在设计和生产复杂金融产品时，发行机构应明确该产品指向的目标客户群体，并根据其需求、特征和目标来进行相应的设计。与此同时，发行机构还应明确地列举出与该产品不适当的客户群体，从而实现消极意义上的保护。在此基础上，发行机构应当采取有效措施，譬如选择合适的承销机构，以确保其金融产品能够最终销售给其设定的目标客户群体。发行机构还应向承销机构提供所有关于该金融产品的必要信息，以使后者可以准确地理解、推荐或出售该金融工具。产品销售到消费者手中之后，发行机构还应当定期地检查相关产品，以确保产品始终与目标客户群体相符合。

---

① 见欧盟《金融市场工具指令Ⅱ》第25条第4款。

对于产品承销机构的产品治理义务，法律可设计如下：承销机构应当根据产品的特征，确定产品最终的目标客户群体，并列举出与该产品不适当的客户群体，与此同时，还应当采取恰当的内控措施，确保该产品销售给正确的目标客户。在此过程中，承销机构应当审慎地、恰当地利用来自发行机构及其客户的信息，以此为基础确定目标客户群体并制定销售策略。产品销售出去后，其还应当定期审查其销售的产品，并确保其与目标客户群体相符合。此外，承销机构还应当向发行企业提供关于产品销售和审查的信息，以支持后者开展的产品审查。

3. 建立我国金融监管机构产品干预制度。如前文所述，虽然我国法律并未明确授予金融监管机构产品干预权，但在实际中，其有丰富的手段对金融产品实施干预，在行政机关强势的背景下，这反而造成过度干预的隐忧。因此，我国有关立法更应通过明确相关授权，实现权力及其行使的控制。就此，欧盟法针对产品干预权的立法态度和经验可供我国借鉴。

具体而言，我国可以把产品干预权定位为防范复杂金融产品损害风险的“最后手段”，以防止行政权力滥用的风险。产品干预权的目标，可以包含金融消费者保护和防范系统性风险两项；就前者而言，只有当复杂金融产品造成显著的损害风险时，才能触发产品干预权的适用。在运用产品干预权的过程中，金融监管机构应当遵守该权力的“最后手段”定位，并依照比例原则精神和行政执法程序，以恰当的干预成本实现抑制产品风险、保护金融消费者权益的目标。

暂停行使金融合同提前终止权的域外监管协调

■ 潘拥军　周逊志*

摘要：暂停行使金融合同提前终止权作为一项重要的问题金融机构处置权力被国际金融监管组织以及主要国家和地区普遍认可，并被纳入国际标准指导或各国或各地区金融监管体系以防范系统性风险。我国立法以及金融监管框架尚未确立该权力，还存在基础法律欠缺、监管规则适用空白或冲突、跨境协调合作未确立等问题，故有必要汲取国际经验结合我国国情完善制度并实施好跨境协调合作，妥善应对问题金融机构处置以维护我国金融体系稳健性。跨境协调层面，应当明确我国暂停行使金融合同提前终止权跨境协调机制及其重要措施。进而，从制度上解决该处置权力域外效力及其实施问题，以便在金融全球化中妥善应对风险，提升我国金融体系韧性，实现国家治理体系和治理能力现代化以及为深度参与全球金融治理改革贡献力量。

关键词：问题金融机构　处置　金融合同　暂停行使提前终止权　域外监管协调

一、 引言

自2008年国际金融危机后，国际金融监管组织以及主要国家和地区为防范系统重要性金融风险出台诸多立法与监管标准，有助于各国和各地区问题金融机构风险处置与金融体系稳健发展。提前终止权（early termination right），是指在标准金融合同中合同的加速到期、终止和其他平仓等权利的总称。[①] 在金融机构处置时，其对手方提前终止权行使会带来连锁反应冲击金融体系稳定性。金融机构处置中暂停行使金融合同提前终止权（temporary stay on early termination rights）已成为国际上普遍认可的重要处置权力，表现为在处置过程中对与问题金融机构有相关衍生品交易的其他机构，暂时停止行使终止衍生品金融合同的权力。该项权力在一定程度上、一定范围内能有效缓解问题金融机构处置风险波及其他机构乃至整个金融体系，为监管部门与处

* 潘拥军，任职于中国银保监会政策研究局，系中国银保监会与中国社会科学院金融所联合培养金融学博士后；周逊志，上海财经大学法学院博士研究生。

① FSB, Key Attributes of Effective Resolution Regimes for Financial Institutions, p. 51，资料来源：http://www.fsb.org/wp-content/uploads/r_141015.pdf，2022年6月25日访问。

置机构制定、执行具体处置框架提供缓冲时间。我国监管部门尚未在立法和实践上明确暂停行使金融合同提前终止权作为一项重要处置权力。而很多国家和地区立法上业已确立该处置权力。

我国监管部门也积极探索该项处置权力的实施。《商业银行法（修改建议稿）》第九十五条指出，商业银行接管组织可以决定一定期限内暂停净额结算，暂停期限最长为 2 个工作日。[①] 2022 年 4 月 6 日，中国人民银行《金融稳定法（草案征求意见稿）》第三十条第四款将“暂停合格金融交易的终止净额结算”作为国务院金融管理部门实施金融风险处置的一项重要处置措施。[②] 随着我国金融机构国际影响力的提升以及跨境金融合作进一步深入，我国金融机构跨境处置效力与他国机构跨境处置效力之间彼此认可需提上议程考量。故有必要结合国际监管标准以及各国和各地区实践经验，解决金融机构处置中暂停行使金融合同提前终止权的域外监管协调问题以提升我国金融体系韧性，也为全球金融市场健康发展贡献力量。

二、 暂停行使金融合同提前终止权域外监管协调的重要性

合同提前终止权之所以受到保护，主要是因为被用于降低风险，以防止参与者失败对市场其他部分造成任何的恶化。[③] 换个角度来看，如果不能解除合同，合同一方的合同价值会大幅度下降，可能会导致巨大损失。系统重要性金融机构关联方甚为广泛与重要，也意味着风险敞口也很大，短期内大量终止合同会造成相应系统与市场的不稳定。暂停行使金融合同提前终止权，可以避免短时间大量合同被终止，也可以为有意愿且有能力承担合同或头寸的客户留有时间。国际掉期和衍生工具协会（International Swaps and Derivatives Association，ISDA）的 2014 年《处置中止议定书》（“the ISDA 2014 Resolution Stay Protocol”）以及 2015 年《通用版处置中止议定书》（“the ISDA 2105 Universal Resolution Stay Protocol”）的发展，已取得了全球广泛的接受度，比如 2015 年版在技术上作为“自愿遵守”，并从最初限制在 18 家 G－SIFIs 的银行机构增长到 21 家金

① 参见 2020 年 10 月 16 日，中国人民银行发布的《中华人民共和国商业银行法（修改建议稿）》第九十五条“被接管商业银行的交易对手依据法律规定和合约约定，要求按净额对金融合约项下全部交易盈亏进行结算的，接管组织可以决定在一定期限内暂停净额结算，暂停期限最长为 2 个工作日”，资料来源于中国人民银行官网：《中国人民银行关于〈中华人民共和国商业银行法（修改建议稿）〉公开征求意见的通知》，资料来源：http：//www. pbc. gov. cn/tiaofasi/144941/144979/3941920/4111225/index. html，2022 年 6 月 25 日访问。

② 参见 2022 年 4 月 6 日，中国人民银行发布的《中华人民共和国金融稳定法（草案征求意见稿）》第三十条“国务院金融管理部门实施金融风险处置的，经主要负责人批准，可以区别情形依法采取下列处置措施：……（四）暂停合格金融交易的终止净额结算；……。”资料来源于中国人民银行官网：《中国人民银行关于《中华人民共和国金融稳定法（草案征求意见稿）》公开征求意见的通知》，资料来源：http：//www. pbc. gov. cn/tiaofasi/144941/144979/3941920/4525751/index. html，2022 年 6 月 25 日访问。

③ See Traci Biedermann，Cross－Border Resolution Recognition：EU Legislation Staying Default Rights as a Model for the United States，23 Columbia Journal of European Law 177（2016），p. 1.

融机构。[①] 暂停行使金融合同提前终止权是将不可用的金融合同通过主合同或净额结算协议联系起来，通常在部分财产转让情况下把包括“抵销安排、产权转让财务担保、担保，以及结构性融资安排”等所有相关协议一起转让。因此所带来的业务和风险影响是巨大的。根据国际金融监管组织及各国和各地区现行规则，系统重要性金融机构在跨境处置时会产生一定的直接或间接域外效力问题，故有必要谨慎考虑如何对待该跨境协调效力。暂停行使金融合同提前终止权，是涉及金融衍生品领域金融机构处置中重要问题。该权力一旦涉及跨司法管辖区的效力实施，也即面临跨境协调等难题。如果金融合同提前终止权及其暂停行使的相关跨境事宜处理不佳，则直接关系到问题系统重要性金融机构有效处置适用的成功与否，以及一个国家或地区在全球金融领域的影响力。目前各国或各地区在暂停行使金融合同提前终止权相关问题上尚没有法定权力承认并赋予外国处置措施的法律效力。[②] 一国和地区域内的处置机构暂停行使金融合同提前终止权的权力，一旦跨境则可能引发与东道国的法律或监管规则的冲突。然而当前国际金融市场高度一体化，系统重要性金融机构的金融业务也是跨越了国别或区域的限制，且各国系统重要性金融机构成为全球重要清算结算机构清算会员的情况越来越多，也加深了风险问题解决的复杂性。如此一来，涉及恢复与处置过程中暂停行使金融合同提前终止权也面临跨境适用过程中法律或规则的冲突。

另外，从跨境金融机构处置的具体措施实践来看，很难绕开“暂停行使金融合同提前终止权”这一权力问题，也就不得不面临域外监管协调难题。通常各国和各地区问题金融机构处置程序和普通企业破产法制框架都会设定债权人和交易对手延期偿还或保留相应权利来保障问题金融机构索偿权。在金融合同标准市场文件规则中如果缺乏任何相应法律或监管规则规定，金融合同“提前终止权”可在金融机构进入处置或动用处置权力时被触发。[③] 交易对手使用处置条款或破产约定条款的终止权，会将处置或破产作为合同违约条件，允许未违约交易对手终止合同。系统重要性金融机构处置触发时，终止大规模金融合同会导致金融机构退出的无序冲击以及处置工具的失败，特别是向过桥机构转移关键功能或使用自救工具情况下，一旦发生问题则会进一步导致市场不稳定并阻碍执行处置措施。故此时不得不考虑暂停行使金融合同提前终止权。如果这些处置效力涉及跨境问题，则会面临跨境协调难题。在具体操作措施层面，一些问题金融机构处置涉及域内外因素，故也有必要明确其暂停行使金融合同提前终止权域内适用与域

① See Traci Biedermann, Cross – Border Resolution Recognition: EU Legislation Staying Default Rights as a Model for the United States, 23 Columbia Journal of European Law 177 (2016), p. 9.

② See Irit Mevorach, Beyond the Search for Certainty: Addressing the Cross – Border Resolution Gap, 10 Brooklyn Journal of Corporate, Financial & Commercial Law 183 (2015), p. 8.

③ FSB, Key Attributes of Effective Resolution Regimes for Financial Institutions, p. 51, 资料来源: http://www.fsb.org/wp-content/uploads/r_141015.pdf, 2022 年 6 月 25 日访问。

外协调，使其执行效力机制趋于完善。暂停行使金融合同提前终止权会为系统重要性金融机构关键功能持续性提供机制保障，具体表现在其法定条款、暂停期时长、暂时中止范围、限制条件以及跨境处置等设定上。一些国家或地区基于金融稳定目标专门明确规定不可行使提前终止权的合同类型。通常不可行使提前终止的金融合同类型主要包括互换协议、期货合同、远期合同、回购协议，以及各类买卖、借入、借出抵押品等金融合同。例如美国1978年《美国破产法》等立法都规定此类特殊合同，① 且在《联邦存款保险法》（*Federal Deposit Insurance Act*）定义其为"合格金融合同"（qualified financial contracts）。处置或破产程序启动抑或是对金融机构动用处置权力，则常会引发合同违约且触发金融合同提前终止权。系统重要性金融机构处置中合同提前终止权行使可能会加剧风险传染及金融体系破坏。其中，中央对手方②等金融基础设施若触发金融合同提前终止权，则会对轧平账目造成系统性混乱，同时也会造成更大规模的清算会员违约，进而影响整个清算体系秩序乃至金融体系安全。基于系统重要性金融机构处置与跨境协调的复杂性，故有必要结合国际组织监管规则、各国和各地区实践规则予以形成较为完善的协调方法或机制。

综上所述，问题金融机构处置中暂停行使金融合同提前终止权，是值得研究的重要问题。

三、 暂停行使金融合同提前终止权跨境协调的国际经验

处置权力跨境协调是全球面临的共同难题。各国和各地区对于金融合同提前终止权很难通过法定权力条款承认并赋予域外处置措施效力。换言之，暂停行使金融合同提前终止权一旦涉及跨境行使，则易面临与东道国法律或监管规则冲突等难题。目前国际金融市场高度一体化，全球系统重要性金融机构以及金融衍生品清算业务跨国别跨区域情况越来越多，故处理好暂停行使金融合同提前终止权的跨境协调尤为重要。

（一）发展趋势：处置权力从局限本国实施效力到跨境协调

欧、美监管部门起初普遍认为提前终止权暂停行使条款仅限于本国，很难对金融合同提出域外干预要求。同时不同国家对待金融合同方式有诸多各自原则和标准，并且没有承认任何共同跨境处置框架与执行前提，更会造成不确定性。故很难明确在何种情况下保留处置中金融合

---

① 1978年《美国破产法》修订前的"自动中止"规定冻结了衍生品合同终止条款的效力。

② 中央对手方（Central Counterparty Clearing，CCP），根据支付结算体系委员会（Committee on Payment and Settlemtent System，CPSS）和国际证监会组织（International Organization of Securities Commissions，IOSCO）技术委员会2012年《金融市场基础设施原则》定义，它是"在一个或多个金融市场中介入交易合同对手方，成为每个买方的卖方、每个卖方的买方，并据此确保履行所有敞口合约"。2008年国际金融危机过程中，雷曼兄弟集团被成功处置后，中央对手方清算机制得到了国际金融监管组织与各国认可。我国现有重要中央对手方机构主要有，上海期货交易所、郑州商品交易所、大连商品期货交易所、中国金融期货交易所、银行间市场清算所股份有限公司、上海国际能源交易中心股份有限公司等。

同提前终止权，对不同司法管辖区金融合同交易对手方在多个法律上实施强制执行交易。① 例如雷曼兄弟破产事件的跨境处置就受制于不同的制度。2013 年，金融稳定理事会在对处置制度的审查中发现，在绝大多数处置情形中处置机构没有足够的权力以迅速执行外国处置措施要求的终止或限制权利的方式，因而无法广泛发挥处置效果。因此，很难明确在何种程度上保留特定处置制度的终止权，可以对不同国家或地区的金融机构的金融合同交易对手方实施在多个法律上的强制执行交易。② 从监管权限来看，东道国与母国都有权限来对问题金融机构实施监管。不同国家和地区会因法律和监管规则不同而造成金融合同提前终止权相关规定冲突，具体表现在：是否认可金融合同提前终止权、是否有除金融合同提前终止权之外的其他必要保障措施、何时触发暂停行使金融合同提前终止权、何种机构能暂停行使金融合同提前终止权、金融合同提前终止权及其暂停行使条件等实体或程序上规定。

总体而言，当前解决暂停行使金融合同提前终止权跨境协调的路径，可以从以下方面考虑解决之道：一是非例外情况下，在东道国拥有分支机构或子公司的问题金融机构能否优先考虑遵从与处置有关的母国法律与监管规则规定。“例外情况” 主要指直接适用母国法律与监管规则会给东道国带来系统重要性风险。“例外情况” 的设定，避免了合同所规定的权利不被各国或各地区监管部门与法院认可而造成较大不确定性。二是在已达成相对共识的重要国际标准体系内解决跨境法律不确定问题。例如 FSB 专家组已出台有关协商文件，其中包括跨国承认法定方法的要素并建议以合同方式跨境担保。FSB 有关跨境原则的进一步协商文件认为，通过运用合同方式实施暂停行使金融合同提前终止权条款对跨国背景处置方案更有效。③ 该合同解决方式只对同意方有约束力，特别是针对合同约定范围内保留或限制金融合同提前终止权行使的条款。ISDA 也认为是在其协议第一阶段涉及主要系统重要性全球商业银行及一些附属机构自愿遵守议定书基础上合同解决方案成功后，其他机构再考虑是否采纳该模式。国际货币基金组织（International Monetary Fund，IMF）专家也不断更新金融合同破产标准原则，并为完成有偿债能力交易对手有序转让合同而确定是否暂停行使金融合同提前终止权，以及是否会给予特殊待遇等，以期望法律制度评估者能认可司法管辖区的金融法律制度。④ 以上协调路径避免用法律硬约束来解决跨境问题，更容易达成跨境合意，也深受国际认同。

---

① See Irit Mevorach, Beyond the Search for Certainty: Addressing the Cross – Border Resolution Gap, 10 Brooklyn Journal of Corporate, Financial & Commercial Law 183 (2015), pp. 7 – 8.

② See Irit Mevorach, Beyond the Search for Certainty: Addressing the Cross – Border Resolution Gap, 10 Brooklyn Journal of Corporate, Financial & Commercial Law 183 (2015), p. 7.

③ See Irit Mevorach, Beyond the Search for Certainty: Addressing the Cross – Border Resolution Gap, 10 Brooklyn Journal of Corporate, Financial & Commercial Law 183 (2015), pp. 7 – 8.

④ See Irit Mevorach, Beyond the Search for Certainty: Addressing the Cross – Border Resolution Gap, 10 Brooklyn Journal of Corporate, Financial & Commercial Law 183 (2015), p. 8.

（二）该处置权力实施条件的国际标准及各国实践

结合 FSB 等重要国际金融组织发布的国际标准以及各国和各地区实践经验，暂停行使金融合同提前终止权的实施应满足以下条件：① 一是有关暂停的触发条件。所谓“暂停”只适用于金融机构进入处置程序或监管部门动用处置权力时，以更好地保证系统重要性金融机构关键功能关键业务的持续性。何时开始暂停，则应当从金融合同上予以明确体现，比如处置或破产程序的启动，或过程中相关机构及业务控制的变化触发等。时机选定则是为了更好地保证暂停行使金融合同提前终止权的顺利执行。二是关于暂停时长的限制条件。本国或本地区法律或监管规则应当对暂停时长作出严格限制。该时间长短既要考虑为处置机构提供足够时间来决定或衡量处置工具有效性、转移权利义务可行性以及其他引发的影响。时间过长会加剧金融系统的压力。因此，FSB 相关报告标准提出暂停时长应当不超过 2 个工作日。但也有一些国家或地区规定为 48 小时、24 小时，或不得超过下一个工作日等其他时间安排，比如德国法律规定从法院主导金融机构重组程序开始之后，到第二个交易日结束之前；欧盟委员会则认为处置程序正式开始后 48 小时内或进入处置程序的第二个交易日下午 17 点之前，两者时间以最长者为准。② 故由于很多国家与地区设定的时间长短不同，故需要实践中相关监管部门或处置机构作出规则机制上的协调。三是转让协议要采用“禁止挑拣”原则（“no cherry - picking” rule）。换言之，处置机构允许特定交易对手方相关所有合格金融合同转移给新的金融实体，但不能选择性向同一对手方转让个人合同，并且转移的必须是遵守相同净额结算协议的合同。“禁止挑拣”原则本意是将整个转让协议作为一个整体捆绑而非有意识地进行得失挑选，故它也被认为是一种“非最有利”的原则，但也是在高度风险复杂化情境中相对公平的原则。四是合同转让中权利与义务应当全部继受。收购或接管实体（第三方机构或过桥机构）将承担转让合同后的公司全部权利和义务。对于已转移的合同，收购或接管实体推定为与合同相关所有权利义务以及支付、法定保证金都已发生转移，则不必以现实转移部分为限。五是为避免可能面临后续违约，被转移合同的交易对手方提前终止权会被保留。当保留期结束后，有转移到第三方机构或过桥机构的金融合同可以恢复其提前终止权。六是合同转让后收购实体获取提前终止权的权利。金融合同转让后如果收购实体之后发生任何独立违约，问题交易对手方的金融合同提前终止权利将保留给收购实体。虽然收购或接管实体发生违约，但是仍可强制执行交易对手合同终止权。七是若有关合同不能

① FSB, Consultative Document Effective Resolution of Systemically Important Financial Institutions Recommendations and Timelines, pp. 71 – 74, 资料来源：http：//www. fsb. org/wp – content/uploads/r_110719. pdf, 2022 年 6 月 25 日访问。FSB, Key Attributes of Effective Resolution Regimes for Financial Institutions, p. 52, 资料来源：http：//www. fsb. org/wp – content/uploads/r_141015. pdf, 2022 年 6 月 25 日访问。

② BCBS, Resolution Policies and Frameworks：Progress So Far, p. 25, 资料来源：https：//www. bis. org/publ/bcbs200. htm, 2022 年 6 月 25 日访问。

转让，则对手方有权决定权利行使届满或提前终止。如果监管部门通知金融机构有关合同不能转让，则对手方有权决定权利在一定期限内停止行使。八是列明暂停期内提前终止权的转让排他条款。暂停期内提前终止权可以在金融合同中列明其不能转让给其他公司、过桥机构或公共实体等的条款内容。

（三）可行性实施机制：国际组织提供的四种跨境协调机制方案

国际监管组织 FSB《系统重要性金融机构的有效处置政策建议及时间表（咨询意见稿）》等相关报告标准对系统重要性金融机构跨境处置中暂停行使金融合同提前终止权的有效性作了详细规定。文件指出，一国或一地区的处置机构强制实施暂停行使提前终止权并不会影响另一国家或地区的合同。为了保证跨境处置中暂停行使金融合同提前终止权的有效性，从理论上有合同机制（Contractual）、授予东道国当局管辖行政权（Administrative power given to host jurisdiction authorities）、向法院申请（Courts）、自动影响（Automatic universality）四种不同机制方案供选择。①

第一，合同机制方案，该机制指处置机构可以要求相关机构与交易对手协商合同条款。机制明确了处置中母国可以强制暂停行使金融合同提前终止权，母国有权实施相关合同转移以及金融合同转移至第三方机构（包括过桥机构），则不构成合同违约行为等。与交易对手协商合同条款过程中，应尽可能在既有处置计划框架内协商以降低协商时间、精力等成本，这也会给东道国和母国监管部门或处置机构提供足够监管预期。针对协商跨境处置合同条款应集中考虑三点：一是母国应当提前与东道国监管部门协商。该做法可以避免出现临时管辖权冲突贻误最佳救助时间，同时提出足够理由及遵循严格、公开、公正程序以便东道国接受。二是母国协商转移相关合同最重要理由是为维系本国金融系统稳定。系统重要性金融机构关键功能持续性一旦中断，则会给母国整个金融系统带来整体性损害。三是协商合同条款应考虑跨境处置中金融机构特殊性以维系关键功能持续性。例如，中央对手方等金融基础设施处置中更注重轧平账目重建，实现盈利头寸与亏损头寸重新匹配等特殊性。另外现实中可以运用增加合同条款、适用国际标准、彼此均认可另一国家或地区规定等多方式促进合同机制条款达成，以保证机制实施有效性。

第二，授予东道国当局管辖行政权机制方案，该机制指经行政法规授权东道国实施本由母国管辖权行使的暂时性中止和合同转移。此行政法规授权是基于一个稳定性、常规性、规律性、开放性的事项或事件基础之上而非具体某一个临时性事项或事件，其授权实质是建立一种合作类型的赋权行为。获得授权后东道国当局行使一些本该由母国行使的一系列暂时性中止和合同

---

① FSB, Consultative Document Effective Resolution of Systemically Important Financial Institutions Recommendations and Timelines, pp. 71 – 74，资料来源：http://www.fsb.org/wp – content/uploads/r_110719.pdf，2022 年 6 月 25 日访问。

转移的行为。此机制一方面更尊重东道国就该事项或事件行使东道国管辖权，另一方面以最小成本获得最大限度的母国管辖权同等效力监管。在被处置机构有域外重要分支机构的一些国家或地区内，较容易建立这种权力；然而若无实体存在情况下问题金融机构在一国或地区内有资产或订立受一国或地区法律管辖的合同，则需考虑使用其他机制。

第三，向法院申请机制方案，该机制指很多国家或地区法律框架下母国可以向相关东道国法院提出申请承认其处置程序并寻求行使暂时中止的裁决。符合该机制应考虑三点：一是母国与东道国之间必须有司法合作。除了良好的司法合作前提之外，东道国法院应认可并援引母国自身或认可的法律或规则进行裁决，以保持跨境部分处置与域内或整体处置效果一致性，更好地维系关键功能持续性。二是母国申请机构主体应明确并限定。监管部门、处置机构、问题金融机构是否能作为申请主体，以及各申请主体资质条件要求等，均需母国、东道国监管部门和司法机关共同确定。三是申请行为仅限于暂停行使金融合同提前终止权而不涉及其他业务上的问题。为了减少时间和经济成本，与暂停行使金融合同提前终止权事项无关的案件讨论争议焦点以及诉求应当被排除。

第四，自动影响机制方案，该机制指一些国家或地区会对其他国家或地区有关破产或重组程序自动生效（例如欧盟内部）。这种做法并不广泛，它必须具有一定自动触发影响，或是存在共同遵守的、上位法的规则体系框架如欧盟规则框架，或是存在对不同国家或地区有约束力的条约或合作框架以支持联动影响，或是作为组织成员共同遵守重要国际组织对此事项规定，等等。

四、 我国暂停行使金融合同提前终止权面临的域外监管协调问题及应对

一项重要处置权力的域外适用会直接影响到他国政府和金融机构利益。故，即便国际监管组织不断推行全球标准或各国家或地区之间已达成一定共识，各国也有可能会基于自身利益和法律、制度、文化、传统习惯等因素，产生域外监管协调程序上和实体上的问题。这些问题既可能是各司法管辖区面临或关心的共性问题，也可能是具体一国面临的个性问题。为更好地保障处置权力跨境监管协调有效性，我国应给予充分的制度支持。

（一）我国面临该处置权力域外监管协调问题

当暂停行使金融合同提前终止权面临域外适用，将不得不考虑监管协调问题。一方面，各国或各地区在该处置权力监管合作面临需沟通协调共性的重要事项。当实施暂停行使金融合同提前终止权跨境协调，需就程序上和实体上重要事项与他国有关部门进行具体沟通，主要包括：一是关于确立处置权力跨境适用效力的决定机构。暂停行使金融合同提前终止权的决定机构是监管部门或处置机构，而跨境效力则不得不面临需要东道国监管部门认可的局面。故母国监管部门或处置机构决定暂停行使提前终止权，需要通过协调机制获得东道国监管部门认可才能有效

实现跨境效力。二是关于暂时中止时间期限跨境协调。不同国家和地区的监管部门或处置机构预设暂时中止期长短也有所差别，例如有的具体规定到 2 个工作日、48 小时、24 小时或不超过下一个工作日等。跨时区差异也可能会造成处置中额外资金风险。故，不同国家或地区之间应当充分沟通以最小化损失确定合理时间期限。三是关于暂停行使金融合同提前终止权涉及具体程序的决定。该决定方主要以问题金融机构所在国家或地区的监管部门或处置机构为主，并经过彼此充分协调、沟通予以确定。它关系到何时行使中止、何时退出中止、及时沟通协调、告知以及严格信息披露等具体程序。若金融机构在多个国家或地区均具有系统重要性，那么域内外监管部门或处置机构之间应当充分合作、制定包括金融合同提前终止权及其暂停行使等一系列处置策略和操作计划，发挥危机管理小组（Crisis Management Group，CMG）或类似机构在确定具体程序规则的作用。四是关于暂时中止的限制与排除。暂停行使金融合同提前终止权会给系统重要性金融机构和监管部门适当缓冲时间，同时不会造成进一步风险传染以及损害金融体系，如导致中央对手方等金融基础设施处置中扩大参与者违约范围以及形成萧条市场环境，故在特定情况下金融合同提前终止权会受到保护。[①] FSB 发布 2017 年《中央对手方处置与处置计划指引》指出“暂停行使金融合同提前终止权”是中央对手方处置方案中所期望或考虑的重要辅助行动。[②] 中央对手方机构作为所有买方的卖方或所有卖方的买方，其关联方甚为广泛与重要，风险敞口很大，短期内大量终止合同会造成系统与市场的不稳定。暂停行使提前终止权可以避免短时间大量合同被终止，也可以为愿意且有能力的客户承担合同或头寸争取时间。ISDA 也曾出台 2014 年《处置中止议定书》（“the ISDA 2014 Resolution Stay Protocol”）、2015 年《通用版处置中止议定书》（“the ISDA 2105 Universal Resolution Stay Protocol”）。[③] 暂停行使金融合同提前终止权是将不可用金融合同通过主合同或净额结算协议联系起来，通常在部分财产转让情况下将“抵销安排、产权转让财务担保、担保，以及结构性融资安排”等所有相关协议一起转让。有观点认为，在执行有担保债权人的担保权益时，应明确豁免中央对手方提前终止权暂时中止。也有观点认为在处置过程中，中央对手方实现资产或抵押品赎回的权力时也不受到任何有限制的中

---

① See Traci Biedermann, Cross – Border Resolution Recognition: EU Legislation Staying Default Rights as a Model for the United States, 23 Columbia Journal of European Law 177 (2016), p. 1.

② “Any ancillary actions that the resolution authority would generally expect to take or consider when implementing the resolution strategy, for example stays on early termination rights.” See FSB, Guidance on Central Counterparty Resolution and Resolution Planning, p. 15，资料来源：http://www.fsb.org/wp – content/uploads/P050717 – 1. pdf, 2022 年 6 月 25 日访问。

③ See Traci Biedermann, Cross – Border Resolution Recognition: EU Legislation Staying Default Rights as a Model for the United States, 23 Columbia Journal of European Law 177 (2016), p. 9.

止。处置机构也不愿将基于净额结算的所有资产转让给私人公司。① 故在评析观点合理性时，应结合“金融合同提前终止权及其暂停行使”实质、集中净额结算特性以及金融机构关键业务关键功能持续性等予以判断。如果在金融机构处置中暂停行使金融合同提前终止权会导致所在国金融稳定，则该国在执行该项处置权力过程中也会产生与利益相关国家的冲突。因此，归根结底，暂停行使金融合同提前终止权的跨境协调限制与排除，主要是依据各国或各地区之间的法律与监管协调以及在双方达成合意下参照国际标准实施的。

另一方面，我国在该处置权力监管合作时也需沟通协调自身情况特殊性问题。从本土性因素看，我国暂停行使金融合同提前终止权的跨境协调需解决的问题有如下三个方面。

一是我国暂停行使金融合同提前终止权未作为一项法定处置权力，难以与他国达成合作共识。实践中我国监管部门尚未将暂停行使金融合同提前终止权作为处置问题金融机构的权力，也暂未形成相应法律制度。相对于美、英、德、法、日等国业已将其纳入重要处置权力并以法律形式确认，彼此之间合作存在处置权力的法律地位不对等性，容易引发信任危机以及需就重要事项重新评估才能实现具体合作。

二是相关法律制度缺失或冲突使得跨境协调合作面临具体困难。我国尚未建立暂停行使金融机构提前终止权相关法律制度，给跨境协调造成法律基础上的缺失，直接影响到跨境协调重要事项的确定。同时我国现有法律与国际标准或各国立法实践冲突也会给合作带来不便，例如我国《企业破产法》中“挑拣履行权”与“禁止挑拣”原则的相悖等。

三是相关跨境协调机制与跨境协调重要措施等事项急需着重突破。对于提前终止权，我国尚未构建其专门跨境协调机制，将来可以采纳 FSB 提出的合同机制、授予东道国当局管辖行政权、向法院申请、自动影响四种不同跨境协调机制予以本土化构建；涉及跨境协调重要措施，由于该问题也处于国际社会尚在讨论、各国有各自规范要求、我国又欠缺基础性规则等状况，故有必要汲取国际经验对跨境适用暂停行使金融合同提前终止权的决定机构、暂时中止时间期限跨境协调、暂时中止具体程序、暂时中止的限制与排除等重要事项进行法治原则规范以便相对灵活高效地应对跨境协调合作。

（二）我国对该处置权力域外监管协调问题的应对思路

在完善我国国内有关金融机构处置中暂停行使金融合同提前终止权机制前提下，加强开展域外协调合作：一是构建我国暂停行使金融合同提前终止权的跨境协调机制。该机制用于解决问题金融机构处置中暂停行使金融合同提前终止权的跨境冲突与协调问题，应当结合国际标准或经验确立以合同机制、授予东道国当局管辖的行政权、向法院申请、自动影响等具体机制方

① See Christoph Henkel, Harmonizing European Union Bank Resolution: Central Clearing of OTC Derivative Contracts Maintaining the Status Quo of Safe Harbors, 22 Transnational Law & Contemporary Problems 81 (2013), pp. 12 - 13.

案。合同机制上，中国人民银行、中国银行保险监督管理委员会、中国证券监督管理委员会等相关金融管理部门在国务院金融稳定发展委员会统筹下，就跨境处置合同协商条款与相关域外监管部门依据国际标准以及双方互信互谅基础上友好协商，实现合同条款完善性与有效性。授予东道国当局管辖行政权机制上，我国作为东道国发布类似行政法规条款构建合作型赋权行为机制，行使本该由母国管辖区行使的一系列暂停行使金融合同提前终止权和相关合同转移的行为。向法院申请机制上，在建立有效跨管辖区的司法合作基础上明确彼此具体监管部门、处置机构、问题金融机构是否能作为申请主体，各申请主体的资质条件要求以及仅针对暂停行使金融合同提前终止权事项讨论。自动影响机制上，就国际清算银行、FSB、国际证监会组织等发布的相关重要国际标准予以本国法框架吸收，形成东道国、母国之间存在统一话语或共同认同感的规则体系。

二是明确暂停行使金融合同提前终止权跨境协调重要措施。在措施设计中，应就暂停行使金融合同提前终止权跨境适用的决定机构、暂停行使时间期限的跨境协调、暂时中止具体程序规则的决定、跨境暂时中止的限制与排除等具体问题应对。在跨国或区域协调过程中应就跨境执行的流程、沟通以及其他程序与外国或其他国家或地区监管部门进行协调沟通。暂停行使金融合同提前终止权跨境适用的决定机构，由相应处置机构或金融管理部门承担职责，例如中国人民银行、中国银行保险监督管理委员会、中国证券监督管理委员会等，也将通过合同机制、授予东道国当局管辖的行政权、向法院申请、自动影响等机制与东道国监管部门协调确定跨境效力合法性与合理性。暂时停止的时间期限跨境协调，应在国际标准基础上经东道国与母国监管部门充分沟通予以确定。暂时中止具体程序规则的决定，由问题金融机构所在国家或地区的监管部门或处置机构为主作出，若中央对手方具有多个国家或地区系统重要性则充分发挥危机管理小组或类似机构作用。暂停行使金融合同提前终止权的限制与排除应参照国际标准基础上结合东道国、母国等各国或各地区之间法律与监管协调予以明确。

五、 结语

问题金融机构处置中暂停行使金融合同提前终止权，作为一项全球普遍认可的重要处置权力，已被主要国家或地区金融法律体系所普遍接受或肯定。金融衍生品市场具有全球性特点，而各国或各地区系统重要性金融机构也多为跨国公司具有跨境特点，故在该类问题金融机构处置中进行多维度考虑，既要注意到国家或地区内各种因素影响，也要考虑域外协调影响。实施有效的暂停行使金融合同提前终止权域外协调，也表明我国在经济全球化中能妥善应对各种重要金融风险，推进国家治理体系和治理能力现代化以及为深度参与全球金融治理改革贡献力量。

从雷曼危机反思美联储紧急贷款的法制变革

■ 蔡卓瞳*

摘要：拒绝向雷曼兄弟提供紧急贷款是美联储在2008年国际金融危机中最具争议的决策。美联储认为雷曼不能提供满足法律要求的担保物因而不符合贷款条件，但事后调查显示，其很可能没有对雷曼的资产和担保物的充足性做过评估。这一事件暴露了紧急贷款政策的不确定性以及决策透明度和问责机制的缺失。对此，《多德—弗兰克法案》强化对紧急贷款的程序性控制，但仍存在不足。第一，法案要求美联储在紧急贷款前寻求财政部批准，这将使决策更易受到政治压力的左右，降低危机应对的效率。第二，法案要求美联储事前建立紧急贷款的规章，以便市场主体更准确地理解贷款政策。但鉴于每次危机都有其特殊性，应当同时授权和要求决策者根据危机的情势及时澄清贷款的关键条件。第三，法案要求美联储事后向国会报告贷款的正当性并披露贷款的细节，而雷曼事件表明对重大的拒绝贷款决定也应当作出披露和正当性解释。

关键词：紧急贷款　最后贷款人　中央银行　金融危机

一、引言

为应对2008年国际金融危机，美国联邦储备委员会（以下简称美联储）利用《联邦储备法》第13（3）条的授权向非银行机构提供有史以来最大规模的紧急贷款（emergency lending）。① 这既包括面向主要交易商、货币市场基金、资产支持商业票据市场以及资产支持证券市场设立的各类贷款机制，② 也包括对投资银行贝尔斯登、保险公司美国国际集团（AIG）、汽车公司通用和克莱斯勒等特定非银行机构的定向救助。虽然美联储广泛的紧急贷款在合法性和正

---

* 蔡卓瞳，北京大学法学院博士研究生。

① 本文讨论的紧急贷款特指中央银行向非银行机构（包括非存款金融机构和企业）提供的最后贷款人支持，并会与救助（bailout）一词交替使用。

② 对2008年国际金融危机期间各类紧急贷款机制的介绍，参见胡韵：《百年一试的美联储紧急贷款——美联储危机救助措施的法律依据评述》，载《研究生法学》2009年第5期。

当性上都曾引发争论,[①] 但其最具争议的决策却是拒绝救助雷曼兄弟。这是因为雷曼的破产加剧了金融危机，直接引发货币市场基金的挤兑和短期商业票据市场的枯竭，导致政府投入了更多的公共资金。美联储官员的解释是雷曼已经资不抵债，不能提供符合法律要求的抵押物，因此救助雷曼是违法的。[②] 然而，事后种种证据显示美联储并没有对雷曼的资产和抵押物的状况做过评估，拒绝的主要原因是受到政治干预，并低估了雷曼破产带来的影响。

在反思金融危机中政府救助的背景下，《多德—弗兰克法案》（以下简称《多德法案》）出于保护纳税人的利益对紧急贷款进行大刀阔斧的改革，但并没有完全解决雷曼危机中暴露的问题，特别是贷款政策的明确性以及决策的透明度和问责的缺失。对此，本文首先分析美联储紧急贷款权即《联邦储备法》第 13（3）条的历史起源与适用条件，其次讨论美联储拒绝救助雷曼事件的始末，最后结合雷曼事件反思《多德法案》关于紧急贷款法制变革的意义和局限。

二、 美联储紧急贷款的起源与实践

（一）历史起源

1913 年制定的《联邦储备法》第 13 条仅授权美联储通过贴现窗口向商业银行提供贷款,[③] 非银行机构（包括金融和实业企业）无法直接从美联储获得任何形式的贷款。换言之，美联储原则上只能通过贴现窗口经由商业银行向整个市场提供流动性，从而使非银行机构间接受益。当时立法者的考量有以下三点：第一，政府向企业提供贷款的行为属于财政活动，财政资金的运用应当受到国会的直接控制和监督；第二，美联储需要把运营的大部分收益返还给财政部，随后作为杂项收入对冲联邦政府部分运营开支，向非银行机构提供贷款产生的风险将会将减少这部分收入从而影响纳税人利益;[④] 第三，美联储向非银行机构贷款将与商业银行形成竞争。[⑤]

---

① 对各类贷款合法性的批评，参见 Alexander Mehra, Legal Authority in Unusual and Exigent Circumstances: The Federal Reserve and the Financial Crisis, 13 University of Pennsylvania Journal of Business Law 221 (2010)；救助正当性的批评，参见 Philip Wallach, To the Edge: Legality, Legitimacy and the Responses to the 2008 Financial Crisis, Brookings Institution Press, 2015。

② Laurence M. Ball: The Fed and Lehman Brothers: Setting the Record Straight on a Financial Disaster, Cambridge University Press, 2018, pp. 120 – 122.

③ 1913 年《联邦储备法》第 13 条（联邦储备银行的权力）规定“票据经联邦储备银行的任何成员银行背书后，此背书应视为成员银行放弃对该储备银行背书的要求、通知和抗辩的权利，任何联邦储备银行可以对在实际商业交易中发生的票据、汇票以及期票进行贴现……”。参见 Gilmore Iden, Federal Reserve Act of 1913: History and Digest, The National Bank News, 1914, https://fraser.stlouisfed.org/files/docs/publications/books/fract_iden_1914.pdf。

④ Walker Todd. FDICIA's Emergency Liquidity Provisions, Economic Review, 1993 (17), p. 18.

⑤ Howard Hackley. Lending Functions of the Federal Reserve Banks: A History, University of Michigan Library, 1973, p. 127.

上述观念一直持续到20世纪30年代初，直到1932年7月时任总统胡佛为提振经济、减少失业[①]，决定增加13（3）条授权美联储在“非同寻常的紧急情况下”以贴现的形式直接向“任何个人、合伙企业和公司”提供贷款。[②] 然而，紧急贷款有十分严格的条件。首先在启动条件上，必须是在非同寻常的紧急状况下，经过至少五名委员会成员（当时委员会共八名成员）同意，并且有证据证明借款人无法从其他商业银行获足够的信贷。其次是对贴现票据的两大要求。第一，借款人用于贴现票据的种类和期限必须与商业银行在《联邦储备法》下再贴现的票据要求一致，后者有两个重要特征：一是流动性非常高，近似于财政部债券或者其他现金等价物；二是满足“真实票据”（real bills）要求，即票据签发的目的是将资金用于农业、工业和商业，且期限不超过90天（农业类的票据不超过9个月）。[③] 第二，票据必须有令美联储满意的背书和担保（indorsed and otherwise secured to the satisfaction of Federal Reserve）。[④] 由于上述限制，特别是对贴现票据的要求，1932年至1936年紧急贷款的规模并不大，美联储仅向123家企业发放共计150万美元的贷款，[⑤] 此后该条款便沉寂70余年。

为了更灵活地应对危机，13（3）条曾在1935年和1991年修改过两次放松贷款的条件。在反思1987年股灾的过程中，政策制定者讨论了利用美联储贴现窗口向非银行金融机构直接提供流动性的可能性，但主要障碍是券商等机构没有合格的票据。[⑥] 因此，1991年的修改取消了紧急贷款的贴现票据必须与商业银行再贴现的票据一致的要求，这意味着前者不再受“真实票据”

---

① 当时的另一种方案是通过政府设立的复兴金融公司（Reconstruction Finance Corporation）直接向个人或者公司提供贷款。但胡佛否决了这一提案，认为这是政府过度介入私人经济的体现，极有可能导致复兴金融公司在未来成为史上最大的银行。Howard Hackley, Lending Functions of the Federal Reserve Banks: A History, University of Michigan Library 1973, pp. 127－128。

② 法条原文为：“在非同寻常的紧急情况下，经至少五名理事投票同意，联邦储备体系理事会可以授权任何联邦储备银行在理事会确定的期限内，按照本法第14条第2（4）项规定的利率，为任何个人、合伙企业或者公司贴现与票据、汇票与期票的种类和期限必须与商业银行在《联邦储备法》下再贴现的票据要求一致，而且需经过背书或者提供令联邦储备委委员会满意的担保，但在对任何此类票据、期票及期票办理贴现以前，应取得证据证明该个人、合伙企业或者公司无法从其他银行机构获得贷款。所有为该个人、合伙企业和公司办理的贴现应遵守联邦储备体系理事会制定的限制、约束和规章。Howard Hackley, Lending Functions of the Federal Reserve Banks: A History, University of Michigan Library 1973, p. 128。

③ 这一要求直接了限制证券公司、保险机构等非银行金融机构获得紧急贷款的能力，因为这些机构通常并不持有用于商业用途的“真实票据”。倘若金融机构签发自身的票据，因筹资后的主要用途是购买股票、债券等投机性证券，也不能被视为合格的票据。Walker Todd, FDICIA's Emergency Liquidity Provisions 29 Economic Review 17 (1993), p. 18。

④ 1935年修法后，用于贴现的票据只需要满足背书或者提供令美联储满意的担保这两个条件之一。

⑤ Howard Hackley, Lending Functions of the Federal Reserve Banks: A History, University of Michigan Library, 1973, p. 130.

⑥ Walker Todd, FDICIA's Emergency Liquidity Provisions, 29 Economic Review 17 (1993), p. 18.

和流动性要求的限制，对紧急贷款安全性的控制主要转向“令美联储满意的担保”这一要件上。[①] 1991 年修正后的第13（3）条如下：

在非同寻常的紧急情况下，经至少五名理事投票同意，联邦储备体系理事会可以授权任何联邦储备银行在理事会确定的期限内，按照本法第 14 条第2（4）项规定的利率，[②] 为任何个人、合伙企业或者公司贴现经过背书或者提供令联邦储备委员会满意的担保的票据、汇票与期票。但在对任何此类票据、期票及期票办理贴现以前，应取得证据证明该个人、合伙企业或者公司无法从其他银行机构获得贷款。所有为该个人、合伙企业和公司办理的贴现应遵守联邦储备体系理事会制定的限制、约束和规章。

（二）在 2008 年国际金融危机中的适用

2008 年国际金融危机是美联储自大萧条以来首次使用紧急贷款，也是规模最大的一次。对于此次金融危机是否构成“非同寻常的紧急时刻”的争议较小，而且当时主要的投资银行和商业公司都面临无法从常规渠道（前者参与回购市场，后者发行商业票据）获得短期运营资金，得到救助的企业也都满足未能从其他银行获得信贷的条件。而雷曼也正是因为无法在回购市场上续约，且无法获得足够信贷偿付到期债务而宣布破产的。模糊且争议较大的是如何理解“令美联储满意的担保”。对此，美联储主席伯南克在2008 年 10 月 7 日（雷曼破产后的第三周左右）的演讲中指出：满意的担保是使美联储能够合理确信贷款归还，美联储在 2008 年批准的所有紧急贷款都符合这一条件，但雷曼无法满足这一点。[③]

需要说明的是，当时的法律并没有将偿付能力（solvency）作为救助的前提条件，因此理论上资不抵债的企业同样可以申请紧急贷款。此外，法律还授权美联储完全独立的决策权限，而在 2010 年《多德法案》出台后，紧急贷款需要美联储与财政部共同批准，而且明确将资不抵债的公司排除在紧急贷款的范围之外。

三、 拒绝救助雷曼兄弟始末

（一）背景

与率先接受美联储救助的贝尔斯登类似，雷曼陷入困境的主要原因是房市泡沫破裂，其投资的住房抵押贷款证券和商业地产项目给资产带来巨大损失。由于投行的高负债运营，资产的

---

① Thomas Portet, The Federal Reserve's Catch – 22: A Legal Analysis of the Federal Reserve's Emergency Powers, 13 North Carolina Banking Institute 483 (2009), p. 508.

② 1991 年《联邦储备法》第 14（4）条授权联邦储备银行“随时规定”每一类证据应收的贴现率，但应报联邦储备体系理事会审查与决定。

③ Laurence M. Ball: The Fed and Lehman Brothers: Setting the Record Straight on a Financial Disaster, Cambridge University Press, 2018, pp. 50 – 53.

缩水迅速损及雷曼稀薄的股本。此外，雷曼的流动资金主要来源于回购市场提供的隔夜贷款，这意味着当市场参与人（包括交易对手和清算银行）对雷曼失去信心后能轻易地切断资金供给。

2008年9月10日至9月12日，雷曼遭遇严重的流动性危机。因信用评级下降，衍生合约的对手方要求雷曼追加抵押物，同时雷曼价值2000万美元的回购融资无法找到交易对手。摩根作为雷曼回购融资的清算银行，需要为雷曼提供日内信用，为降低清算风险，其也要求雷曼单独提供500万美元的抵押物。摩根同时表示，若雷曼未能在9月15日之前找到战略买家，将停止为其提供清算服务。

美联储与财政部应对雷曼危机的思路也是首先寻求私人买家的帮助。① 2008年9月13日早间，在盖特纳与保尔森的撮合下，英国巴克莱银行最终同意收购雷曼，但条件是雷曼必须剥离4000万美元的非流动性资产。美联储并没有像救助贝尔斯登一样通过设立特殊目的实体购买资产，而是希望促成华尔街的私人财团收购雷曼资产。达成初步意向的当天下午，美联储纽约分部希望巴克莱银行像摩根决定收购贝尔斯登时一样，立即承担雷曼的所有债务。然而，根据英国法律，巴克莱银行数额巨大的对外担保需要股东会的批准，实践中从召开股东会到审议表决事项至少需要三个月的时间。9月14日早间，英国监管者明确拒绝为巴克莱银行承担雷曼债务的决议提供豁免。当天晚上，雷曼董事会投票决定破产，理由是：（1）联邦政府明显偏好公司破产；（2）无法在第二天清偿所有债务；（3）不可避免的流动性危机。事后的调查报告显示，其间美联储纽约分部和财政部的官员曾明示或暗示雷曼其不会得到救助，并要求公司尽快决断。② 9月15日凌晨，雷曼的律所为雷曼提交破产申请。值得说明的是，在雷曼破产后，美联储持续向雷曼在纽约的子公司（经纪商）提供紧急贷款支持其继续经营，巴克莱银行最终收购雷曼纽约子公司的部分资产，剩余的资产按照《证券投资者保护法案》进入清算程序。

（二）拒绝救助的表面原因

美联储主席伯南克在同年9月23日（雷曼破产后一周后）曾表示拒绝救助的原因是雷曼的经营风险有目共睹，预期投资者和市场已有时间做好应对雷曼破产的准备，只字未提合法性以及雷曼抵押物是否充足。伯南克第一次讨论救助的合法性是在同年10月7日，其表示拒绝救助的原因是雷曼已经资不抵债，无法提供充分的担保，不满足法律规定的救助条件。此后美联储官员也一直宣称合法性是救助的障碍。面对前后矛盾的解释，美国国会于2010年设立的金融危机调查委员会（以下简称调查委员会）在听证中要求伯南克予以解释。在作证中，伯南克仍坚持

① 美联储在2008年3月救助贝尔斯登的方式是支持并促成摩根同意收购贝尔斯登，并要求摩根向市场宣布承担后者的全部债务。

② 事实的记录，参见 Laurence M. Ball: The Fed and Lehman Brothers: Setting the Record Straight on a Financial Disaster, Cambridge University Press, 2018, pp. 81－90。

不救助是因为没有法律权限，而9月23日的说法是故意为之，目的是避免市场因为“救助违法”产生更大的恐慌。[①] 然而，有许多证据显示拒绝救助并非是有法律障碍，而是主动的政策选择。

第一，美联储在应对雷曼危机的前期讨论中几乎没有考虑过救助的合法性问题。调查委员会曾收集美联储在2008年9月10日至13日之间内部邮件和备忘录，这些资料显示纽约分部的职员在分部主席盖特纳的要求下讨论了很多给雷曼提供流动性的方案，而且没有任何资料表明有人对救助的合法性以及抵押物的充足性产生担忧。调查委员会对此产生怀疑，因此在听证中传唤伯南克问其是否有对雷曼抵押物的充足性做过研究，以及是否有相应的报告可供参考。伯南克的回答是没有研究报告，其依赖的是纽约分部的判断，可以肯定这个结论是经过纽约分部的领导团队和会计人士仔细分析得出的。[②] 而当问及雷曼抵押物不足的程度时，伯南克的回答是纽约分部的意见是差距很大，其个人判断是雷曼已经资不抵债，而不仅仅是流动性问题。由此可见，贷款并没有经过论证，合法性很可能只是政策制定者拒绝救助的说辞。

第二，资不抵债并不必然意味着没有救助的可能性。首先，雷曼是否已经资不抵债取决于采用何种计量方法，即采取市价法或者还是历史成本法。有研究者通过公开数据测算雷曼在危机期间处在破产的边缘，根据不同的计量方法，其所有者权益在 -400 万美元至1300万美元之间，反而是在申请破产后因为低价出售资产遭受近200万美元的损失。其次，当时13（3）条并没有要求救助企业的资产必须大于负债，因此只要雷曼可供抵押的资产超过流动负债，就具备救助的可行性。相反，如果企业的流动负债已经远超过总资产，提供任何抵押物都无济于事。而根据研究者的测算，雷曼在2008年8月31日公开披露的财务报表显示其所有的债务是5720亿美元，其中1150亿美元是长期负债，流动负债是4570亿美元。而雷曼的总资产是6000亿美元，远超流动负债。[③]

第三，美联储不仅拒绝救助雷曼，而且还加速雷曼的破产进程。雷曼最有可能获得救助的方式是向一级交易商信贷机制（Primary Dealers Credit Facility，PDCF）提供抵押物后获得紧急贷款，后者是美联储在贝尔斯登危机后依据13（3）条设立的特殊目的实体。在该机制设立之初，PDCF对抵押物的流动性要求很高，要求财政部债券或者投资级别的住房抵押证券等。但美联储在2008年9月14日（即雷曼董事会议决议破产当天）下午宣布扩张PDCF抵押物范围，基本涵盖了回购市场上常见的抵押物种类，甚至包括股权和批发贷款（whole loan）等流动性很低的资产。

---

① Laurence M. Ball：The Fed and Lehman Brothers：Setting the Record Straight on a Financial Disaster，Cambridge University Press，2018，p. 195.

② Laurence M. Ball：The Fed and Lehman Brothers：Setting the Record Straight on a Financial Disaster，Cambridge University Press，2018，pp. 113 – 120.

③ Laurence M. Ball：The Fed and Lehman Brothers：Setting the Record Straight on a Financial Disaster，Cambridge University Press，2018，pp. 55 – 65.

然而，美联储对这一扩张是否适用于雷曼不置可否。事实上，美联储真正用意是为了救助雷曼的纽约子公司，因为后者是雷曼主要的经纪商，存放客户大量的资金。同时，为了避免雷曼通过集团内部交易将可供抵押的资产全部转移给纽约子公司以获得贷款，美联储规定纽约子公司只能以其9月12日资产负债表上的资产为抵押物。[①] 可见，美联储通过限制纽约子公司可供抵押的资产直接加速了雷曼集团的破产。

（三）拒绝救助真正原因

虽然根据当时《联邦储备法》第13（3）条的规定，美联储享有独立的权限作出紧急贷款的决策，但许多证据表明财政部参与并主导了包括拒绝救助雷曼在内的决策。美联储在金融危机期间实施的许多有争议的救助行为（比如在贝尔斯登和AIG的事件中以贷款给特殊目的实体的形式收购不良资产）都宣称得到财政部的全力支持，目的则是分担争议行为引发的政治风险。而政策制定者最终拒绝救助的原因更有可能是出于强大的政治压力以及低估雷曼破产对金融系统的冲击。

1. 反对救助华尔街企业的政治压力。2008年3月对贝尔斯登的救助，特别是美联储通过贷款给特殊目的实体的形式直接购买企业不良资产的行为已经遭到国会两党罕见的一致反对。民主党议员指责这是布衣街为华尔街的过错埋单，而共和党议员则认为不限制地救助不是市场经济。包括美联储前主席保罗·沃克在内的前领导团队都公开指责美联储的行为处于违法的边缘，认为这是美联储有史以来最糟糕的决策。[②] 如前所述，“与财政部的密切商谈”已经成为美联储新在金融危机期间新闻通报的标准措辞，因此决定拒绝救助雷曼兄弟的保尔森也受到政治压力的影响。资料显示，保尔森曾明确表示不愿意再被外界称为“救助先生”（Mr. Bailout），因此在巴克莱银行收购无望后敦促雷曼董事会快速决断。[③] 虽然在雷曼破产后短短两天内，美联储就向雷曼的纽约子公司发放280万美元的紧急贷款，通过扩大PDCF机制加强对其他投行的救助，但这些反倒可能受到政治争议的行为已被雷曼破产事件所掩盖。

2. 低估雷曼破产的严重后果。尽管伯南克在2010年调查员委员会组织的听证中指出其很确信雷曼的破产对美国金融体系和经济是一场灾难，但是很多证据显示当初并没有预计到后果的严重性。例如，雷曼破产后的第8天，其在国会作证时的发言有意淡化了破产的影响，并表示相

---

① Laurence M. Ball: The Fed and Lehman Brothers: Setting the Record Straight on a Financial Disaster Cambridge University Press, 2018, pp. 145 – 148.

② Laurence M. Ball: The Fed and Lehman Brothers: Setting the Record Straight on a Financial Disaster Cambridge University Press, 2018, p. 210.

③ Laurence M. Ball: The Fed and Lehman Brothers: Setting the Record Straight on a Financial Disaster Cambridge University Press, 2018, p. 145.

信市场主体已经做好了准备。[①] 然而，事实是雷曼的破产引发更为广泛的风险和救助，其中货币市场基金是雷曼破产的最大受害者。Reserve Primary 基金因投资雷曼商业票据在其破产后出现跌破净值，一方面这引发投资者对共同基金市场的挤兑，促使基金经理不得不再次抛售资产，[②] 另一方面使得美国公司发行商业票据融资变得更加困难。因此，美联储不得不援引 13（3）条创设商业票据融资机制（Commercial Paper Funding Facility，CPFF），运作方式是美联储向 CPFF 发放紧急贷款后，由后者向公司购买商业票据作为紧急贷款的抵押物，实质是美联储直接购买私人公司发行的商业票据。[③] 虽然 CPFF 只接受评级良好的商业票据，但接受的票据中有三分之一是无担保的，因此风险比前述面向主要交易商的 PDCF 机制还要高。此外，破产也触发了以雷曼资产为参照的 CDS 信用事件发生，导致 CDS 的出售方损失惨重。AIG 作为主要的 CDS 出售方，在雷曼破产当天即遭评级下调，股价暴跌 90%，[④] 并于雷曼破产后第二天接受美联储救助。

综上所述，法律为了避免公共资金的损失，规定救助对象在接受紧急贷款时必须提供满意的担保，但在雷曼事件中，合法性并没有成为决策者考虑的因素。相反，由于低估雷曼破产的危害和政治压力的影响，“满意的担保”这一不确定性的要求成为决策者拒绝救助雷曼的借口，导致在雷曼破产后不得不投入更多的公共资金遏制金融危机。事后的分析表明，救助雷曼是必要而且是可行的。虽然国会在事后成立的金融调查委员会，通过传唤政府官员揭示了美联储应对危机应对的过程，但并没有起到问责的作用。总体而言，雷曼事件反映了紧急贷款政策的模糊以及事后问责机制的缺失。

四、《多德法案》对紧急贷款的修正及其反思

2010 年《多德法案》在保护纳税人的利益下对紧急贷款制度进行改革，本部分结合雷曼事件，从贷款政策的效率、确定性以及问责机制三个方面评析新法的意义与不足。

（一）修正的要点

在限制救助的立法导向下，《多德法案》对紧急贷款的主要修正有以下三点。第一，限缩救助范围并要求美联储的贷款取得财政部的批准。具体而言，紧急贷款必须通过具有“广泛适用

---

① Laurence M. Ball: The Fed and Lehman Brothers: Setting the Record Straight on a Financial Disaster, Cambridge University Press, 2018, p. 195.

② 在 Reserve Primary 遭到挤兑的 2 天内，机构投资者从货币基金市场中赎回超过 2300 亿美元，约为全美货币基金市场容量的 10%。参见陈云贤等：《投资银行风险收益对应论运营论——雷曼兄弟经营失败案例分析》，中国金融出版社 2012 年版，第 32 页。

③ Alexander Mehra, Legal Authority in Unusual and Exigent Circumstances: The Federal Reserve and the Financial Crisis, 13 University of Pennsylvania Journal of Business Law 221 (2010).

④ 陈云贤等：《投资银行风险收益对应论运营论——雷曼兄弟经营失败案例分析》，中国金融出版社 2012 年版，第 31－32 页。

性”（board - based eligibility）的机制或者项目进行，即面向特定市场或者行业中所有符合条件的企业，而不是专门针对某一特定的主体。这意味着美联储将不能开展贝尔斯登或者 AIG 式的定向救助。第二，要求美联储尽快对紧急贷款的政策和程序建立规章。例如，有关贷款担保的政策应当确保符合合理风险管理实践以及保护纳税人利益不受损失，以及不会贷款给无偿债能力（insolvent）的借款人等。第三，新法增加美联储在事后向国会报告的义务，[①] 要求美联储在设立紧急贷款机制后七天内向国会报告行使权限提供救助的正当性（justification）、紧急贷款接受者的身份、贷款的数额以及重要条款等信息。同时，在贷款机制设立后每三十天向国会更新借款人抵押物的价值、产生的利息、费用、收入以及对纳税人的预期成本等信息。[②]

（二）评析

1. 危机应对的效率。新法出于限制救助的目的要求美联储在设立紧急贷款机制时必须寻求财政部部长的批准，实际上赋予了后者否决权。美联储在成立之初就享有高度的独立性，其目的是避免决策受到党派政治和短期选举压力的直接影响，而财政部长又受制于总统，这一设计会使紧急贷款决策更容易受到政治和意识形态的左右。如前所述，有许多证据表明财政部出于政治压力要求美联储放弃救助雷曼并且推动了其破产进程，最终加剧金融危机。新法为政治介入紧急贷款提供更为畅通的渠道，类似雷曼破产加剧危机的事件极有可能重演。

设置多部门批准的出发点是避免公共资金损失，但实际上只要救助对象能够提供充足的抵押物，贷款的安全性就可以得到保障。而担保是否充足则取决于美联储的专业判断和问责机制的有效性，因此并不需要在事前设置过多的障碍。相反，部门间的沟通协商会延缓对危机的回应，而且考虑到部门间的责任推诿，将救助权限分散给多部门也不利于事后的问责。[③]

2. 政策的明确性。新法要求美联储建立规章，以明确紧急贷款的政策和程序。这是因为紧急贷款中有许多不确定性的条款，如“非同寻常的紧急状况”“令美联储满意的担保”等需要经过解释才能适用。例如，雷曼实践中展现的政策模糊是选择何种计量方法判断企业的偿付能力和抵押物的充足性。如果采用市值法计量，雷曼处于资不抵债的边缘，而若采用历史成本法计量则雷曼的资产大于负债。此外，虽然难以从正面定义“满意的担保”，但决策者可以事前告知可能的考量因素。例如，“满意的担保”不仅仅取决于抵押物的价值，借款人本身的财务状况以及是否有第三方的保证也是重要因素。同时，考虑到在危机期间一项抵押物的市场价格会因为欠缺流动性而低于其在正常时期的价值，而此类抵押物的价格能否回复其正常价值又取决于危机

---

① 主要是向参议院的银行、住房和城市事务委员会和众议院金融服务委员会提供信息。

② 法案对披露提供部分豁免，在美联储理事会主席书面要求对信息保持机密时，可将信息仅提供给国会下设委员会的主席或者资深委员。

③ Adam J. Levitin, The In Defense of Bailouts, 99 Georgetown Law Journal 435 (2011), p. 506.

在未来得到改善,[①] 因此“满意的担保”也不意味着押物的账面价值必须超过贷款数额。

然而，传统理论认为央行的最后贷款人政策应当保持“建设性的模糊”（constructive ambiguity）以降低道德风险，原因是当市场主体不能确保在危机中得到救助时，会在事前积累足够的流动性资产以应对危机。[②] 但金融危机的经验表明这一理论存在缺陷。第一，经验证据显示紧急贷款政策的模糊并不能促进金融机构事前审慎行事，很大原因是它们在危机发生前普遍对政府救助保持过分的乐观。[③] 道德风险问题应当更多地依靠事前的监管。第二，由于市场主体需要确定性，无论政府是否对危机期间采取的特别行动予以解释，都会被解读为某种政策信号（尽管很可能不符合政府的真实意图）。例如，美联储先后救助和支持了贝尔斯登、房地美和房利美使得市场形成救助的预期后，却允许雷曼破产并随后救助 AIG。由于美联储没有明确的行为准则，导致其释放的紊乱信号加剧市场的恐慌。[④] 第三，因缺乏明确的标准，模糊的贷款政策不利于对决策者事后的问责，反而为选择性的救助提供方便。

最后，新法规定的不足之处在于正常时期制定的规则是基于对过去危机的认识，无法预见未来危机的特殊性，因此一个事前制定的合理规则适用于下次危机时可能会有致命的缺陷。[⑤] 对此，有研究者建议美联储应该在不同阶段更新规章指引，特别是应当对法规中重大的裁量事项根据危机的情势作出灵活的解释和说明。[⑥]

3. 问责机制。新法对紧急贷款的问责集中体现在美联储事后向国会报告的义务。对危机决策者的问责有两项功能：第一，督促美联储在事前审慎决策；第二，接受问责也是美联储获得政治正当性（political legitimacy）的重要方式。尽管雷曼破产引发的系统性风险有目共睹，但危机期间的各种救助仍遭到广泛的政治抵制，很大程度上正是因为政策的不透明以及事后的问责的

---

① Eric Posner, Last Resort: The Financial Crisis and the Future of Bailouts, University of Chicago Press, 2018, pp. 48 – 50.

② 孙天琦:《2008 年国际金融危机以来最后贷款人机制的研究》，载《当代金融家》2021 年第 5 期。

③ 例如，英格兰银行的官员认为模糊的最后贷款人政策并不总是具有建设性，显著的例证是在 2008 年国际金融危机前十年英国银行业流动性资产占总资产的比例极低，在金融危机后才逐渐回升。Andrew Hauser, Lender of Last Resort Operations During the Financial Crisis: Seven Practical Lessons From the United Kingdom, BIS working paper (2016), pp. 85 – 86。

④ 孙天琦:《2008 年国际金融危机以来最后贷款人机制的研究》，载《当代金融家》2021 年第 5 期。

⑤ 最近的例子是美联储应对新冠肺炎疫情发放的紧急贷款。美联储在《多德法案》通过后制定规章将“偿付能力”定义为在申请紧急贷款的前 90 天内有不能偿还无争议的到期债务。但是在疫情期间，许多有清偿能力的企业选择拒绝偿还到期债务，因此不满足这一规章的要求。虽然美联储最终向这些企业发放贷款，但仍引发了合法性争议。Peter Conti – Brown, Yair Listokin & Nicholas R. Parrillo, Towards an Administrative Law of Central Banking, 38 Yale Journal on Regulation 1 (2021), pp. 86 – 87。

⑥ Peter Conti – Brown, Yair Listokin & Nicholas R. Parrillo, Towards an Administrative Law of Central Banking, 38 Yale Journal on Regulation 1 (2021), p. 77.

缺失导致的。[①]

在问责标准上，应当采取一种类似公司法上商业判断标准，即不以事后决策的实质合理性推断决策者是否尽责，而更多地依靠其是否履行法定和必要的程序。这首先是因为央行掌握专门知识和信息，理应尊重其专家判断，其次事后的诸葛亮式的问责只会导致救助行动裹足不前。例如，在雷曼事件中，虽然决策者声称拒绝贷款是因为雷曼无法提供足够的担保，但种种证据表明决策者甚至没有对可供抵押的资产价值进行过衡量，这意味其没有履行专业判断的程序和必要的注意义务。此外，目前新法只要求披露贷款的决策，更合理的做法是要求决策者对重大的拒绝贷款决定也作出正当性解释。

在问责路径上，对机构的政治问责主要是通过行使免职权（removal power）实现的，但美联储作为独立机构（independent agency）享有高度的独立性（例如其主席的任期为十四年），通过免职权实现政治问责受到极大的限制。[②] 因此，把向国会报告的义务作为一种监督机制是否充分仍有待讨论，但考虑到美联储的特殊性，似乎也没有更好的替代方案。[③] 有研究者也指出在2008年国际金融危机中出现了一些正式和非正式的问责机制，典型的是司法、国会设立的金融危机调查委员会和非政府组织（主要是媒体），[④] 但这些仍不是理想的问责方式。

首先，司法程序过于冗长，很可能会阻碍政府应对危机的进程，实践中法院往往对政府救助的决策保持谦抑。[⑤] 而且像雷曼这样被拒绝救助后顷刻破产的金融机构，甚至没有机会提起诉讼。其次，金融危机调查委员会因拥有传唤政府官员参加听证的权力，确实向公众揭示了包括雷曼事件在内的危机前因后果，但其问题在于回应速度慢，且易受政治因素左右。国会两党议员最早在2008年11月倡议设立委员会调查金融危机起因，但由于国会有许多优先事项，导致委员会在2009年5月才正式成立，并于2011年即《多德法案》通过后半年才发布最终报告。因政见分歧难以凝聚共识，11人组成的调查委员会中只有6名民主党成员表示支持最终报告，其余共和

---

① Philip Wallach, To the Edge: Legality, Legitimacy and the Responses to the 2008 Financial Crisis, Brookings Institution Press, 2015, pp. 11 – 12.

② Adam J. Levitin, The In Defense of Bailouts, 99 Georgetown Law Journal 435 (2011), p. 502.

③ 这可能也是《多德法案》要求美联储的紧急贷款取得财政部批准的理由之一，因为后者受到总统的直接领导更易于实现问责，参见 Adam J. Levitin, The In Defense of Bailouts, 99 Georgetown Law Journal 435 (2011), p. 505。

④ Philip Wallach, To the Edge: Legality, Legitimacy and the Responses to the 2008 Financial Crisis, Brookings Institution Press, 2015, pp. 158 – 160.

⑤ 例如，AIG的大股东认为紧急贷款的条件过于苛刻构成征收，向法院起诉要求美联储纽约分部和美国政府赔偿，但法院驳回原告请求，尊重政府在紧急情况下的行动。参见 Eric Posner, Last Resort: The Financial Crisis and the Future of Bailouts, University of Chicago Press, 2018, pp. 84 – 87。

党成员则分别发布两套不同版本的调查报告,[①] 削弱了最终报告的权威性。最后，媒体问责的典型例子是 Bloomberg 因怀疑美联储对 AIG 提供“秘密贷款”，起诉美联储要求公布设立紧急贷款机制的细节，法院最终予以支持。[②] 但在新法下，美联储对紧急贷款的正当性解释和信息披露已经制度化。此外，尽管也有许多有影响力的媒体在事后质疑拒绝救助雷曼的妥当性，但也正是媒体前期对保尔森救助先生形象的渲染，增加了财政部的政治压力促成雷曼破产。因此，此种非正式问责机制的功能也是有限的。

五、 结语

每一次危机都有其特殊性和突发性，因此紧急贷款法制的核心条款需要具备弹性。例如，对于何时构成“非同寻常的紧急时刻”，何为“令美联储满意的担保”等都有赖于美联储根据危机的情势进行专业判断和解释，这既是危机决策者的权利也是义务。而在雷曼事件中，美联储没有尽到专业判断的责任，其在没有对雷曼资产和抵押物调查的情况下，以“救助违法”为由拒绝提供贷款造成危机的加剧。《多德法案》增加对美联储决策的程序性控制，这有助于提升决策的透明度和问责，激励其审慎决策，但也存在诸多不足。第一，法案要求美联储在紧急贷款前寻求财政部批准，这将使决策更容易受到政治和意识形态的左右，延缓对危机的回应。第二，法案要求美联储事前建立紧急贷款的规章，这有助于市场主体更准确地理解美联储的政策意图，从而规划应对危机的方案。但鉴于每次危机都有其特殊性，应当同时授权和要求其在危机发展的不同阶段及时更新指引。第三，法案要求美联储事后向国会报告贷款的正当性并披露贷款的细节，而雷曼事件表明对重大的拒绝贷款决定也应当作出披露和正当性解释。虽然美联储作为独立机构受到的政治问责有限，但决策内容的公开也能够在一定程度上督促其在审慎决策。

我国并没有在法律层面明确建立面向非银行机构（包括企业和非存款类金融机构）的紧急贷款制度,[③] 但实践中已经出现类似的贷款安排。2020 年 2 月初为应对新冠肺炎疫情，央行在财政部等部门的牵头下发布《关于打赢疫情防控阻击战，强化疫情防控重点保障企业资金支持的

---

① Philip Wallach, To the Edge: Legality, Legitimacy and the Responses to the 2008 Financial Crisis, Brookings Institution Press, 2015, pp. 171 – 172.

② Kathleen Vermazen Radez, The Freedom of Information Act Exemption 4: Protecting Corporate Reputation in the Post – Crash Regulatory Environment, 2010 Columbia Business Law Review 632, (2010), p. 634.

③ 根据《中国人民银行法》第三十条的规定，央行不得向非金融机构以及其他单位和个人提供贷款，但在国务院的批准下央行可以向特定的非银行金融机构提供贷款。在实践中，央行曾在 1999 年贷款给四大资产管理公司用于收购银行不良资产。此外，为帮助国内中小金融机构应对亚洲金融危机，央行曾于 1999 年制定《中国人民银行紧急贷款管理暂行办法》（银发〔1999〕407 号），但贷款对象主要是城市商业银行、城市信用合作社、农村信用合作社等存款类金融机构。

紧急通知》① 决定建立疫情防控重点保障企业名单（由发改委、工业和信息化部确定），并向名单内的企业发行专项贷款。具体方式是央行通过相关全国性银行和疫情防控重点地区法人银行发放一年期再贷款，再由银行对名单内企业自主决策发放优惠贷款，按日报告贷款进度。这一安排在实质上非常接近本文讨论的央行面向非银行机构的紧急贷款。对此，如何确定贷款的企业和贷款实质条件，如何监督贷款的发放和收回情况，如何披露贷款进展，以及是维持特事特办的救急行动还是专门建立紧急贷款的法制，需要进一步研究。

① 《财政部　发展改革委员会　工业和信息化部　人民银行和审计署关于打赢疫情防控阻击战，强化疫情防控重点保障企业资金支持的紧急通知》（财金〔2020〕5 号）。

《金融法苑》征稿启事

《金融法苑》由北京大学金融法研究中心主编，以金融法研究为对象，采用图书的形式连续出版。自1998年首次出版至今，《金融法苑》已公开出版百辑，目前一年出版两辑，每辑15~18篇论文，约20万字，由中国金融出版社出版发行。《金融法苑》已被北京大学法学院列为学院核心刊物，并自2014年起入选CSSCI来源集刊。《金融法苑》目前授予“北京大学期刊网”“中国知网”“元照数据库”“北大法宝”“超星数字期刊”“万方数据库”等数据库电子版权。凡向《金融法苑》投稿的作者，视为同意上述授权，本编辑部所支付的作者稿酬已包含上述著作权使用费；如不同意，请在投稿时注明，编辑部将作适当处理。

《金融法苑》设有“热点观察”“专论”“金融实务与法律”“金融法前沿”“公司与证券”“银行与法律”“财会与法律”“保险与法律”“WTO与金融”“金融刑法”“金融创新”“金融监管”“金融法庭”“海外传真”等栏目，及时反映金融法理论、热点事件、立法与实务等最新研究成果和动态，文风活泼，文字清新，深入浅出，侧重阐明事理，解决问题。作为专业特色明显的出版物，《金融法苑》在学界和实务界有着良好的影响，适合立法者、金融法务工作者、相关专业的师生阅读和参考。

为规范《金融法苑》用稿，提高编辑质量和效率，编辑部拟订《〈金融法苑〉写作要求和体例》，请投稿者务必自觉遵守。自2014年1月起，本编辑部只接受电子版投稿，投稿邮箱为：jinrongfayuan@126.com。投稿文档请按如下格式标明，并同时标注于邮件主题上：“投稿日期作者：文章名”，例如：“2003.10.22吴志攀：银监会的职责与挑战”。

凡投寄本编辑部的稿件，请勿一稿多投。投寄的稿件三个月内未收到编辑部用稿反馈的，可自行处理。在编辑部编辑稿件过程中，如遇到他刊拟采用的，请作者及时告知相应的决定，以免造成重复刊发。

有意投稿者还可关注北京大学金融法研究中心网站（www.finlaw.pku.edu.cn）和微信公众号（“Pkufinlaw”和“北京大学金融法研究中心”），获取金融法研究中心和《金融法苑》的出版资讯、学术活动、征稿主题等相关信息。网站地址和微信公众号二维码请见本辑封底。

《金融法苑》编辑部

《金融法苑》写作要求和注释体例

一、字数要求

一般不超过8000字（包含注释，以Word的字数统计为准），特别优秀的论文可适当增加1000~2000字。

二、编排体例

1. 文章标题：居中，三号加粗宋体字，标题一般不超过25个字，尽量不使用无实质意义的副标题。

2. 作者：居中，小四号宋体字，用＊标记脚注，注明学习/工作单位、电子信箱、联系电话、通信地址（邮编）等。

3. 中文摘要：小四号宋体字，不超过300字，写明文章的主要观点、研究方法等。

4. 关键词：小四号宋体字，2~5个关键词，需体现文章核心内容。

5. 正文：目次采用“一、（一）1.（1）1）”顺序，尽量避免过多层次，标题加粗，全文小四号宋体字，1.5倍行距，段前段后不空行。

6. 注释：采用当页脚注，每页重新编号，①②③格式，五号宋体字，单倍行距，注释间不得空行。

三、内容规范

文章需符合基本学术规范和著作权规则。对违反法律法规、学术规范的文章，由作者本人承担一切后果。

四、格式规范

（一）数字

1. 文章中涉及的确切数据一般用阿拉伯数字表示。例如：20世纪80年代，不采用“1980年代”的写法。

2. 约数用汉字表示。例如：大约十年，近二十年来。

3. 法律条文，应该以中文大写数字表示，包括所引用的法条中涉及的条款。例如：《中华人民共和国刑法》第十一条。引用法律或案例应准确无误，作者应核对与文章内容时点对应的有效法律条文内容，注意条文序号是否已被调整。

4. 农历的年、月、日一般用中文汉字；古代皇帝的年号也用汉字。例如："光绪二十九年"等。

（二）图表

1. 图表应简洁大方，同一图表尽量避免跨页排版。

2. 图表标题应标明序号，置于图表上方，图表下方注明资料来源。

（三）法律规范或其他规范性文件

1. 无论中西文法律或规范性文件，首次出现，写明全称（注明中华人民共和国），以后可以用简称，但需在首次出现的全称之后用括号界定。

2. 必要时，在法规之后注明其生效或实施时间。

（四）注释

1. 总体要求

（1）注释以必要为限，对相关文献、资料等来源进行说明，以便读者查找。直接引征不使用引导词，间接引证应使用引导词。支持性或背景性的引用可使用"参见""例如""例见""又见""参照""一般参见""一般参照"等；对立性引征的引导词为"相反""不同的见解，参见""但见"等。

（2）注释的标识位置

一般紧跟着要说明的词语或句子。一般地，注释标识放在逗号和句号后面，也可放在句号前，根据所需注释的内容而定。涉及引号时，如果引号里有句号，注释标在引号后。如果引号里无句号，注释标在引号和句号之后。

（3）超过100字引文的处理

正文中出现100字以上的引文，不必加注引号，直接将引文部分左右缩排两格，并使用楷体字予以区分。100字以下引文，加注引号，不予缩排。

（4）重复引用文献、资料的处理

重复引用的，需标注全部注释信息，不采用同前注、同上注等简略方式。

（5）作者（包括编者、译者、机构作者等）为三人以上，第一次出现时，最好都列明，如果有主编，撰写者可以省略。第二次出现时可仅列出第一人，使用"等"予以省略。

（6）引征二手文献、资料，需注明该原始文献资料的作者、标题，在其后注明"转引自"该援用的文献、资料等。

（7）引征信札、访谈、演讲、电影、电视、广播、录音等文献、资料等，在其后注明资料形成时间、地点或出品时间、出品机构等能显示其独立存在的特征。

2. 具体注释范例

中文作品

（1）专著

作者：《书名》（卷或册或版次），出版社出版年，页码。

例如：

李琛：《论知识产权法的体系化》，北京大学出版社2005年版，第110页。

储怀植：《美国刑法》（第3版），北京大学出版社2005年版，第90－97页。

葛克昌、陈清秀：《税务代理与纳税人权利保护》，北京大学出版社2005年版，第30、35页。

（2）编辑作品或编辑作品中的文章

作者及署名方式：《书名》（卷或册或版次），出版社出版年，页码。

作者：《文章名》，载编辑作品主编人：《编辑作品名称》，出版社出版年，页码。

例如：

刘剑文主编：《出口退税法律问题研究》，北京大学出版社2004年版，第21页。

高鸿钧等主编：《英美法原论》，北京大学出版社2013年版，第二章“英美判例法”。

张建伟：《法与经济学：寻求金融法变革的理论基础》，载吴志攀、白建军主编：《金融法路径》，北京大学出版社2004年版，第31页。

（3）译著

［国别］作者著：《书名或文章名》，译者译，出版社出版年，页码。

例如：

［美］兰德斯、波斯纳著：《知识产权法的经济结构》，金海军译，北京大学出版社2005年版，第460页。

（4）学位论文

作者：《论文名称》，学校系所年份，页码。

例如：

李英：《一般反避税条款之法律分析》，北京大学法学院2004年硕士论文，第19页。

（5）期刊、报纸类作品

作者：《文章名》，载《书名或杂志名》年代和期数。

例如：

刘剑文：《论避税的概念》，载《涉外税务》1999年第2期。

刘军宁：《克林顿政府经济政策》，载《人民日报》1993 年 3 月 23 日，第 6 版。

（6）研讨会论文

作者：《篇名》，主办单位，“研讨会名称”，时间。

例如：

王文宇：《台湾公司法之现况与前瞻》，韩忠谟教授法学基金会，“两岸公司法制学术研讨会”，2003 年 7 月。

（7）法院判决、公告等

《名称》，（年份）编号名称（说明：具体名称是否添加根据文中情况判断）。

例如：

包郑照诉苍南县人民政府强制拆除房屋案，浙江省高级人民法院（1998）浙法民上字 7 号民事判决书。

《国家税务总局关于出口货物退（免）税若干问题的通知》，国税发〔2003〕139 号。

（8）网络资讯

原则上，如果同样内容有纸质文献，请选用纸质参考，以方便保存查阅。

文献内容（格式同上），资料来源：网址，访问时间。

例如：

王波：《台湾中正大学黄俊杰教授访谈》，资料来源：http：//www. cftl. cn/show. asp？c _ id = 478&a _ id = 1381，2005 年 4 月 17 日访问。

赵耀彤：《一名基层法官眼里好律师的样子》，载微信公众号“中国法律评论”，2018 年 12 月 1 日。

外文作品

（1）基本说明

1）重复引用文献的，在再次引用时需标注出全部注释信息，不采用 Id. 等简略形式。

2）文章标题大小写。

除冠词与介系词之外，书名和文章名称的第一个字母都要大写。例如：A Theory of Justice。

3）缩写加上句点。

例如：

e. g. ；等等：et al. ；主编：ed. ；第 × 页：p. * ；第 × – × 页：pp. * – * 。

4）顺序和中文著作基本相同。多个作者之间不用顿号，而用“&”或者逗号。作者与书名之间用逗号；文章名、书名无需书名号。

5）字体用 Times News Roman。

6）组织机构、法案名称等，第一次使用全称，后用括号注明英文全称和简称，之后可使用简称。

例如：国际货币基金组织（International Monetary Fund，IMF）。

（2）著作

例如：

William E Scheurman ed. , The Rule of Law under Siege, Berkeley: University of California Press, 1996, p. 144. Bellow & Kettleson, The Politics of Society in Legal Society Work, 36 NLADA Briefcase 5 (1979), pp. 11 – 16.

（3）期刊文章

例如：

Robert J. Steinfeld, Property and Suffrage in the Early American Republic, 41 Stanford Law Review 335 (1989), p. 339.

关于 《金融法苑》 的订阅

感谢广大读者对《金融法苑》的喜爱和支持。北京大学金融法研究中心限于人手，无法逐一为读者们办理纸质版杂志的订阅服务。为此，中心特委托《金融法苑》的出版商中国金融出版社代为办理，由其读者服务部具体承办《金融法苑》的订阅服务。

中国金融出版社读者服务部电话：（010）66070833　62568380
（在每本《金融法苑》的封二都可以查看到读者服务部的信息）

如您不想采用订阅的方式，也可访问淘宝网上的“中国金融出版社读者服务部”，或者通过登录当当网、亚马逊、京东或新华书店等网站，购买纸质版的《金融法苑》。

北京大学金融法研究中心